口与大型主题活动主持词集萃

摏

何秋生 徐颖 编著

文匯
出版社

图书在版编目（CIP）数据

桥：舞台与大型主题活动主持词集萃 / 何秋生，徐颖编著． -- 上海：文汇出版社，2023.9
ISBN 978-7-5496-4064-5

Ⅰ．①桥… Ⅱ．①何… ②徐… Ⅲ．①主持人－语言艺术 Ⅳ．① H119

中国国家版本馆 CIP 数据核字（2023）第 103127 号

桥：舞台与大型主题活动主持词集萃

封面题签 / 丁申阳

编　　著 / 何秋生　徐　颖
责任编辑 / 鲍广丽
封面装帧 / 王　峥

出版发行 / 文匯出版社
　　　　　上海市威海路 755 号
　　　　　（邮政编码：200041）

经　　销 / 全国新华书店
排　　版 / 上海驰艺文化传播有限公司
印　　刷 / 浙江天地海印刷有限公司
版　　次 / 2023 年 9 月第 1 版
印　　次 / 2023 年 9 月第 1 次印刷
开　　本 / 720×1000　1/16
字　　数 / 410 千
印　　张 / 30.25

ISBN 978-7-5496-4064-5
定　　价 / 98.00 元

舞台天地大，
笔下有乾坤。

书法：何秋生

专家点评

看着《桥》的书稿，我仿佛忆起这部书的作者40年前那稚嫩而富有朝气的身影。那时候，这个战士时而生龙活虎地拼杀在训练场上，时而带着一群男兵女兵且歌且舞活跃在舞台上，编、导兼主持，经常是一个人包揽多个角色……

作者从连队战士教歌员、部队文艺演出队领队，直到团政治主官，业余时间一直坚持文学与文艺舞台艺术创作，为活跃部队气氛、提高部队战斗力，流下过辛勤的汗水。生活是创作的源泉。《桥》的问世，在某种程度上就是作者以及作者一代军人军营生活的再现：军号声声，军歌嘹亮；铁骨铮铮，铁血柔肠……《桥》中的军营文化章节，恰好展示了这一个特殊的绿色方阵；而且这个群体展现出的文艺形式与语言，也是特殊的。

将书名定为《桥》，我认为也很贴切。确实，任何一台节目，都离不开脚本。而脚本的"成色"直接关系整台节目的"色彩"。

人们常说："舞台天地大，戏里有乾坤。"我们生活在这样一个伟大的时代，人民充满无限激情，因此需要歌唱，需要放飞理想。而舞台自然是讴歌时代、放飞理想的有力载体。《桥》的作者抓住舞台"脚本"这个"根"和"魂"，用心创作编撰出这样一部上接"天气"、下接"地气"的《舞台与大型主题活动主持词集萃》，本身就是一座通往成功的桥梁。

国家一级编剧、原南京军区前线文工团创作室主任

2023年3月5日

按理好东西是不需要"吆喝"的。但是，当看到《桥——舞台与大型主题活动主持词集萃》这部书稿时，立刻有一种直觉："这部书有实用价值，有指导意义，有很强的正能量、时代感！"

作为业内人士或一名观众，通常，我们都会有这样一种感受：随着大幕徐徐拉开，聚光灯下主持人一张口，全场几百双、几千双或上万双眼睛，就被紧紧地抓在一个点上。那一刻，整台节目的成败就像一支队伍的旗帜，几乎系于其一身。这就是主持人和"主持词"的功能与作用。我本人从事文学、教育和舞台艺术近六十年，深刻体会到这一点。因此，我更能体会到《桥》的作者呕心沥血编撰这部书，可谓用心良苦。

舞台活动常常有，主持人主持活动常常见，但出版社专门为"舞台与大型主题活动"的主持词出一部专著，我印象中还不太多见。而且文稿撰写专业，艺术内涵颇深，内容指向丰富，形式鲜活多样，紧扣时代主题，更是难能可贵。我们的各级党组织与社会团体历来重视主题宣传和文化艺术的传播，相信《桥》这部著作不仅能给读者带来阅读愉悦，还可以在舞台脚本、主持词的创作上，成为经典、经验，供人学习和借鉴，成为群众文化工作者的"工具箱"……

上海作家、教育家，陶行知研究学者，编剧
2023年3月8日

　　我是一个从事广播电视工作三十余年的老编辑，曾经策划、组织过不少晚会或者演出活动。但是，看了由何秋生、徐颖编著的《桥——舞台与大型主题活动主持词集萃》，还是被作者为舞台文艺晚会、纪念大会、大型主题活动等所撰写的脚本、主持词（稿）深深感动。

　　把一部以舞台与大型主题活动主持词为内容的作品集命名为《桥》，足见本书作者的独具匠心和艺术概括力。

　　《桥》的整部书稿的可贵之处，就是紧紧抓住了时代的脉搏，善于把我党、我军、我国各个时期的进步与变革，把各个单位和每个重大事件、重大主题活动，用史诗般的语言，展现在舞台上。其中的每一篇主持词都通过诗一般的语言，在舞台与观众之间、主持人与演职人员之间，架起一座可以让热血互溶与奔腾的"桥"。

　　的确，这是一座充满正能量的"桥"，是一座为时代讴歌的"桥"，是一座唱响爱党、爱国、爱军主旋律和人民心声的"通心桥"。

　　因此，我认为《桥》的问世，一定会对弘扬主旋律、推动机关企事业单位和群众文化的普及，具有较高而普遍的指导价值。《桥》既可以作为阅读欣赏读物，同时又可以作为一部实用性较强的工具书，对开展群众文化与大型主题活动全场本与主持词的创作，具有很强的借鉴、参考与推广的作用。

上海广播电视台一级编辑
上海非遗文化保护工作专家委员会委员
上海市作家协会会员

　　我为《桥——舞台与大型主题活动主持词集萃》专著的出版点赞，因为在舞台大型活动日趋红火、主持人行当空前走俏的当下，主持人场上的说辞不得不让人看重，文汇出版社出版这部书正逢其时。

　　如果把一场出色的舞台主题活动的节目比作一串精美的珠宝，那么主持人的串联词无异于贯穿其中的金丝银线，从某种意义上说，它是整场活动的生命线。

　　主持人和主持词的关系有两种，一种是"我说我写"，另一种是"我说人写"，两者各有所需，各有所适。我认为，一名优秀的主持人，应该具备主持词撰写的能力。就"大型主题活动"而言，长期以来，主持词大多由专人撰写，秋生先生就是这样一位站在舞台光圈外的"发声"者。

　　主持词可以说是一种独立的文体，它的撰写并非易事，看上去寥寥数语，却往往需要撰稿人博观约取，活动的主旨立意、风格基调、内容特色、节目架构、语境要素，等等，尽须了然于心；再经过由此及彼、由表及里的构思，方可落笔。在语言文字的呈现上，更须字斟句酌、精打细磨，讲求言简意赅、生动有致，必须富有美感，让人过耳不忘。这一切，作者以40年心血之结晶做了诠释和印证。

　　《桥》的出版，无疑是给当下的主持人雪中送炭。故此，作为一名曾经的职业主持人，我要向本书作者及所有身居幕后为主持人默默奉献、增光添彩的笔耕者，送上一份真诚的谢意！

陆澄

上海广播电视台节目主持人、国家一级文学编辑
全国广播"金话筒"得主

筑"桥"人的话

何秋生

"舞台天地大,戏里有乾坤。"一部戏再大,一台节目再好,首先离不开一个好本子。"本子",就是"根",就是"魂",就是通往成功的那座桥梁。

我是什么时候开始为舞台、为大型主题活动写"全场本"的,到底写过多少,我忘了。但我知道:我喜欢写,也有不少人喜欢找我写,还鼓动我把这些主持词、全场本结集出版。

我知道,这些朋友懂我写的东西,知道我在写每一台节目的时候都倾注全力。的确如此,当我每写一个活动主持词的时候,我的笔下就装着一个舞台,就装着一部史诗,就装着千山万水,就有那么多活着的灵魂站在我面前。于是,此时我手中的笔,就如一支乐队前的指挥棒,就像一座战略家面前的战略沙盘,或者说是耕夫手里捏着的那根牵着牛鼻子的绳子,抑或是侠客手里舞动的那把剑。

"剑未佩妥,出门已是江湖。"如果说剑是一个武士之魂的话,那么一台节目的主持词或全场本,便是一位武士身上的佩剑。我不愿听人说"但是"之类的话。因为"但是"之前的话,都是毫无意义的。我宁愿在观众给主持人的掌声与鲜花的背后悄悄退去,也不愿在一片质疑的目光和谴责的声浪中,留在舞台中心。

当然,我有时也怀疑自己,一不是科班出身,二又师出无门,一个山里出生的娃子，敢去给大舞台、大明星、大领导创作全场本、撰写主持词，你凭什么？好在中国有句古语，叫"英雄不问出处"。于是，我在众人的掌声中，胆子越将壮大起来。

业内人常说，你呈现在众人面前的一个本子，其实就是呈现你当前的个人气质，里面藏着你读过的书、走过的路、爱过的人。或许是山里没有球场的原因，从小不会踢球；抑或山里的孩子，从小心里就装进了一座座大山，肩膀上压过一根根扁担，脚底下踩过一条条山道与河流。于是，这山里的孩子已经把胸襟撑宽了，把肩膀压实了，把脚力磨硬了。由此，胸怀有多宽，舞台就有多大；肩膀有多实，戏份就有多厚；脚力有多硬，路就能走多远。笔下自然就有了乾坤，有了一座座大舞台。

这就印证了唐朝诗人贾岛在《题诗后》中的诗句："两句三年得，一吟双泪流。"比如，我为上海世博会写的《告慰先贤·百年梦圆》这台节目：我把笔投进了100年前那个积贫积弱的中国，投进了那个一穷二白的国度里的能人志士100年的上下探索和苦苦追求；然后用我的笔撩开今天的中国，今天改革开放站起来、富起来、强起来的中国。整台活动环环相扣，牢牢抓住了观众的心。再比如，新中国成立70周年前夕，我为上海市行业协会撰写的《从石库门再出发》这台节目：整整七天七夜，我的脑子里、血液里，似乎经历了百年沧桑，一个个方志敏、陈树湘、赵一曼、彭雪枫、江竹筠似的先烈，就在我的眼前浮现，就在我的血液里涌动；特别是当写到绝命后卫师——红三十六师师长陈树湘因不愿做敌人的俘虏而亲手铰断自己的肠子的时候，我禁不住放声大哭……

因此，我就认定，一个撰稿人的感情世界，就是通向一台节目成功的"桥"。人们在剧场欣赏一台大型交响乐的时候，往往会将目光紧盯乐队指挥，耳听美妙旋律，心随指挥棒悦动，或如潮涌澎湃，或如山涧小溪。如果说一支交响乐队的指挥棒，是整台交响乐的灵魂的话，那么主持词便是这台节目的灵魂。所以，一个老辣的撰稿人，会十分挑剔主持人。因为好马当遇相马人，好玉应配懂玉人。没有一个好的主持人，再好的稿子也是一堆废纸；同样，一个优秀的主持人，也会寻找合心的撰稿人。这是一种心灵的对接，这是一对灵魂的合体。

多年来与我合作过的"名嘴"不少，从央视到省市电台电视台的台柱"金话筒"，再到军队歌舞团的名主持。但与徐颖这位军旅著名主持人的合作最顺手，可谓相得益彰，十分默契。徐颖妹妹也是性情中人，且十分机智灵动。她对我写的东西一是能悟透，二是能升华，三是还能拾遗补漏。她在用我的本子导演和排练时，时常会忽发灵感，如"此处再加一首诗，那处再加几句词"，电话一响立即让我发挥。我自然是"有求必应"，还能一拍即合，总能让她满意。

由此，这些年经我们精心合作编排完成的一台台节目和主题活动，都赢得了诸多的鲜花与掌声……

聚光灯下的独白

徐　颖

"没有一座翻越不过去的山，也没有一艘沉没不了的船！"这句话不知是哪位哲人说的，但像远处的一盏灯，指引着我的主持生涯。

每一台大型活动，其实就是一项浩大工程，更是一座横在演职人员面前的大山。每一次成功谢幕，都是一次艰难登顶。中间若有一个环节断链，都可能导致整个活动翻船。

鲜花掌声与风雨雷电，其实都如影随形。作为主持人，每一次站在聚光灯下，都是一次大考。那一刻，我就如同一个站在无影灯下主刀的大夫，决定着整个活动的成败！

自21世纪初大学毕业进入文工团当主持，至今我的舞台主持生涯已有二十余年。似乎今天的我，留给人们的印象就是那个迎着众人的掌声来、捧着观众的鲜花走的徐颖。其实，我对聚光灯是有过恐惧的……

记得刚做主持人的那会儿，因为年轻，觉得自身条件不错，刚完成了几次小活动，我就对自己踌躇满志起来。但是，第一次真正走向大舞台，聚光灯照射过来的那一刹那，我眼前突然一片漆黑，脑子一片空白。特别是当看着满场黑压压那么多观众的时候，我脑海中的所有台词和想象空间，全都荡然无存。

转身的瞬间，我想起了前辈说过的"功夫在台外"的话。文工团的领导十分严厉地说："一台成功的手术，光有一把漂亮的手术刀是不够的，关键要靠主刀人娴熟的技术。主持人也一样，仅靠一张年轻漂亮的脸蛋，只能取胜一时。只有丰富内涵、扎牢潜质，才能让自己站高站稳……"

从那时起，我把"台前一分钟，台后十年功"的"十字方针"深深地刻在心里，拜师访贤，苦练内功，做到外化于形，内化于质，不断提升自己的全方位能力。

渐渐的，我不仅学会速记稿子、深悟稿子，更学会了"随机应变"。因为应变能力是一个主持人必备的基本功。一个走向舞台的主持人，就像一支射出去的箭，能不能命中靶心，第一时间吸引观众，是对主持人的首要考验。因此，主持人的五官调动、语音质地、语气运用和台风展示，每一环都很重要。中间还应抓住时机，适时与观众进行情感交流互动，调控现场气氛。尤其遇到冷场或突发状况，要学会力挽狂澜，借题发挥……

感谢生活让我逐步成长。我从当初上台时的头脑一片空白，到今天能做到掌控全场；从最初的一个女主持到今天能策划和导演整台节目；从开始照本念稿到今天自己动手写稿……我想，一个主持人成长成熟的过程，就是一个经受磨砺的过程。

表面看上去，站在舞台中央的聚光灯下的只是主持人，然而主持人的身后是一个团队，关键还有一个撰写主持词的操刀者。在聚光灯下讲什么，就靠这位"操刀手"；聚光灯下怎么讲，就靠主持人的一张嘴了。一个主持人再优秀，身后没有"刀把子"，话筒再好也很难发声。毋庸置疑，主持稿就是一台节目的灵魂，而主持人就是展示灵魂给观众的中心之魂。

由此想到，这么多年我所主持的上千场活动所赢得的鲜花和掌声里，就有撰稿人的一半功劳。二十多年来与我合作一起取得成功的撰稿人不少，我们合作得也很愉快。这里说说何秋生老师。这十多年来，我们不仅合作频繁，而且还很默契。何大哥个头不高，诚实厚道。但只要我俩一聊起舞台，聊起脚本创作，他即刻就会灵光四射，思路泉涌。由于相互激发灵感，我们一时间会彼此忘了年龄，忘了性别，忘了日月星辰，思想的火花恰如三月的烟花。他对创作的专注，对每一场活动的设计布局，对事物的观察研判和对活动主题、主导思想、历史脉络的精准把握，尤其是经他之手创作出的富有激情又优美抒情的文本，确实令我折服，更是迎合了我的主持风格。只要我拿着他创作的文本站在聚光灯下，或指导团队，每次都是信心满满，掌声如潮。

我知道，何老师对主持人是很挑剔的。他曾给好几位"金话筒"写过本子。但他说："还是同徐颖合作最愉快！"也因此，我与何老师一拍即合，将他近几年来撰写的主持词和我这些年主持活动的主持稿，编辑整理，汇编成书。或许本书的面世，能填补一方面的空白。同时，这也是一份友谊的见证，祝愿人间岁月静好，人人和美；祝愿世间所有的舞台春风荡漾，五彩纷呈！

C O N T E N T S 目 录

一个时代有一个时代的声音，一个时代有一个时代的主题。只有把握时代与历史的脉搏，只有唱出人民的心声，才能为作品赋予生命与活力。

《时代主题》一章，主要选编了作者在各个时期为各类大型主题活动创作的全场本和主持词。

第一辑

时代主题

告慰先贤·百年梦圆

——2010上海世博会倒计时30天·黄浦区清明节大型主题活动

全场本首稿

时间：2010年4月1日上午9:00（时间长度约60分钟）
地点：机关北二楼大礼堂

【先播放暖场音乐，可用《我的祖国》《歌唱祖国》《红旗颂》等】

　　【主持人上】各位领导、同志们，大家上午好！再过4天，就是中华民族的传统节日——清明节了；再过30天，就是上海世博会的开幕时间了。今天，我们在这里举行集会，纪念和告慰我们的先辈们，他们不懈追求的百年梦想，再过30天就将把精彩纷呈的展示，呈现在我们的面前！

　　出席今天活动的领导有……参加今天活动的还有世博建设者代表、志愿者代表、居民代表和学生代表等，对于各位的到来，我们表示热烈的欢迎和衷心的感谢！

现在请×××领导讲话。

【礼仪引导领导上台】

【主持人】谢谢领导的讲话！今天的活动由三个章节组成。第一章，请看大屏幕——

【大屏幕播放】

序：中共中央政治局委员、上海市委书记俞正声接受香港凤凰卫视吴小莉采访的画面。俞说：【字幕】"一百多年前，有几个中国人看到国外世界博览会的兴旺，希望也能在上海举办世博会，其中一位文人叫陆士谔，他写了部小说，就想将来有一天能够在浦东举办世博会，还设想了江底通隧道等情形，这就是中国人100年的梦想……"

【采访画面并配字幕】
【推出标题】第一章　敬仰先贤——爱国追求

【解说】1908年，中国的《天津青年》杂志曾就"中国何时才能举办奥运会"发问。整整100年后，北京奥运会盛大举行，深深烙印在中华民族记忆深处的百年梦想终于得圆。

【配北京奥运会开幕式画面】

【字幕】历史具有惊人的相似。同样在100多年前，一批率先睁眼看世界的仁人志士就提出了在上海举办世博会的建议，甚至以科幻的笔触"活现"了上海世博会的壮观与神奇。

【解说并配画面】晚清四大谴责小说家之一的吴趼人及清末上海作家陆士谔，是最早以小说的浪漫笔触幻想上海世博会的中国人。

【解说并配吴趼人肖像、电视剧中的贾宝玉、漫画】

在1905年成书的幻想小说《新石头记》中，吴趼人让贾宝玉再度入世，走进上海世博会："浦东开了会场，此刻正在那里开万国博览大会……""一出门外便是会场，各国分了地址，盖了房屋，陈列各种货物。中国自己各省也分别盖了会场，千姿百态的制造品，说不尽多少。"

【解说并配画面】稍晚于吴趼人的上海作家陆士谔，1910 年发表小说《新中国》，以梦境为载体，幻想"万国博览会"数十年后在上海浦东举行："一座很大的铁桥，跨着黄浦，直筑到对岸浦东。"而且因为举办世博会，浦东已经与浦西差不多一样兴旺了。小说中幻想的许多新生事物，或者说其"预言"之准确、想象之丰富，令人瞠目："把地中掘空，筑成了隧道，安放了铁轨，日夜点着电灯，电车就在里头飞行不绝。"

【陆士谔肖像及现实中的画面或漫画】

【解说或字幕】今天看这两部从故纸堆中寻觅出的幻想小说，无疑有一种无穷的浪漫之感，还有惊奇和迷惑。

【《新石头记》《新中国》著作封面画面】

【字幕】不只是小说家，更早一些，世博会就进入了中国近代诸多有识之士的视野，他们提出的一些理性主张，显示出非凡的远见。

【解说加画面】改良主义思想家郑观应，称得上第一个真正认识到以世博会为代表的展会的意义，是首次提出在上海举办世博会的中国人。【出郑观应肖像画面】他在1894年出版的《盛世危言》【字幕】中，明确提出：【字幕】"故欲富华民，必兴商务，欲兴商务，必开会场。欲筹赛会之区，必自上海始。"郑观应进而强调：【字幕】"上海为中西总汇，江海要冲，轮电往还，声闻不隔。"这是迄今为止发现的最早主张中国举办世博会的史料。

【解说加画面】比郑观应晚8年，近代思想家梁启超1902年在《中国未来记》一文中发表了数十年后的预见："那时我国民决议，在上海地方开设大博览会。这博览会却不同寻常，竟把偌大一个上海，连江北，连吴淞口，连崇明县，都变作博览会场了。"

【出梁启超或《中国未来记》著作画面】

【解说并配画面】然而，1851年世博会诞生后的半个多世纪里，清政府却对世博会"不闻不问"，一直由外国人包办。即使第一次以官方身份参展的展品，也基本上是初级农副产品、手工艺品和古董，几乎没有像样的工业产品。这种与西方在生产和科技领域的巨大差距，正是晚清以来中国闭关自守和落后挨打的原因。

这是一段不堪回首的历史。

【清政府腐败无能遭列强瓜分的画面】

【解说并配画面】在那样一个遭受列强侵略和瓜分、国家倾颓、民不聊生的时代，吴趼人与陆士谔的两部如同黄粱梦一样的幻想小说，以及郑观应和梁启超等人的预测，实际上是中国人在封闭中渴望开放、在落后中企求强大、在沉沦中挣扎奋起的心理反射。

【解说并配画面】但对一个民族来说，哪怕是幻想，也比没有梦想要好。因为，梦想中有不灭的希望。世博会，可谓承载着中国人自立自强的百年梦想。1910年，作为出版家的张元济【出张元济画面或肖像】曾远赴西方十多个国家考察，并参观了同年的比利时布鲁塞尔世博会。他在寄回的信件中，对中国简陋的展厅陈设、偏僻的展位深表痛心。他认为，中国的参展情况不但不能与老挝、越南、非洲等国相比，更不及美国、日本，就连袖珍小国摩纳哥都比不上。回国后，张元济"掌舵"的商务印书馆出版了大量有关世博会的书籍。张元济认为，世博会不仅是展示的平台，更是与教育、军事、经济、文化都有密切的联系。中国一方面可以在世博会上展示自己；另一方面也可以学习借鉴别人如何发展。

自英国伦敦举办的第一届算起，世博会已有159年历史；而自郑观应、梁启超、吴趼人、陆士谔起，中国人的世博之梦也已持续百年。

【字幕逐字打出，最后推满屏】申博办博之路，无疑是新中国成立60年来重新在世界确立中国应有地位的重大努力，是改革开放30多年来中国国力迅速增强的见证，也是中华民族复兴梦想百年梦圆的历史缩影。

【解说并配字幕、画面】百余年来，虽然世博会的定位和功能几经变化，但其主要在欧美发达国家轮流举办的事实说明，要想举办世博会，无疑需要强大的国家综合实力作为依靠，而且需要硬软实力兼备。因为今天的世博会，着重展示的是"人类所掌握的满足文明需要的手段，展示人类在某一个或多个领域经过奋斗所取得的进步，或展望未来的前景"。

【解说并配字幕、画面】1982年，新中国重返世博舞台。1993年，中国正式加入《国际展览公约》，成为国际展览局第46个成员国。1999年，中国正式宣布申办2010年上海世博会。经过3年艰苦比拼，中国终于在有史以来最多的6个国家的激烈竞争中申博成功。

【出洛塞泰斯画面并配字幕】国际展览局秘书长洛塞泰斯曾说："中国与世博会的历史，从一个方面叙述了一个国家与世界的故事。"

【解说并配画面】在中华民族百年世博梦想即将梦圆的时刻，上海世博会需要13亿中华儿女更多的关注、更多的支持和参与。

上海世博会值得全世界期盼。

【推出标题】第二章　告慰先贤——百年梦圆

【主持人出场】刚才，我们通过视频一同观看了我们的先贤们对中国上海世博会的百年追求并梦想成真的画面。其中片中说到陆士谔的《新中国》一书就是在咱黄浦区今天的南京东路街道所在地凤阳路诞生的。陆士谔所做的上海世博梦距今天整整100年。今天我们有幸请来了《新中国》的作者——陆士谔的嫡孙陆贞雄先生，现在我们请出陆贞雄先生与大家见面。

【礼仪引领陆贞雄上台向大家致意，少先队员为其献花，陆做礼节性简短讲话】

【主持人】感谢陆先生的到来和热情的讲话。现在请×××领导为陆贞雄先生赠送世博纪念品。

【领导为其赠送纪念品，礼仪引领吴力坚和陆贞雄回位】

【主持人】正如刚才纪录片及陆先生所说，今天的梦圆，是几代人努力的结果，更是祖国繁荣昌盛、综合国力全面提升的结果。只有社会主义才能救中国，只有强大的社会主义中国，才有今天中国上海世博会的梦圆！接下来请听群口诗朗诵《我的世博我的家园》。

【5位诗朗诵演员上场，音乐先强后弱并做背景，演员演出】

【主持人】感谢南京东路街道和上海电视台的同志们给我们带来精彩的诗歌朗诵节目。"我们的世博我们的家园"，多么贴近多么亲切！有人说"一切始于世博，世博包容万物"，这话并不为过。"城市，让生活更美好"，这一主题事实，越来越清晰地来到了我们的面前。

但要办好一届"成功、精彩、难忘"的世博会，是要靠你、靠我、靠大家一同来努力的。现在我们就请出世博建设者代表和志愿者代表，上台与大家见面。

【建设者代表和志愿者代表在礼仪引领下走上台】

【请6名礼仪引20名少先队员】

【主持人】（建设者和志愿者上台的同时）2002年12月3日摩纳哥的一锤定音，中国举办世博会百年梦圆！同时也为备战中国2010年上海世博会，吹响了进军号！2700多个日日夜夜，勤劳勇敢的中国建设者们，把智慧和辛劳拧成一串串汗滴，一颗颗砸在黄浦江两岸！九尺高台起于垒土，一届"成功、精彩、难忘"的上海世博会，是成千上万的建设者用智慧和汗水铸成的超级金牌，是成千上万的志愿者用微笑和汗水树起的不朽丰碑！

【主持人】接下来请黄浦区领导，代表主办单位为世博建设者和世博志愿者代表赠书，这本书就是陆士谔所作的《新中国》。

【两名礼仪各托10本】

【主持人】请×××领导为世博建设者代表和世博志愿者代表敬献鲜花！

【20名少先队员同时捧花上，为世博建设者代表和世博志愿者代表敬献鲜花】

【世博会会歌起】

【礼仪引领导、建设者、志愿者归座，同时打开大幕】

【大幕同时开始播放世博园区、浦江两岸的精彩画面】

【主持人】我们的先贤们百年的追求，今天梦想成真。这里集结着几代中国人的爱国热情；这里汇聚着几代中华儿女的英雄豪气；这里盛满了中华民族100多年来不屈不挠的奋斗精神！

【推出标题】第三章 传承先贤——励志报国

【主持人】大江东去，黄河滔滔，中华儿女生生不息，蓬蓬勃勃。建设中国特色社会主义美好的明天，光荣的重任，已经历史地落在了我们肩上！

【音乐起："我们是共产主义接班人……"伴着音乐的节拍，一群小朋友朝气蓬勃地走上舞台】

【青少年活动中心的小朋友主持人走上前台开始主持】……

【主持人走上前台开始主持】

火红的队旗高高飘扬，鲜红的领巾系满理想，我们是共产主义接班人，缅怀先辈的丰功伟绩，继承先辈的遗志，树立理想，奋发向上，顽强学习，向着胜利，勇敢前进。刚才为大家表演的是上海市实验小学的同学们。接下来，请欣赏由上海市格致中学的同学为大家带来的诗朗诵《传承先贤·励志报国》，由格致中学师生共同创作。

【格致中学学生上场完毕，表演开始】

【主持人走上前台开始主持，古筝与竖琴陆续上台定位】

今年正是小说《新中国》问世100周年，证诸现实，越江隧道、跨江大桥、世博会，如亲见、亲闻、亲历现场，我们不但为先贤们的爱国赤忱所深深感动，也为先贤们的科学预见所倾倒。世事沧桑，历史巨变。追思先贤，心潮起伏，在深深的怀念里，感悟先贤报国情怀的炽烈；在不尽的仰望中，感叹先贤构想祖国发展蓝图的睿智。缅怀先贤，继承遗愿，立报国之志，续百年辉煌！请欣赏黄浦区青少年活动中心民乐团表演的古筝与竖琴《飞向2010》。

【主持人走上前台开始主持】

世界进入了你我的眼睛，美丽化成了美好的愿望；世界在放送你我的声音，美丽牵动了你我的心情。城市，让生活更美好，我唱出了世界的声音。下面请欣赏黄浦区青少年活动中心合唱团为大家带来的合唱《我唱出了世界的声音》。

【最后《歌唱祖国》音乐起，主持人走上台】

祖国如此博大，世界多么美好！让我们一起放歌，让我们一起高唱，歌唱伟大的时代，歌唱伟大的祖国！

各位领导、各位嘉宾，老师们、同学们：

告慰先贤·百年梦圆——黄浦区清明节大型主题活动到此结束，谢谢大家！最后预祝2010年上海世博会圆满成功，谢谢大家！

把陋习留在昨天

——"双菱杯"黄浦区迎世博　除陋习小品大赛

串联词

时　　间：2009年7月7日（周二）下午2：00

地　　点：机关（广东路357号）北二楼大礼堂

主持人：各位领导，各位来宾，女士们、先生们、朋友们，大家下午好！今天我们齐聚一堂，参加由黄浦区迎世博会600天行动社会动员指挥部和上海双菱电梯工程有限公司共同主办的"双菱杯"黄浦区迎世博　除陋习小品大赛。本次小品大赛的目的是迎世博盛会，与文明同行，亮出文明风范，除去不良陋习。

相信今天这些来自社区、来自基层、来自一线，用群众智慧自编、自导、自演，富有原汁原味的作品，一定能带给大家深刻的印象和启发，同时也能给大家带来快乐！首先，我向大家介绍出席今天活动的领导与嘉宾，他们是

×××领导。让我们以热烈的掌声欢迎领导的到来。

参加今天活动的还有各参赛单位的领导,各社区的居　民代表和机关、企事业职工代表,同样,我们以掌声欢迎大家的到来!

1.介绍领导

主 持 人:朋友们,2010年上海世博会的脚步越来越近了,今天已进入倒计时298天。没有你我他的文明行为,就构成不了上海的文明环境;没有文明建设的有力推进,就演绎不了"城市,让生活更美好"的世博主题。前一段时间,有关方面对不同层次人群进行了广泛的社会调查,评出了市民比较厌恶的十大生活陋习,哪十种呢?请看——

2.公布十大陋习,播放漫画PPt

主 持 人:这十大陋习是:乱扔垃圾、高空抛物;随地吐痰;说脏话、粗话;车辆乱停放;宠物扰人;乱穿马路;在禁区吸烟;乱晾晒;在公共场所穿睡衣、赤膊或穿着不雅;破坏绿化等。

其实,对于这些陋习,我相信大家已经很熟悉了,之所以难以根除,就因为它是长期养成的。当然,我更相信,只要我们从提升上海市民总体形象出发,从这座城市的精神和国际形象力思考,我想,陋习是会改变的。为了加强宣传力度,加快推进步伐,区委宣传部编印了图文并茂的《改除陋习》一书,接下来进行首发式。有请黄浦区政协副主席刘仲苓同志向市民代表、白领青年及公务员代表赠书。

3.领导向居民代表赠书

主 持 人:感谢刘主任,请入座!朋友们,本次小品大赛的组织准备过程,得到了全区各参赛单位的领导和干部群众以及社会各界的热情支持,我代表主办方向大家表示由衷的感谢!

好！接下来，我向大家介绍今天比赛的评委，他们是
×××。让我们以掌声向评委老师的到来，表示感谢。同
时，我们还从社区居民、卫生系统、本区宣传干部中，请来
了30位大众评委，让我们对他们的到来表示欢迎和感谢！

4．介绍评委

主持人：朋友们，本次大赛除了评出一、二、三等奖和优秀奖以
外，还将评出"观众最喜爱的小品"。
"双菱杯"黄浦区迎世博　除陋习小品大赛正式开始！在迎
世博的日子里，南京东路社区的白领在地铁站倡导"左行右
立"，引起了全社会的关注和响应，我留意观察，越来越多
的乘客已经养成了这一与世界接轨的好习惯。下面第一个参
赛的小品说的正是发生在地铁站的故事，欲知何事，请看南
京东路社区的参赛小品《约会》。

5．小品《约会》　南京东路社区

主持人：做文明人，讲文明话，努力改掉不文明的口头禅，的确是
我们大家所应该注意的。在公共场合更要注意文明礼貌，
遇事不要太冲动，心平气和，多一点换位思考，退一步海
阔天空。说到幸福，又一个小伙子的幸福却差点因为一件
小事而夭折，恋人对他的"考察期"也差点改为无期。在
美丽的南京路步行街上究竟发生了什么？请看第二个参赛
小品，市政委创作并表演的小品《考察期》。

6．小品《考察期》　市政委

主持人：感谢市政委参赛队的精彩表演。这就是小小口香糖引发的
风波。我们每一个上海人都代表着上海这座现代化大都市
的形象，面对7000万中外宾客云集上海，你随地一口痰，
他随手一张纸，有损的都是上海的荣誉。接下来的小品有
一个很有趣的名字叫《中头彩》。那么，小品中喜欢买彩

票的主人公究竟中了什么样的"彩"呢？请欣赏由半淞园路社区居民表演的小品《中头彩》。

7．小品《中头彩》 半淞园路社区

主持人：哦，原来是这样，随手扔垃圾，很可能扔掉幸福；高空抛物，抛掉的却是一个人的基本素质。我想这样的头彩还是越少越好！哎，戏过三则，我突然发现小品中的人物关系都是恋人关系，下面的小品会不会也是这种关系的延续呢？让我们一起从老西门社区的参赛小品《停车风波》中寻找答案吧。

8．小品《停车风波》 老西门社区

主持人：真的又是恋人间发生的故事，但是故事的主题不一样，说的是乱停车现象。其实无论在小区还是其他的公共场所，不单单是自行车停放要自觉管理好，还有私家车呀、堆放的杂物啊，都应该有序摆放，既整洁，又不会影响他人。我刚才问过了，下面的小品说的不再是恋人间的故事了，但说的却是人和宠物的故事，看了肯定会引起你的共鸣。请看第五个参赛作品，由外滩社区选送的小品《求助》。

9．小品《求助》 外滩社区

主持人：感谢外滩社区参赛队的精彩表演。你看，宠物虽可爱，扰人就讨人嫌了。宠物扰人，不仅影响自己，还会带来许多邻里矛盾。关键是要让宠物的主人们注意管理好自己的宠物，既让自己得到养宠物的乐趣，也不会妨碍扰乱到周围人的正常生活。

五个小品过后，我想针对五个小品中出现的陋习说五个"感谢"：不乱扔垃圾——大地感谢你！不高空抛物——行人感谢你！不随地吐痰——空气感谢你！不说脏话、粗话——耳朵感谢你！不乱停放车辆——道路感谢你！不让宠

物扰人——社区感谢你！

还有五个"感谢"，卖个关子，待会儿再说。

朋友们，在当下，全上海都在加快环境的整治，有序交通的建立就是当务之急，但我们还是会看到不少骑车人闯红灯的行为，这不，又一个闯红灯的人来了，还跟警察发生了一番颇为有趣的争论。请欣赏由黄浦公安分局表演的小品《红绿灯下》。

10. 小品《红绿灯下》　黄浦公安分局

主 持 人：的确蛮有趣的，闯红灯还能辩出那么一大堆的理由。我们现在的生活节奏越来越快了，时间就是金钱。但是，当生命也得不到保障的时候，金钱再多又有何用呢？红绿灯就是一种规范，规范着城市的道路通畅，规范着行人的人身安全，千万马虎不得，千万大意不得啊！我刚才在后台碰到一个观众，说是实在憋不住了，到外面过过瘾。过什么瘾？大家肯定猜出来了，抽烟。十大陋习之一，就是公共场合抽烟。那么，到朋友家去做客，该不该抽烟呢？请看第七个参赛小品，由新世界集团带来的《拜访》。

11. 小品《拜访》　新世界集团

主 持 人：感谢队员的精彩表演。吸烟有害健康，这是众所皆知的。有资料称，吸二手烟的危害还远大于直接吸烟的，间接吸烟导致癌症和肺部疾病的，比直接吸烟患病的多三倍还多。朋友，为了你和家人及周围人的健康，请尽量不要吸烟，特别是在公共场所内，这也是一种文明素质的体现。朋友们，本次小品的创作，得到了黄浦区文化馆老师的辅导，不少作品有了很大的提升，可喜的是，还出现了不多见的哑剧小品。下面就请大家欣赏由豫园社区创排的哑剧小品《乱晾晒》。

12．哑剧小品《乱晾晒》 豫园社区

主持人：真是无声之中也有声啊！记得我小时候，就时常看到家家
户户的阳台上的"万国旗"，向着太阳，随风飘扬啊！但
我老是要绕个圈子走。为什么？就是怕钻"水帘洞"。现
在，随着居住条件的改善，这种现象已经有了很大的改
观。但是，对于老城厢来说，可能是由于条件所致，乱晒
衣的现象仍时有发生。如何改变和注意这个问题，给大家
一个整洁的环境，这正是需要我们一起努力的。
改革开放给人们的穿着带来了巨大的变化，但这变化的全景
中却有着一些不雅的镜头，那就是穿着睡衣上大街。这不，
披着黄昏夕阳的金黄，一对穿睡衣的小夫妻去逛超市了……
请欣赏由人民企业集团带来的《睡衣，你换了吗》。

13．小品《睡衣，你换了吗》 人民企业集团

主持人：穿睡衣出门，的确不太雅观。睡衣多少带着闺房中的私密
性，我想，漂亮的睡衣还是留在家中欣赏吧，否则，穿上
大街，漂亮就变成了不雅。
好了，下面将要上场的是今天比赛的最后一个小品， 是由
区绿化市容局带来的《文明从我做起》。说的当然是和绿
化有关的故事，请欣赏。

14．小品《文明从我做起》 绿化市容局

主持人：好，十个小品全部表演完了，我要揭晓还有五个"感
谢"，那就是：不乱穿马路——生命感谢你！不在禁烟区
吸烟——健康感谢你！不乱晾晒衣被——环境感谢你！避免
不雅穿着——文明感谢你！不破坏绿化——生态感谢你！真
是：讲文明，除陋习，从自己做起！讲文明，除陋习——时
代感谢你！
十个小品，琳琅满目，很是精彩。既然是比赛，就得有个

高低，最终结果如何，评委们正在紧张评判，现在先请30位大众评委走上台投上你宝贵的一票，选出你最喜爱的小品。在等候结果的同时，请大家欣赏一支专业演员队伍表演的小品《让生活更美好》，掌声有请来自上海人民滑稽剧团的演员们。

15. 小品《让生活更美好》　人民滑稽剧团

主持人：感谢人民滑稽剧团笑星们的精彩表演，跟他们相比，我们的小品就显得原生态了，但我想，大家的情感是真挚的。在公布结果之前，我们有请评委×××，为今天的参赛小品进行点评，大家掌声欢迎！

16. 评委代表点评

主持人：感谢评委的精彩点评，使大家受益匪浅。好，激动人心的时刻到了，掌声有请×××领导宣布"双菱杯"黄浦区迎世博　除陋习小品大赛的比赛结果！

17. 领导宣读比赛结果

主持人：谢谢，请入座！朋友们，下面进行颁奖仪式，首先请获得优秀奖的代表上台领奖。请×××领导为他们颁奖。

18. 颁发优秀奖

主持人：接下来为"观众最喜爱的小品"颁奖，有请大众评委代表为获得"观众最喜爱的小品"颁奖。

19. 大众评委代表为"观众最喜爱小品"颁奖

主持人：接下来颁发三等奖，有请迎世博贡献奖获得者×××领导为获得三等奖的小品颁奖。

20. 颁发三等奖

主持人：接下来有请×××领导为获得二等奖的小品颁奖。

21．颁发二等奖

主持人：朋友们，本次小品大赛得到了上海双菱电梯有限公司的大力
支持。下面我们掌声请出上海双菱电梯工程有限公司×××
领导为荣获本次大赛一等奖的小品颁奖！

22．颁发一等奖

主持人：让我们以热烈的掌声向所有获奖小品的单位表示衷心的祝
贺！是你们的努力和付出，才有了今天满台的精彩纷呈。
最后让我们以热烈的掌声欢迎区领导讲话。

23．区领导讲话

主持人：谢谢领导热情洋溢的讲话。我们完全有理由相信，这纷呈的
精彩一定会化作全区人民迎世博、除陋习的动力和成果。让
我们为树立黄浦区文明形象，展现大上海时代风采而共同努
力。"双菱杯"黄浦区迎世博　除陋习小品大赛到此结束，
让我们在黄浦区其他更为丰富多彩的迎世博活动中再见！

24．主持人结束语，音乐

承初心 创未来

上海消防技术工程有限公司成立30周年庆典
暨公司2017年度总结表彰大会

串联稿

时间：2018年2月5日15时
地点：太平洋大酒店

【入场过程中，大屏定格庆典总标版】
【入场毕——暗场（5秒）】
【稚嫩的童声响起，那是一首《生日歌》】
【切入视频短片《员工同庆送祝福》】
【再次切入庆典总标版】
【深沉、宽广、辉煌的音乐起。主持人上场】

甲：各位领导、各位嘉宾！
乙：各位上消公司的老友新朋！

合：大家新年好——

甲：鸡鸣声声辞旧岁，金犬高歌报春来。刚刚送走难忘的2017年，我们又迎来了更加充满憧憬与期待的2018年。

乙：2018年是党的十九大之后的开局之年，也是改革开放40周年。同样，也是我们上消人迎来上消公司成立30周年的喜庆之年。

甲：是党的正确领导，让一个企业的发展，沿着持续、健康的道路不断前行。

乙：是改革开放的时代大潮，让一个企业抓住机遇，迈开了从小到大、从弱到强、从粗放到科学的攀登脚步。

甲：欢迎大家来到"承初心，创未来——上海消防技术工程有限公司成立30周年庆典暨年度表彰大会"现场。

乙：下面我们首先介绍一下出席上消公司30周年庆典活动的领导与嘉宾。他们是——

甲：30年，对一个人来说，他已进入而立之年。意气风发，昂首挺立。

乙：30年，对一个企业来说，也许它的青春周期，才刚刚启航。无所畏惧，梦想无限。

甲：30年，对所有上消人来说，它是一段珍贵的历程。回首来路，思绪万千。

乙：30年，对关心、支持上消公司的老友新朋来说，恰似一段刻骨铭心的友谊。共同走过，风雨同舟。

甲：下面有请上海消防技术工程有限公司×××领导致辞——

【致辞】

乙（画外音）：感谢领导热情洋溢的致辞。接下来，我们进入庆典的第一板块：初心难忘——

【切入第一板块标版：初心难忘】
【切入视频短片《30年，我们共同走过（一）》】

【音乐起，主持人上】

甲：30年，我们共同走过。一段充满回忆的视频，让我们仿佛又回到了那些难忘的岁月。

乙：岁月易老，记忆永存。无论风雨，我们共同度过。接下来，我们有请为上消公司的创立与发展做出重要贡献的老同志上台，他们是——，请接受我们的鲜花和荣誉。

【礼仪引导老同志上台，并由公司员工的孩子献上鲜花】

甲：站在我身边的这位是×××。下面我们做一下简要的访谈——

乙：让我们再一次以热烈的掌声感谢上消公司的创立者及初创员工，为企业的成立与发展所付出的人生芳华。

甲：人生能有几回搏，留取芳华护平安。下面有请金盾艺术团独唱演员陈元，为大家演唱电影《小花》及《芳华》中的主题曲《绒花》。

【演唱《绒花》】

甲（画外音）：感谢精彩的演绎。下面进入庆典的第二板块：薪火传承——

【切入第二板块标版：薪火传承】
【切入视频短片《30年，我们共同走过（二）》】
【音乐起，主持人上】

甲：企业家的精神，就是与奋斗为伍，与进取为伴；一个企业的道路，就是在荆棘中前行，在百折不挠中探求。

乙：如果说有一千个哈姆雷特，那么就有一万个企业生存与奋斗的故事。当项目陷入困境，当商海风云突变；当思考陷于瓶颈，当发展面临突围，就有那么一些人，他们就像拓荒者，在公司的每一个紧要关头，坚持信念，忠于职守，化解了一个个难题，冲过了一个个险滩。这些宝贵的骨干与人才，是上消公司最重要的财富。

甲：此刻，我要介绍的是这样一位公司技术骨干。（把×××请上舞台。解决过什么样的难题；获得过什么荣誉。）

（访谈话题：1. 最难的工程；2. 最温暖的牵挂；3. 个人梦想）

乙：每逢佳节倍思亲。在公司30周年的节点，我们更加思念上海消防事业的老领导、上消公司的创立者×××领导。正是他的赤子心肠和义无反顾，在退休之年，他继续带领着他的老战士们，踏上了提升上海建筑消防设施建设和城市改造的新征程。

甲：饮水思源，薪火传承。此刻，我们似乎看到了这位为上海的消防安全鞠躬尽瘁的老人，他的音容笑貌，似乎仍然注视着消防事业的发展壮大。

乙：下面我们以热烈的掌声有请×××为我们表演诗朗诵《为了大地的平安》。

【诗朗诵《为了大地的平安》】
【紧接男声独唱《红旗飘飘》】

甲（画外音）：下面进入第三板块：接梦未来——

【切入第三板块标版：接梦未来】
【切入视频短片《30年，我们共同走过（三）》】
【音乐起，主持人上】

乙：上消公司的发展，伴随着中国的改革开放，服务于上海的城市改造和脱胎换骨的城市现代化进程。

甲：看了刚才的公司发展大事记，我们感慨万千。上消公司每一步的挑战，似乎都和城市变革的课题结合在一起。上消公司踏出的每一个脚步，似乎都和经济社会的迅猛发展密切相连。

甲：一个公司的发展，你能看到国家发展、城市发展在它身上烙下的投影。一个企业的壮大，你能看到社会进步，在它身上折射的光辉。

乙：30年是一个节点，让我们看到了中国这本巨书，是如何在一个从无到有、从有到强的企业，写下的千千万万普通奋斗者的缩影。

甲：过去的30年弹指一挥间，未来的30年好风正扬帆。下面我们请出公司年轻一代的代表上台，与我们分享他们的梦想和期待——

乙：感谢年轻员工与我们的分享。在这些分享中，我们能深切感受到年轻人的担当与渴望，更能体会到他们对国家、对企业的憧憬与期望。下面我们请出上消公司×××，由她来阐述公司新司徽的设计构想及发布。

【阐述司徽的设计、中英文意义，以及发布后对企业形象的提升作用】

甲：感谢×××对公司新形象的阐述。司徽是一种企业文化。这种文化反映了企业的价值。在上海的文艺界，也有一批为追求艺术而坚守、奋斗和创新的人。

乙：京剧是我们的国粹，博大精深。接下来请欣赏京剧清唱《打龙袍》——

【演唱《打龙袍》。返场演唱《红灯记》】
【切入第四板块标版：感恩有你】

【切入公司形象片】
【音乐起，主持人上】

甲：刚才我们看到的是上消公司新的形象宣传片。下面我们有请公司×××领导做主旨讲话并宣布公司庆典荣誉奖名单和2017年度公司先进嘉奖表彰名单。

乙：有请——

【领导讲话并宣读名单（三个奖项一并宣读）——

甲：有请获得公司"风雨同舟奖"的老员工上台领奖。

乙：有请颁奖人，×××领导上台颁奖并合影。

颁奖词——风雨同舟奖（25年以上）

如果以百岁计，25年，是一个人生命的四分之一。

当一个人用自己人生四分之一以上的岁月，贡献给一个企业的发展时，岁月的长度已转化为企业的厚度，个人的坚韧已转化为企业的持续向上的动力。

感谢你，用25年的忠诚，与上消公司一起风雨同舟，荣苦同甘。

感谢你，用25年的信任与托付，成就了上消公司的成长与辉煌。

【"风雨同舟奖"颁奖并合影】

甲：有请获得公司"特殊贡献奖"的杰出贡献者上台领奖。

乙：有请颁奖领导继续颁奖并合影。

颁奖词——特殊贡献奖

你用科学技术，与上消一起挑战城市安全的难题；你用毅力和智慧，与企业一起为客户交出一份不惧困难、不惧艰险的精彩答卷。

你为企业赢得了荣誉，企业也将为你竖起高高的奖杯。

【"特殊贡献奖"颁奖并合影】

甲：有请获得年度先进表彰集体代表和个人上台领奖。

（领导继续颁奖并合影）

颁奖词：年度嘉奖

过去的一年，你的成绩让我们感到骄傲。

因为你的付出与艰辛，让公司在梦想的道路上又大大迈进了一步。

人生，就是在这一步一步迈进中走来；

我们期望公司与你一起：一年一个台阶，直至未来，直至永远。

【年度先进表彰颁奖并合影】

甲：感谢员工为企业的付出，感谢上消人与企业风雨同舟。让我们
　　一起前进在阳光路上。

乙：请听歌曲《阳光路上》。

【歌曲《阳光路上》】
【歌毕。灯光渐暗】
【童声《生日歌》再次响起】
【一群上消宝宝在一位少女的带领下簇拥着生日蛋糕上场】

甲：岁月如歌，记忆永存。

乙：青春不老，壮志激荡。

甲：向过去的30年致敬，向未来的30年重新起航。

乙：现在我们有请×××领导带领公司领导层一起点燃生日蜡烛，
　　切下生日蛋糕。为上消公司的未来加油、祝福。

【视频反切舞台动作】
【音乐转换为《同一首歌》】

甲：30年，是一首创业者的歌，它唱出了老中青几代人为上海的平
　　安不竭奋斗的壮怀激越。

乙：30年，是一首奋斗者的诗，它字字铿锵，句句昂扬，书写出上
　　消公司为城市火灾防控所留下的不朽篇章。

甲：让我们——

合：百尺竿头，重新出发。

丹青颂军魂

——纪念建军90周年黄浦书画艺术展开幕式

主持稿

时间：2017年7月10日上午
地点：白玉兰剧场

各位领导，各位书画艺术界的专家、老师，各位来宾、同志们：

大家上午好！

今年8月1日，是中国人民解放军建立90周年。为颂扬我军90年来听党指挥、英勇善战、作风优良、服务人民的光辉历史，进一步增强和提升黄浦区广大人民群众爱国拥军的意识，今天我们在这里举办纪念建军90周年书画艺术展。

黄浦区是中国共产党的诞生地，也是有着拥军优属光荣传统的区域，在这片热土上先后成长铸就了"南京路上好八连"、"霓虹灯下新一代"、全国首家"模范消防中队"等三个英模连队。

本次书画艺术展得到了上海市书法家协会、上海市美术家协会和上海市文史馆等单位的大力支持与关心指导，得到了来自军内外、国内外知名书画艺术家们的热情献墨，和广大社区居民书画爱好者的积极参与。在此，我谨代表主办方，对给予本次书画艺术展热情支持、关心、帮助和积极参与的各界领导和朋友们，表示衷心的感谢！

出席今天开幕式的有×××领导，以及市拥军优属基金会、市书法家协会、市美术家协会、区机关委办局等其他有关领导。

参加今天开幕式的还有驻区官兵代表、双拥模范单位和个人代表，驻区军队离退休老干部代表、优抚对象代表和社会各界群众代表以及书画爱好者，等等。

主持人：现在，让我们以热烈的掌声欢迎×××领导代表上海市文学艺术界联合会、上海市书法家协会和上海市美术家协会致贺词。

（领导致辞）

主持人：感谢×××领导热情洋溢的致辞。

主持人：现在让我们以热烈的掌声欢迎上海市×××领导讲话。

（领导讲话）

主持人：现在，我们欢迎黄浦区×××领导宣布书画艺术展开幕。

（领导宣布开幕）

主持人：接下来请领导和同志们观展。

展五区文化魅力　建美丽书香家园

——五角场街道"社区日"
暨第六届五角场社区读书月主题活动

主持稿

时间：2013年4月29日14：30
地点：五角场下沉式广场

【在优美的音乐声中，主持人甲、乙同上】

甲：万紫千红春光艳，知识杨浦凯歌传。

乙：文化创新结硕果，读书快乐万家欢。

甲：尊敬的各位领导、各位来宾！

乙：同志们、朋友们！

合：下午好！

甲：我是主持人×××。

乙：我是主持人×××。

甲：很高兴主持今天这场隆重祥和的五角场街道"社区日"活动。

乙：相信此次活动也势必会带给我们视觉和听觉的更好享受。

甲：首先，请允许我介绍出席今天活动的有关领导和嘉宾，他们是×××领导，还有区总工会、区学习办、区图书馆、区文化馆的领导，以及"魅力五角场"文化联盟理事单位的领导，让我们对他们的光临表示诚挚的欢迎和衷心的感谢！

乙：光阴荏苒，岁月如歌。五角场社区读书月活动已度过了五载春秋，在今天第六届读书月的活动现场，人们依然备感欢欣。在首届上海市民文化节举行之际，我们五角场街道的文化也显现出一派繁荣景象。

甲：展五区文化魅力，建美丽书香家园，五角场街道"社区日"暨第六届五角场社区读书月主题活动——

合：现在开始。

甲：下面让我们掌声有请杨浦区×××领导登台致辞。

【领导致辞毕，主持人乙上】

乙：朋友们，感谢领导催人奋进、激情洋溢的致辞。我们欣喜地看到五角场街道在党的十八大会议精神的指引下，社区精神文明建设和社区文化生活都取得了丰硕的成果，群众的读书活动更是蓬勃开展，如火如荼，涌现出大批的读书积极分子。今天，由五家理事单位向10位外来务工子女赠书，请10位学生上台。

【主持人下，赠书开始】
【赠书结束，主持人甲上】

甲："文化因传播而美丽，大家因分享而和谐。"五角场街道开展的图书漂流活动，更是以一种新的流行的读书方式，播撒书香，传递文化，推动着社区读书活动更加广泛、深入、持久地开展。它传递着书香，传递着诚信，传递着情谊，下面有请×××捐赠单位代表为他们送出漂流图书各300册，有请。

【仪式结束，音乐声起，五角场小学舞蹈队同台表演《幸福拍手歌》】

【自报】

学生：今天是个好日子，今天是个幸福的日子。亲爱的叔叔阿姨、爷爷奶奶。如果你们感到幸福的话。那就和我们一起拍起手吧。

【自报。五区演员同声表演"歌曲联唱"】
【自报。朗诵《春风伴我步入知识殿堂》】
【演出毕，二胡与非遗组合表演。主持人甲和孩子一起】

甲：小朋友们，今天，五角场街道在这里举行非物质文化遗产项目的展示，你们想不想看呀？
小朋友：（齐）想！
甲：你们想不想学呀？
小朋友：（齐）想！
甲：那我们一起去观摩学习好不好？
小朋友：（齐）好！

【待毕。小朋友上台】

甲：（旁白）朋友，在动人心弦的二胡旋律声中我将向大家畅叙走上舞台展示的非遗节目。马老师正在给我们表演的是剪纸艺术。这是一种镂空艺术，在中国农村历史悠久，流传甚广，逢年过节或新婚喜庆，人们都喜欢把美丽鲜艳的剪纸贴在窗纸和明亮的玻璃上以渲染气氛。为给人们视觉上以透空的感觉和艺术享受，剪纸往往追求造型的完整和图案的精美，以彰显作者的高超技艺。看！马老师为大家剪了一幅美丽的图，让我们把掌声送给他。

这里是泥人彩塑，这是一种深受百姓喜爱的民间艺术，它创始于清代道光年间，发展至今已有180年的历史。泥人彩塑在我国民间美术史上占有重要的地位，其作品艺术精美，影响远及世界各地，作品具有浓厚的趣味性。大家看，朱毅老师的泥人彩塑是那么栩栩如生、精美绝伦。

乙：（旁白）好！现在第三位表演的是棕编工艺。棕编工艺是中国民间一绝，利用棕榈树叶为原料，用编扣、打结、穿插等工艺进行造型。我们今天的表演者叶邦叔突破了以往棕编单纯的技巧之局限，从多个角度切入，赋予棕编艺术以情节、人物、主题等元素，大大延展了棕编艺术的丰富内涵。

（旁白）朋友们，第四位铁丝编艺的表演者是杨继成。铁丝编艺就是利用铁丝的柔韧性，经过缠、绕、编、镶等十几种工艺和手法做出产品。每个作品都突出表现了中国文化的古韵特色，而且具有独特内涵和手工艺术性，可谓一款时尚高档的手工精品。年轻的杨老师的铁丝编艺确实让人叹为观止。

【结束，演员退场。女声独唱《欢天喜地》上】
【海军医学研究所女声独唱《欢天喜地》（倒报）】

乙：感谢海军医学研究所翟宇佳为我们大家演绎了一曲《欢天喜地》。一首首动听的歌曲是我们带给家园的礼赞，一曲曲美妙的旋律是家园赋予我们的灵感。今天，我们不仅将用歌声来传递我们的梦想，我们还要用舞姿来表达我们的喜悦。请欣赏复旦学子为我们带来的《一抹红》。

【复旦大学表演舞蹈《一抹红》】
【自报：女声小组唱《五角场之歌》】
【倒报：武警某中队：《警营DV风》】

甲：《警营DV风》表现了作风过硬的辖区战士的风貌，更展示了军民共建和谐文化的美景。

台上一分钟，台下却是十年功，下面将要为大家表演的杂耍，是来自上海洪福文化创意发展有限公司的演员们。莫看杂耍，其实这里面也蕴含着取之不尽的知识甘泉。

【杂耍表演】
【自报：沪剧队等表演《外婆的风采》】

【待毕，合唱队上】

甲：朋友们，俗话说得好："小爱可以汇成大爱，小家可以聚成大家。"国家是由千万个小家所组成，我们要热爱我们的国家，我们要让我们的国家永远繁荣富强。最后由"五区"代表和五角场社区合唱队共同演唱饱含深情的《国家》，掌声欢迎。

【五区代表和合唱队共同演唱《国家》】
【全场大谢幕，主持人甲、乙同上】

甲：同志们，新时代的号角已经吹响！
乙：朋友们，新杨浦的蓝图已经展现！
甲：让我们在党的十八大精神的鼓舞下，
乙：愿我们的国家繁荣昌盛，愿我们的小家幸福美满！
甲：让我们一起为五角场人民文化水平的提高，
乙：为五角场人民文化生活的繁荣，
合：谱写更加璀璨的篇章！
甲：展五区文化魅力，建美丽书香家园！
乙：首届上海市民文化节五角场街道"社区日"活动暨第六届五角场社区读书月活动，到此结束。
甲：祝大家生活快乐，家庭幸福！
合：再见！

风展军旗红

"南京路上学八连模范中队"长篇纪实文学
——《风展红旗》首发式

主持稿

主持人：各位领导、同志们，大家上午好！"南京路上学八连模范
　　　　中队"长篇纪实文学——《风展红旗》首发式现在开始。

1. 第一项活动：举行升国旗仪式

（现场指挥下口令："全体都有了，立正！迎国旗！"国旗班出
旗，全场行注目礼迎国旗入场。待升旗手在升旗台就位。）

主持人：升国旗，唱国歌！

（升国旗毕，礼兵引领嘉宾上主席台就位，主持人上台。现场指挥
下口令："都有了，向右转，稍息！"）

2. 第二项活动：作者讲话

主持人：活动进行第二项，请《风展红旗》作者、著名女作家杨绣丽女士与大家见面并发言。

（杨绣丽从台口走到左侧话筒位置，十中队官兵代表献花，杨绣丽致辞）

3. 第三项活动：官兵代表发言

主持人：活动进行第三项，请模范十中队指导员×××代表官兵发言。

（从台口上，站左侧话筒位置）

4. 第四项活动：区领导致辞

主持人：活动进行第四项，请黄浦区×××领导致辞。

（向前一步，站中间话筒）

5. 第五项活动：武警总队领导致辞

主持人：活动进行第五项，请武警上海市总队×××领导致辞。

（向前一步，站中间话筒）

6. 第六项活动：赠书

主持人：活动进行第六项，邀请出席今天活动的领导向社会各界代表赠书。

（领书代表先上台，礼兵捧书上台从中间进入，领导转身，一对一将书递给领导，赠书，播放喜庆的背景音乐）

7. 作家签名赠书

主持人：今天的首发式仪式部分进行完毕。接下来，作家为广大读者签名赠书。

（播放背景音乐）

告慰先烈——祖国明天更美好

——黄浦区外滩社区清明节大型主题活动

主持稿

主持人：又是一个清明节，我们站在庄严的人民英雄纪念塔下。天空为先辈放射出光芒，大地为烈士绽放鲜花。

为了祖国的解放和人民幸福美满的生活，有多少革命先烈长眠于地下。

我们不会忘记他们，历史不会忘记他们，共和国更不会忘记他们。

今天，我们在这里，以神圣的使命、以中华儿女的身份来缅怀先烈，

用改革开放30年的辉煌成果来告慰英灵。

现在进行第一项议程：各界群众代表向先烈敬献花篮。

【背景音乐1响起】

【主持人依次介绍，各队代表依次敬献花篮】

　　1. 来自南京路上好八连的中国人民解放军官兵代表。

　　2. 来自"霓虹灯下新一代"上海市武警总队第一支队的官兵代表。

　　3. 来自"全国模范公安局"黄浦公安分局和外滩派出所的公安干警代表。

　　4. 来自上海海关的社区单位代表。

　　5. 来自黄浦区中心医院、外滩社区卫生服务中心的白衣天使代表。

　　6. 来自光明中学的学校师生代表。

　　7. 来自外滩社区新经济、新社会组织的白领阶层代表。

　　8. 来自外滩社区各界群众的社区居民代表。

　　——其中敬献代表是烈士王孝和的遗孀忻玉英女士。

　　花岗岩纪念碑或许会被岁月的风雨剥蚀，

　　而人们心中的纪念碑将会永远屹立高耸。

　　今天，我们站在先烈的面前，回眸新中国改革开放走过的30年辉煌历史，看着我们生活的欣欣向荣，都会骄傲地喊出同样一句话：祖国明天更美好！

　　为开展好这次大型主题活动，黄浦区外滩社区之前开展了"告慰先烈——祖国明天更美好"的征文活动，社区单位的白领、民营企业家、公务员，社区中各种年龄层次的居民都纷纷参与到活动中来。他们从不同的视角向先烈讲述了改革开放30 年来人民生活的巨大变化。

　　经过激烈的初赛和决赛，六名选手脱颖而出，荣获"告慰先烈——祖国明天更美好"外滩社区征文演讲活动优秀奖。

　　他们是宋珊珊（《彩虹交织浦江两岸——从上海交通看改革开放30年》）、郑朝明（《改革开放伴我成长》）、俞永珍（《沐浴改革开放春风，建设和谐民营企业》）、陈巧玲（陶俊）（《外滩百年城市记忆，浦江唱出时代新声》）、贝政亮（《外滩随想》）、徐慧（《五星红旗下的赤诚》）。

　　活动进行第二项：为获奖者颁奖。请获奖者上台领奖。

　　请×××领导为获得优秀奖的六位选手颁奖。

　　活动进行第三项：主题演讲。

　　下面有请宋珊珊为大家演讲，她的演讲题目是《彩虹交织浦江两岸——从上海交通看改革开放三十年》。

　　接下来有请郑朝明为大家演讲，她的演讲题目是《改革开放伴我成长》。

　　海阔扬旗催奋进，艳阳高照化境空。

　　举世瞩目的中国共产党第十七次全国代表大会，站在新的历史高度庄严宣示：中国特色社会主义伟大旗帜，是当代中国发展进步的旗帜，是全党全国各族人民团结奋斗的旗帜。

　　这是集我国社会主义建设近六十年的历史经验，特别是改革开放近三十年的基本经验而得出的必然结论。

　　纪念是为了发展成果，纪念是为了凝聚共识，纪念是为了积聚力量。

　　相信通过我们的共同努力，一定能够创造更加美好的明天！　现在请全体宣誓！

　　有请外滩街道办事处主任段和平领誓！请南京路上好八连、霓虹灯下新一代等八个敬献花篮的单位代表和六位获奖人员上台进行宣誓。

　　（与会代表宣誓）

　　誓词：

　　在此先烈面前，我以一个中华人民共和国公民的名义庄严宣誓：捍卫神圣宪法，维护法律尊严，履行公民义务，承担社会道义，国家昌盛为先，人民利益至上，热心公益，奉献社会，继承先烈遗志，以我壮志激情，创造崭新未来，以我赤子之心，建设锦绣中华。

最后请×××领导讲话。

今天的主题活动到此结束，让我们告慰先烈，让我们共同祝愿：祖国明天更美好！

请大家在工作人员的引导下按顺序向先烈献花。

革命薪火代代相传

——黄浦区以节载道清明节主题活动

全场本

时间：2011年4月1日上午8:30（时间长度约40分钟）
地点：外滩黄浦公园"上海人民英雄纪念塔"广场
　　　（中山东一路500号）

【播放暖场音乐】
【活动开始，《红旗颂》由强渐弱，主持人上】

主持人：
　　又是一年春草绿，
　　又是一年百花红，
　　我们又一次走近人民英雄纪念塔，
　　我们又一次来到革命先辈面前，
　　我们是您身后的一簇簇薪火，

我们是新时代党旗上的一根根纤维。

先辈点燃的火炬永放光芒，

黄浦江养育的儿女一代盛传一代。

各位领导、同志们，大家上午好！再过四天，就是中华民族的传统节日——清明节了。今年是中国共产党成立90周年。为缅怀革命先烈的丰功伟绩和光辉历史，为继承和发扬老一辈革命家的优良作风和光荣传统，激发全区广大干部群众和青少年的爱国热情、报国之志，促进黄浦各项事业又好又快地发展，今天黄浦区各界在这里举行"革命薪火代代相传——黄浦区以节载道清明节主题活动"。

出席今天活动的领导有×××领导，以及离休老干部代表、南京路上好八连、武警一支队官兵代表、公安干警、两新组织党员、学生代表、黄浦区城管队员代表和社区干部、居民代表两千余人。

活动进行第一项，黄浦区领导及社会各界代表以崇敬的心情向革命先辈敬献花篮！

【区四套班子、离休干部代表、好八连、武警一支队七只花篮分别由两名礼兵抬花篮正步前行，公安正步紧跟其后，八只花篮在前。其他两新组织党员代表、学生代表、绿化市容员工城管队员民工代表、各社区干部居民代表四方阵各派两名代表抬花篮上】
【花篮摆放到位，区四套班子主要领导走至各自花篮前捋花篮缎带】
【此间肃穆，不放任何音乐】【捋直缎带，领导归位】
【主持人上】

主持人：

黄浦是上海历史的源头，也是受帝国主义列强的铁蹄践踏最深的土地。她也是一块最适合共产党人播撒火种的热土！在这片热土上，有着光荣的革命传统和众多感人的革命故事。接下来，请上海电视台电视新闻中心首席主持人潘涛、上海电视台电视新闻中心资深主持人施琰，为我们讲述我党历史上发生在黄浦的一些光辉片段。

【故事员上，主持人下】

【党史故事员讲故事，讲毕，主持人上】

主持人：

中共党史在黄浦是有光辉故事的。而发生在黄浦的这些党史故事，在中国共产党的历史长河中又仅仅是一滴露珠。中国共产党领导下的新中国成立六十多年，特别是改革开放三十多年来，我们的祖国、我们的上海、我们的黄浦，取得了翻天覆地的变化。接下来请听诗朗诵《奔向灿烂的明天》。

【表演者上，主持人下】
【表演者表演，表演毕，主持人上】

主持人：

通过讲故事和诗朗诵"忆党史、看今朝、展宏图"，让我们牢记我党的光辉历史，用我们今天的成果和未来鸿猷告慰先辈。激发我们为黄浦明天的发展，更加不断努力发奋图强！

现在举行新党员入党宣誓，老党员重温入党誓词！

领誓人：全国优秀党务工作者、上海市"人民满意公务员"、上海市优秀思想政治工作者×××。

【主持人下，20名新党员代表上，领誓人上，武警礼兵4人展开党旗，45度斜面。领誓人在麦克风前领誓，在场所有共产党员共同宣誓】
【宣誓完毕，宣誓人、领誓人归位，主持人上】

主持人：

"对党忠诚，积极工作，随时准备为党和人民牺牲一切。"

革命先辈们，这是您身后的中国共产党党员所发出的山一样的誓言、铁一般的承诺，为了我们的党旗永葆本色，为了我们的祖国山河不易帜变色，为了最广大人民群众的幸福安康，我们中国共产党人一定尽心竭力，鞠躬尽瘁，为追求和实现人类的最高目标而努力奋斗！

最后，全体同志依次向革命先辈敬献鲜花！

【音乐起，从领导开始，在场人员依次有序逐一地向革命先辈敬献康乃馨】【顺序：区四套班子领导献完，左面第一列紧跟其后，依次，直到最后一名】

共和国永远铭记

——黄浦区各界人士缅怀革命先烈诗歌朗诵会

串联词

时间：2009年4月1日上午
地点：龙华烈士陵园

【在庄严的音乐声中，黄浦区各界人士在活动现场整齐列队】
【男女主持人上】

男：各位领导，各位嘉宾；
女：来自黄浦区社会各界的朋友们——
合：大家上午好！
男：在这春风拂面、春意盎然的日子里，我们会聚在龙华烈士陵
　　园，隆重举行"共和国永远铭记——黄浦区各界人士缅怀革命先
　　烈诗歌朗诵会"，用诗歌的形式，缅怀革命先烈，颂扬革命精

神，以激励全区广大党员干部群众和青少年的爱国热情。

女：鼓舞全区人民立足岗位、刻苦学习、努力工作，在为黄浦繁荣繁华、文明和谐的现代化中心城区建设中建功立业。

男：下面我向大家介绍出席今天活动的领导，他们是×××。

1．介绍与会领导

男：朋友们，再过两天，就是中华民族传统的清明节了，年年清明，今又清明。然而，2009年的清明节赋予了我们更多的感怀，正值伟大的中华人民共和国60周年华诞，我们无限缅怀为中国人民的解放事业而英勇捐躯的革命先烈，无限怀念在保卫新中国社会主义建设中献身的人们。

女：青松舞清风，沃土埋忠魂。下面有请黄浦区四套班子领导和社会各界的代表向先烈敬献花篮。

2．向先烈献花篮

男：朋友们，黄浦区以各类节日为载体，弘扬民族道德，建设先进文化，使之成为凝聚四面八方力量的重要媒介，这就是广受社会关注的"以节载道"。经过几年的探索与实践，以节载道的理念已经成为黄浦社会各界提升民众素质的共识。

女："节"，既是一个民族生活文化精粹的展示台，也是反映社会主流价值趋向的风向标。这次，我们在清明节即将到来之际，开展了诗歌征集活动，挖掘清明节的文化内涵和教育功能，寻找与当代社会、现代文明的结合点，在各社区单位引起了强烈的反响，短短的一个月内，就收到了数百首诗歌。

男：这些诗歌全部出自老干部、学生、教师、军人、白领、公务员，以及社区居民等。

经过专家评审，共有10位作者分别获得一、二、三等奖。

女：下面我们有请黄浦区×××领导宣读获奖名单。

女：请黄浦区×××领导为获奖作者颁奖。

3．领导为获奖作者颁奖

男：感谢颁奖嘉宾，也向获奖作者表示祝贺！

女：朋友们，每到这个季节，我们总会想起唐代大诗人杜牧的那首诗：清明时节雨纷纷，路上行人欲断魂。借问酒家何处有？牧童遥指杏花村。然而，在颂祖国、迎世博的日子里，我们的心情是别样的，我们的诗歌是：清明时节情真诚，喝水不忘掘井人。缅怀先烈见精神，人民幸福国强盛！

男：请听外滩街道青年公务员的诗朗诵《桃花盛开的时候》。

4．朗诵《桃花盛开的时候》　外滩街道青年公务员

男：我们要以坚定的信念，继承革命先烈的遗志；以无比的勇气，劈开前进征途上的荆棘。这是青年公务员的心声，也是我们黄浦人民的心声。

女：正如诗歌中所说的，每当激昂澎湃的《红旗颂》旋律奏响的时候，我想到了你们；每当光辉灿烂的烟花在夜空绽放的时候，我想到了你们，你们是共和国永远的铭记！

男：在这次征文活动中，曾经参加过解放上海战斗的老同志也积极参与创作，字里行间流露了老同志们对那难忘岁月的怀念，以及对祖国未来的真挚祝愿。

女：下面我们就请两位90后的青年来朗诵一首诗《南京路五月的鲜花》。

5．朗诵《南京路五月的鲜花》

男：是的，当我们漫步在美丽的外滩风景线，徜徉在时尚的南京路步行街上的时候，我们所感受到的是一幅改革开放的绚丽画卷。

女：是老同志的这首诗歌，勾起了我们的历史记忆，我们犹如看见了绮云阁上上海解放的第一面红旗还在迎风飘扬，我们仿佛看见了进城后不愿意惊扰市民而露宿南京路的战士。

男：我们永远记住了那个五月的时光！我们会捧上心中最美的鲜

花，去装点南京路走向辉煌！

女：下面来自上海武警总队一支队的光荣连队，被江泽民总书记誉为"南京路上学八连，霓虹灯下新一代"的十中队战士，将以一首《老前辈》的诗歌，来表达新时期年轻战士对老一辈革命者的敬意，作者：黄浦区文化馆徐开林。

6．朗诵《老前辈》　武警一支队十中队战士

男：感谢战士们的朗诵。戎马一生的革命先烈，像一棵棵万年青松，在共和国的记忆中永存！

女：他们的精神永远激励着一代代炎黄子孙！

男：朋友们，黄浦区的以节载道的实践，催生了许多丰富多彩的活动，以节承载爱国之道、开放之道和和谐之道，为广大市民，尤其是青少年的成长提供了许多锻炼和提升素质的平台。下面来自光明中学的同学要为大家朗诵一首由他们的李新老师创作的诗歌《纪念碑》。

7．朗诵《纪念碑》　光明中学学生

男：感谢同学们的朗诵，也感谢李新老师创作的诗歌。在我们的心中，应该树立一座纪念碑，它铭刻着共和国发展史上所有能让这个伟大的民族记住的名字！

女：历史是最好的见证，它见证了革命志士前仆后继的无畏和英勇，它见证了中国共产党领导的中国人民同心与同德。

男：让我们在诗朗诵《为了不能忘却的纪念》中，一同走进历史的闪回。作者：中恒集团劳动服务中心职工吴守仁。

8．朗诵《为了不能忘却的纪念》

男：今天，我们站在先烈长眠的地方，我们永远铭记着为新中国献身的人们。

女：最好的纪念，莫过于用我们的行动，为人民创造更加幸福的生活，实现中华民族的伟大复兴！

男：下面请黄浦区各界人士代表依次向先烈献花。

9．各界人士向先烈献花
【在献花的进行中，主持人上结束语】

男：朋友们，让我们紧密团结在以胡锦涛同志为总书记的党中央周围，在中共黄浦区委、黄浦区人民政府的正确领导下，高举邓小平理论和"三个代表"重要思想伟大旗帜，全面落实科学发展观，为构建社会主义和谐社会，打造繁荣繁华、文明和谐的经典黄浦而努力奋斗！

女："共和国永远铭记——黄浦区各界人士缅怀先烈诗歌朗诵会"到此结束！

男：朋友们，再见！

共襄世博盛举　同庆新中国华诞

——黄浦区庆祝中华人民共和国成立61周年升旗仪式

主持稿

时间：2009年4月1日上午
地点：半淞园路社区世博广场

主持A：尊敬的各位领导、各位来宾，大家早上好！

主持B：今天，是中华人民共和国成立61周年国庆日，恰逢中国2010年上海世博会中国国家馆日。为表达全区人民的爱国热情，营造全区庆国庆的浓厚氛围，也为进一步增强全区人民办世博的自豪感和荣誉感，进一步提升全区人民在迎世博冲刺阶段的使命感和责任感，我们聚集在半淞园路社区世博广场举行"共襄世博盛举　同庆新中国华诞——黄浦区庆祝中华人民共和国成立61周年升旗仪式"。

主持A：出席本次活动的领导有×××，参加本次活动的还有世博园安检部队、安检女兵大队、世博会志愿者、归国华侨、中小学生、社区居民代表，今天我们还特别邀请到了位于浦西世博园，也是我们黄浦区域内的世博会城市最佳实践区的××位展馆代表共同参加我们的活动，他们是×××。

主持B：对于各位领导和嘉宾们的到来，我们表示热烈的欢迎和衷心的感谢！（全场鼓掌）

主持A：五星红旗是我们的骄傲，五星红旗将中华儿女的心紧紧联结在了一起。今天，迎着初升的太阳，鲜艳的五星红旗将在世博广场冉冉升起。

主持B：升旗仪式即将开始。全体肃立。有请×××领导主持升旗仪式。

（领导上台）

孙甘霖：出旗。（国旗班出旗）

升国旗，唱《中华人民共和国国歌》。

（升国旗，唱国歌，部队官兵、少先队员敬礼）

礼毕。

请×××领导致辞。

（礼仪引导致辞领导上台，礼仪引导主持升旗仪式领导下）

（领导致辞，礼仪引导领导下）

主持A：感谢××热情洋溢的致辞。××的致辞为我们指明了努力的方向，给了我们很大的鼓舞和力量。

主持A：今年的国庆节具有特殊的意义，她见证了中华民族百年世博梦圆的时刻，见证了无数中华儿女为了世博会的成功、精彩、难忘，无私奉献，默默奋战在服务世博的各个岗位。

主持B：世界文明的盛会，我们大家的世博。世博会深深牵动着海外华侨的心，他们为世博会的举办而激动万分，纷纷回国参观。世博会也是世界人民欢聚的大舞台，在这里各国人民热情相待、共享文明盛宴。

主持A：今天，我们请来了充分发挥创意、精心布展的××展馆代表×××、热心支持上海世博会第一时间回国参观的华侨代表××和认真执行世博安检任务不畏艰辛的安检队员代表××，请他们谈一下参加、参观世博会的感受。有请三位代表上台。

（礼仪引导代表上，感言）

主持B：感谢三位代表，他们道出了我们大家的心声。

（礼仪引导代表下）

一个半世纪以来，世博会从最初纯粹是商品展销的集市，演变成探讨人类自身发展的平台，她给世人展示的，不再只是经济的成果，更重要的是，它展示了人类文明的巨大进步。

主持A：作为中国2010上海世博会的一大创新项目，"城市最佳实践区"集中体现了全球具有代表性的城市为提高城市生活质量所做的公认的、创新和有价值的各种实践方案和实物，同时也为世界各个城市提供了一个交流城市建设经验的平台，这些都给予了我们黄浦发展很大的启示。

主持B："城市最佳实践区"就位于我们黄浦区半淞园路社区 内。为了增进社区与展馆的友谊，今天既是升旗仪式， 又是社区与展馆联谊同庆活动。社区居民巧妙构思，亲手制作了纪念品赠送给展馆代表，展馆代表也准备了具有各展馆特色并且有馆长亲自签名的纪念品作为回赠。现在就有请社区居民代表和城市最佳实践区展馆代表上台展示并互赠纪念品。

（礼仪引导展馆代表上，展馆代表展示纪念品）

主持B：各位领导、各位来宾，现在呈现在我们眼前的是各具展馆特色的纪念品，都非常吸引人眼球。让我来采访两位，看看他们为什么设计制作这份纪念品。（采访，对方两三句话回答作品名、原因）

主持A：谢谢各位展馆代表，有请居民代表上台。

（主持人示意展馆代表站分散一些）

（礼仪引导居民代表上，居民代表一个隔一个站在展馆代表旁边，居民代表展示纪念品）

主持A：我们社区朋友的纪念品真的很漂亮，看得出来，大家是花费了很多心思设计制作的。让我也来采访两位。

（采访，对方两三句话回答作品名、原因）

主持B：谢谢各位居民代表，请双方互赠纪念品。

　　　　（展馆代表、居民代表转身，一一对应互赠纪念品，结束后面向来宾合影，下）

主持A：今天，是新中国的生日，我们准备了一个六层的蛋糕来为新中国庆生。六层蛋糕象征着61周岁的新中国蒸蒸日上，象征着人民生活甜美幸福。接下来有请××共同点燃新中国61岁生日蜡烛。

　　　　（礼仪引导领导上，领导点亮蜡烛）

　　　　（放礼花，观众挥舞国旗及世博手旗，张璐唱，全场和声）

主持B：谢谢各位领导！刚才为我们带来美妙歌声的是武警总队文工团青年歌唱家张璐。一首《今天是你的生日》唱出了我们对新中国的一片赤诚之心，唱出了我们对新中国的美好祝愿！

　　　　（《今天是你的生日》音乐起，分送生日蛋糕）

主持A：神州在欢腾，大地在雀跃。让我们共襄世博盛举、同庆新中国华诞，共同祝愿我们的祖国繁荣昌盛，祝愿世博会圆满成功！

主持B：黄浦区庆祝中华人民共和国成立61周年升旗仪式到此结束！

和谐劳动　美丽嘉定

——嘉定区庆祝五一国际劳动节大会

主持稿

时间：2013年4月27日下午1:30

地点：博乐厅

【幕启。视频舞蹈秀】

【大屏幕：舞者用毛笔写出大会名称"和谐劳动　美丽嘉定"】

【男女主持人上】

男：尊敬的各位领导、各位来宾，

女：来自全区各行各业的劳动者、建设者们，大家

合：下午好！

男：挥毫大写和谐谱，

女：展卷细描新嘐城。

男：在这个春意盎然、万木葱茏的日子里，我们迎来全面贯彻落实党的十八大精神的开局之年，也迎来嘉定区撤县建区20周年，今天我们欢聚一堂，庆祝劳动者自己的节日——五一国际劳动节。

女：五一，一面引领我们创造奇迹的旗帜，

男：五一，一种激励我们完美人生的力量。

女：今天，我们在这里赞美劳动最光荣，

男：今天，我们在这里沐浴和谐的阳光，

女：我们献出最美的诗行向平凡的你致敬！

男：光荣永远属于为创建和谐企业而忙碌的劳动者！

女：由嘉定区委、区政府主办，区总工会承办的嘉定区庆祝五一国际劳动节大会在这里举行。

男：出席今天大会的领导有×××领导。

女：出席今天会议的还有：

各镇、街道党政主要领导、分管领导，

区劳动关系和谐企业创建活动领导小组成员单位领导、劳动模范代表，

区劳动关系和谐企业代表、工会干部代表和职工代表。

在此，我们对大家的到来表示热烈的欢迎！

男：下面让我们有请区×××领导主持颁奖仪式。

【男女主持人下，领导上】

主持：创建和谐劳动关系，是促进企业发展、维护职工队伍稳定、构建和谐社会的重要基础，是加强和创新劳动关系领域社会管理的重要载体。党中央对此高度重视，把建设"规范有序、公正合理、互利共赢、和谐稳定"的社会主义新型劳动关系纳入"十二五"规划。党的十八大报告又明确提出要加快构建和谐劳动关系。2012年，在区委、区政府的正确领导下，我区把和谐劳动关系建设作为关系社会和谐稳定和嘉定长治久安的重要战略任务，提出了明确的工作目标，全区创建工作进入了新的阶段，创建工作再一次取得丰硕成果，为维护职工合法权益、

促进企业健康发展、推动经济社会进步做出了积极贡献。

经过区创建活动领导小组的考核验收和社会公示，评出了"嘉定区劳动关系和谐示范工业园区（村）"12家、"嘉定区劳动关系和谐工业园区（村）"2家、"嘉定区劳动关系和谐模范企业"18家、"嘉定区劳动关系和谐企业"119 家，以及"嘉定区和谐劳动关系优秀企业家"18名。

下面有请区×××领导宣读表彰决定。

【宣读表彰决定】
【颁奖仪式】

主 持：下面进行颁奖，有请荣获"嘉定区劳动关系和谐示范工业园区（村）"称号的代表上台领奖，有请×××为获奖代表颁奖。

【在礼仪小姐的引导下，获奖单位代表依次上台】

主 持：下面，请荣获"嘉定区劳动关系和谐模范企业""嘉定区和谐劳动关系优秀企业家"称号的代表上台领奖，有请×××为获奖代表颁奖。

【在礼仪小姐的引导下，获奖园区（村）和个人依次上台】

主 持：下面，请荣获"嘉定区劳动关系和谐企业"称号的代表上台领奖，有请×××为获奖代表颁奖。

【在礼仪小姐的引导下，获奖企业代表依次上台】

主 持：让我们再次用掌声对获奖单位和个人表示热烈的祝贺！
主 持：下面，有请区×××领导讲话，大家欢迎。

【领导讲话】
【男女主持人上】

（一）回眸美丽足迹

【乐声中，舞者用大笔写出标题："回眸美丽足迹"】

女：从1993年开始，嘉定撤县建区的脚步从新家园火热的建设中走来，走过了20个寒暑递嬗，走过了20个美丽花季。

男：20年来，勤劳智慧的嘉定人民，在历届区委、区政府的带领下，艰苦奋斗，锐意进取，在新嘤城身后留下一串美丽的足迹。

女：下面，让我们循着劳模的身影去看一看两个村子在这20年里的发展轨迹，来感受嘉定区城市化进程急行的脚步。

男：请看短片《美丽之村》。

　　【短片解说词：撤县建区20年，让嘉定区农村变得越来越美，华亭镇联华村被誉为嘉定区的"农业区里的'新农村'"。25年前，劳模周根兴家里正在养殖被称作"金子银子"的兔子，可是为了村里的发展，周根兴毅然放弃自家发财致富的机会，接过了华亭镇联华村党支部书记的重任，他想方设法发展村经济，把这个地处偏远的负债村建成为全镇首富村，进入全区前列，富裕后的村民都住上了漂亮、宽敞的新楼房。全村到2012年实现可支配收入达三千余万元。】

　　【短片解说词：安亭镇塔庙村被誉为嘉定汽车城里的"汽车村"。全国劳模、村原党支部书记吴世琪在任24年，他最初利用简陋的厂房，凭借几把铁榔头，带领五名村民干起汽车配件加工，也就是从这个嘉定第一家汽车修理厂起家，全村走上了创办村企、发展村级经济的致富路。1985年起，全村率先建成郊区农村使用水、气、电视、电话等四个"第一村"，村民生活质量不断提高。在吴书记的带领下，村经济不断发展壮大，在任期间，吴世琪为这个"汽车村"留下了1.8亿元固定资产、1.72亿元银行存款。吴世琪通过发扬劳模的引领作用，创造了村级经济的发展奇迹，成为嘉定区城市化进程中的缩影。】

【男女主持人上】

男：刚才看过在嘉定撤县建区20年中我们劳模与新农村的共同成长。

女：现在，让我们一起来感受各行各业的劳模为建设美丽嘉定迈出的脚步多么有力铿锵。

男：请让我们以热烈的掌声欢迎嘉定区村支书劳模代表苏兴华、高科技企业劳模代表李炜、基层一线劳模代表唐再兴上台，与我们分享经验，畅谈心得。

【苏兴华、李炜、唐再兴先后上】

女：朋友们，我很荣幸地向大家介绍的这位就是全国劳动模范、全国农村"十佳"杰出村官——苏兴华。

苏：大家好！

女：如何建设好新农村，是每个村子都面临的课题，你非常智慧地用制定的42项制度，践行了一个全国民主特色村的发展，但随着外来务工人员的出现，为了让这些新村民能够从"流入"到"融入"，你们是怎么管理的？

苏：为了做好对这些新村民的管理，我们专门制定了新村民管理章程，明确新村民的权利、义务。（举例……）

女：对外来农民工充分尊重，实现了公平正义，要用智慧来担当。谢谢村官苏兴华为我们做的精彩解读。

男：时代造就劳模，发展需要劳模。下面我要介绍的这位是来自高新技术企业劳模代表、上海新傲科技股份有限公司副总经理——李炜。你好，李炜！

李：主持人好，大家好！

男：李炜，今天你是劳模代表，请你谈谈你的感受。

李：（大意）我先谈谈我仅仅是个代表……新傲公司是一家高新技术企业，我只是代表新傲来的，而新傲则是代表嘉定一大批科技企业……

男：新傲公司曾赢得很多荣誉，包括国家科技进步一等奖和两项省部级科技一等奖，这不仅是你们企业的殊荣，也是嘉定的骄傲。在这些荣誉面前，你是怎么想的？

李：（大意）非常感谢政府给了我们这些荣誉，成为我们不断前进的动力，但是作为民营高科技企业，我们的竞争对手是国际一流高科技企业，在国内我们是唯一、是老大都没用，代表不了企业发展的实质，所以我们只能忘掉荣誉，在强手如林的国际市场上求生存，而今我们争得了一席之地，能够做到这一点是非常不容易的……

男：现在都面临着转型发展，请问这条发展之路你们又是怎样走的呢？

李：（大意）我们一直在寻求发展，我们是从2009年开始二次创业的，在国际金融与市场经济环境不确定的情况下，创业非常艰难，就像我们中国今天走的道路一样，我们还在一条正确的路上走，我们满怀信心，认为这样走下去还是大有希望的……

男：谢谢李炜把嘉定高科技企业争创一流、自强不息的宝贵精神带给我们，谢谢！

女：接下来，我为大家介绍的这位劳模从嘉定撤县建区开始，20年来始终在物业维修工岗位上发光发热，他的名字叫唐再兴。
　　你好，唐师傅！

唐：你好，主持人！

女：唐师傅，你的事迹是从1992年开始的10年时间里，风雨无阻地坚持在晚上为居民开报修箱。

唐：是的，我开了10年。

女：可是，你们上海嘉城物业管理有限公司房屋应急维修中心，从1998年就开始实现信息化了，你为什么还坚持开便民服务箱一直开到2002年呢？

唐：虽然我们中心从1998年开始实现信息化，可是那时很多人没有手机，很多人也不知道中心的电话号码……

女：唐师傅，请你跟大家说一下在你默默无闻的工作中，你印象最深的工作经历是哪一次？

唐：那次是煤气公司修管线，他们把现场搞得又脏又乱，居民家的马桶也被弄坏了，最后我把居民家地上的脏东西打扫干净……

女：唐师傅，在这么多年的为居民服务当中，你有没有碰到过委屈？

唐：有。有一次，我上门帮人修马桶，户主误以为我拿了他们家的东西，后来他们把东西找到了……但是从那次以后，我就改进了工作方法，主动提醒人家把东西放好……

女：好，谢谢唐师傅，谢谢三位劳模代表带给我们的这些蕴含在劳动中无怨无悔的理想与激情！

【苏兴华、李炜、唐再兴先后下】

女：撤县建区20年是20个灿烂的花期，更是一个激荡着我们无限豪情的新起点。

男：让我们手握发展的方向盘，开足马力，为美丽的嘉定奔跑向前。

（二）唱响劳动光荣

【音乐声中，舞者用大笔写出标题："唱响劳动光荣"】

女：从四大发明，到"嫦娥"飞天，

男：从大坝截流，到雪域列车，

女：创新编写着一个民族成长的密码。

男：创新让我们唱响劳动光荣，更成为企业播种希望、开启未来的金钥匙。

女：让我们一起走进上海安科瑞电气股份有限公司徐军工作室，去感受工人阶级主力军在创新中那股火热的"正能量"吧。

男：请欣赏小品《在荣誉的背后》。

（三）共谱和谐新曲

【音乐声中，舞者用大笔写出标题"共谱和谐新曲"】

女：和谐是一种最美，它令人惊艳，令人回味，令人追求。

男：调解工作也是一种最美，只要你用一颗平凡的心去对待，你也一样，也会谱写出属于自己的海阔天空。

女："十八法"，是嘉定区总工会人民调解委员会的调解员们，对纷繁的劳动争议进行调解中总结出的18种工作方法。

男：未雨绸缪法、换位思考法、实话实说法、排忧解难法、深入浅出法、架桥铺路法、遍地开花法等等。

女："十八法"是化解劳资纠纷的一种"润滑剂"，在一步一个脚印的前进中，调解员们运用"十八法"把问题理清了，捋顺了，打开了大大小小矛盾的心结，解决了各种各样的劳资纠纷。

男：下面让我们来看一看，调解员们在调解中是如何抓根源、找头绪，促进和谐的。

（略）

【男女主持人上】

男：让我们赞美和谐。

女：走进和谐这片温暖的阳光，感受它用真诚、用关爱、用心与心的交流，爱与爱的融溶，温暖人们的心灵。

男：让我们歌唱和谐。

女：因为它是21世纪最美的旋律，是和谐企业掌舵者为爱护员工而唱响的那一首最动听的歌谣。

男：让我们跟随镜头一起去采集和谐那七彩的音符吧。

女：请欣赏短片《和谐种子》。

【男女主持人下】

（略）

【男女主持人上】

女：和谐是一首美丽的歌，美的真谛应该是和谐。

男：和谐是一条清澈的小河，流进你我心中那个静静的角落。

女：那么和谐到底是什么？

男：其实，答案就在和谐企业老总们心中那个静静的角落里。

女：好，下面让我们以热烈的掌声请出刚才短片展示的三家和谐企业的老总代表。

男：有请！

女：下面，我首先荣幸地向大家介绍的这位老总是上海姚记扑克有限公司的副总经理沈伟。你好，沈总。

沈：主持人好，大家好！

女：十几年来，姚记公司坚持抓好企业运动会，对丰富职工文化生活与抓企业的产量一样重视。请问沈总，职工文化生活好坏对你们企业真的很重要吗？

沈：（大意）专门统筹安排出三天时间，职工精神不好空虚， 这几年没有打架的，也没有小偷小摸的……

女：谢谢沈总的介绍！

男：下面我要向大家介绍的是上海南亚覆铜薄板有限公司副总经理李巍。李总，你好。

李：大家好！

男：一笔情意浓浓的孝心款，弘扬了中国传统文化，更开创了和谐企业孝道文化的先河。请问李总，南亚公司是如何支持工会开展孝心款工作的？

李：（大意）孝心款是在工会倡导、公司支持下开展起来的， 实施至2012年底，公司已汇出资金达217万余元……

男：种瓜得瓜，种豆得豆。今天一位南亚员工家属还特地远道赶来向李总表示感谢。

李：是吗？好啊。

男：有请曹起道先生。

【曹起道上】

男：请跟大家做下自我介绍。

曹：大家好，我叫曹起道。

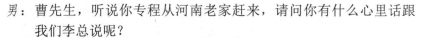

男：曹先生，听说你专程从河南老家赶来，请问你有什么心里话跟我们李总说呢？

曹：（大意）你好，李总！孝心款不仅是发了一笔钱，企业还教育我的孩子怎样做人，我的孩子能在这样的企业工作，我们非常放心，我相信南亚覆铜的事业一定会蒸蒸日上、兴旺发达的。为了向公司表达我的一份敬意，我特地带来家乡特产，请领导收下。

【曹起道送特产，李总收下】

李：谢谢！

男：谢谢南亚嘉宾带给我们的温馨感动。

女：接下来，我荣幸地向大家介绍的这位老总是禹辉（上海）转印材料有限公司总经理吴恙。你好，吴总！

吴：主持人好，大家好！

女：员工的事情不能将就，于是从吃放心菜这个细节来关爱员工，小小菜园子就成为禹辉公司一道亮丽的风景线。吴总，请为我们讲一讲以人为本打造和谐企业的您，缘何能够拥有这份爱心和细心？

吴：（大意）要对职工好，就要从心里对他好……为了表达对劳模最深的敬意，我特地带来我们公司小菜园子生产的新鲜蔬菜，请他们一定收下这份薄薄的礼物。谢谢！

女：谢谢吴总。也感谢禹辉公司对劳模们这份令人惊喜的馈赠！

【为劳模们送菜】

尾　声

男：工人伟大，建设和谐城市；

女：劳动光荣，绘就美丽嘉定。

男：让我们紧紧围绕区委区政府的工作中心，为嘉定加速新一轮城市化进程，

女：为嘉定打造长三角综合性节点城市——

合：再铸辉煌。

男：朋友们，嘉定区庆祝五一国际劳动节大会到此结束。

女：祝大家节日快乐，工作进步！

合：再见！

弘扬世博魂　提升精气神

——黄浦区世博宣传及媒体服务工作推进会

主持稿

时间：2010年8月17日下午2:00
地点：延安东路523号上海音乐厅

【《上海世博会会歌》暖场，活动进入预备，乐曲声先拉高渐弱，场灯闭】
【灯起　主持人在乐曲声中上场】
【音乐停】

（一）

主持人：各位领导、各位来宾，大家下午好！今天是上海世博会开园后的第109天。109天，我们肩负使命；109天，我们风雨同舟。因为五星红旗在心中飘扬，因为世博旗帜在心中飘扬，因为我们在展示中华民族的形象，因为我们在为人类文明服务……于是，我们参与，我们奉献，我们自豪，我们光荣！

"弘扬办博魂　提升精气神——黄浦区世博宣传及媒体服务工作推进会"，现在正式开始。首先，请允许我介绍出席今天活动的领导和来宾，他们是×××领导。参加今天活动的还有世博园安检部队、安检女兵大队、黄浦消防支队、黄浦公安干警、黄浦绿化市容职工、黄浦城管队员（以上方队，当主持人报到各自队名时，请起立，会前提示），以及社区居民代表、全区战斗在一线的志愿者代表、宣传干部等1140余人。对于各位领导和同志的到来，表示热烈的欢迎和衷心的感谢！

109天，高温酷暑很漫长；109天，4000万游客乘兴而来、满意而归，我们奉献在其中留下笑脸一张张。请看大屏幕……

【主持人话音落，转身走至左台口台阶，场灯闭，大屏幕开启，播放电视专题片《109个铿锵足迹》】
【电视专题片播放毕，场灯起，主持人上场】

（二）

主持人：刚才，我们一同观看了电视专题片，一同回顾了109天以来，按照黄浦区世博工作领导小组的安排部署，全区各条战线、各个部门不辱使命，奋发有为，为世博会的顺利推进，做出了积极的努力和贡献。现在有请黄浦区×××领导致辞。

【主持人下】
【领导致辞毕，由礼仪引导归座】

【主持人上场】

<h1 style="text-align:center">（三）</h1>

主持人：谢谢领导的精彩致辞。"世博来了！""世博来了！"我们都曾记得，我们都是数着世博的脚步声走来的。而当梦想变成了现实，世博真正呈现在我们面前的时候，我们不再是仅仅欢呼，我们开始认识"我们大家的世博"这句话的真正含义。为了"成功、精彩、难忘"这六个字的承诺，黄浦区机关上下、干警干群、祖孙三代，人人争先恐后为世博奉献，涌现出了无数的好人好事！
接下来请欣赏情景诗朗诵《世博情缘》。

【主持人下，场灯先暗】
【伴随演员上，场灯起，演员站定位，音乐起】
【演员朗诵，配画跟上（区有线电视中心根据诗稿摄制）】
【诗歌中点到的准备上台亮相的12位代表，前排做好准备】
【表演者最后一句台词刚刚落音，主持人快步上】

主持人：人人参与，人人奉献。刚才的诗朗诵为我们点到了方方面面服务世博的一线人物。现在我们就请出朗诵诗中的12位主人公代表上台和大家见面。他们是：
1.因执行世博任务表现出色而荣立二等功的世博国旗班战士——司龙健
2."世博消防安保卫士"、黄浦消防支队车站中队抢险班副班长——彭豪
3."世博先锋一线行动"优秀共产党员、世博园E片区保洁

管理员——吴桂林

4. "城管花木兰"、黄浦区城管六分队队长——沈忠英

5. "世博'金点子'创意达人"、世博园选派干部、上外附属大境中学的王海琦

6. "一家三口仨警察，奋战安保第一线"的半淞园派出所民警——程鸣

7. 拾金不昧的"志愿者之星"、豫园集团大富贵酒楼职工——周秋野

8. "婚期为世博让道"的园区志愿者、黄浦区中心医院内科医师——沙霞

9. "耄耋老人学英语服务世博会"的豫园社区老党员——尤丽明

10. 活跃在人民公园的"爱心使者"、黄浦区癌症康复协会会长——陆秀国

11. "上海市世博工作优秀个人"、明华物业中国馆管理处服务部经理——陶承

12. 荣获"服务世博、奉献世博"立功竞赛嘉奖的黄浦食品药品监管分局监督员——刘宇涛

【12位剧中人上台亮相（主持人逐个报出称号或雅号，依次上台）】

【青少年向12位代表献花（12名青少年捧花对应上），音乐起（请青少年活动中心落实）】

【主持人持话筒示意，请12位代表人物根据工作岗位不同，每人说一句有个性的话，大屏幕根据人物出场顺序，回放并对应画面或定格，最后将12位代表制成"大家欢"推向大屏幕】

主持人：上海世博会开幕以来，宣传及媒体服务指挥部就立即开始对黄浦区在世博期间的好人好事进行收集，并在《黄浦时报》、黄浦有线电视中心、黄浦政务网，同时开出《奉献世博风采录——黄浦区服务世博好人好事撷景》专栏。今天

一本《奉献世博风采录——黄浦区服务世博好人好事撷景》特辑，已经呈现在大家面前。台上的12位代表人物既是书中的主人公，又将成为第一批读者。现在让我们请出黄浦区人大常委会主任施兴忠、黄浦区政协主席赵矛，为诗歌和书中主人公代表授书和赠送世博纪念品。

【礼仪引导授书领导上台，音乐起，另礼仪分别托书托纪念品上（两位领导各送六位）】
【领导授书、送纪念品】
【毕，礼仪引导领导归座】
【同时，主持人示意12位代表举起手中的书和鲜花向观众致意。然后集体转身归座】

主持人：打开《奉献世博风采录》这本集子（手上拿书），里面有不少像国旗班、公安干警、消防支队这样可歌可泣的感人事迹。但我们看到更多的是像"70岁的残疾人争当志愿者，80岁的耄耋老人学外语服务世博会"等等这样点点滴滴的凡人小事。今天书中的91位主人公中有30多位同志现正坚守在岗位上，有62位来到了我们的现场。（起立）让我们把热烈的掌声献给他们！
世博还在继续，好人好事也在继续。

（四）

接下来请欣赏小组唱《祝福世博》。

【小组唱《祝福世博》表演】
【表演毕】

（五）

主持人： 为激励和弘扬志愿者服务世博、奉献世博的无私奉献精神，日前评选出第三批"先进集体、优秀组织者和志愿者之星"，现在请出10位代表上台，并请黄浦区×××领导，为他们颁发证书和赠送纪念品。

【礼仪引导10位代表上台】
【礼仪引导领导上台，音乐起】
【此形式毕，礼仪分别引导领导和代表归位（领导先走）】

（六）

主持人： 为了更好地"宣传世博"和鼓励更多的人"体味世博、参与世博、奉献世博"，区委宣传部从今年初开始就向全社会展开"我的世博我的家园"征文活动，并收到各地来稿数百篇。今天我们选择其中的一篇让大家分享。
请欣赏"我的世博我的家园"征文配乐朗诵"一个工程师的世博园情结"。

【主持下，音乐起，大屏幕配世博园画面，以南片为主。】
【演员缓缓走向台前，开始朗诵】
【朗诵毕，主持人上】

主持人： 感谢×××的朗诵，更感谢文章的作者与我们一起分享那段心路历程。今天，本文的作者，上海市黄浦区职工住宅开发有限公司总经理潘民源先生也被我们请到了现场。

【潘民源上】

主持人： 现在请潘民源先生说几句话。

潘民源： 办世博，是中国人的百年梦想。作为一个建筑工程师能为上海世博会贡献自己的一份智慧和力量，我觉得不枉此生了！

主持人：潘民源先生说得好，作为一名中华儿女，能为上海世博会
　　　　尽一份力是无上光荣的事情。感谢您作为一名普通市民的
　　　　热情参与。

【少先队员献花，音乐起】
【主持人示意潘民源归位】

（七）

主持人："弘扬办博魂，提升精气神"，市、区领导向我们发出号
　　　　召，要求我们要继续发扬敢于负责、敢挑重担、敢于攻
　　　　坚、敢于创新、敢担风险的"五敢"精神，把办博精神更
　　　　好地体现在攻坚克难上，体现在连续作战上，体现在提高
　　　　战斗力中。因此，提升精气神就显得十分重要！
　　　　黄浦地处世博前沿，黄浦有着"军爱民民拥军"的光荣传
　　　　统，已经荣获六连冠"双拥模范城"。今年的八一是一个特
　　　　殊的建军节。区四套班子专门走进世博安保部队进行亲切慰
　　　　问，各街道各单位也拿出了自己的好戏慰问亲人子弟兵。
　　　　接下来就请欣赏一个精气神十足的节目。请看舞蹈《军中
　　　　姐妹》，这是小东门社区志愿者八一慰问驻地安检女兵创
　　　　作的节目。

【舞蹈《军中姐妹》表演】

（八）

主持人：谢谢小东门社区志愿者们的精彩表演。世博开园以来，黄
　　　　浦区各基层活跃着一支队伍，他们进社区、进工地、进机
　　　　关、进军营，到处宣传世博的盛况和世博与百姓生活密切

相关的知识，传播精彩，传递成功，传导欢乐。他们就是"看世博、聚精彩、促发展"——黄浦市民宣讲团的宣讲员们。接下来进行的就是黄浦市民宣讲团的展示——请看"世博脱口秀"《江城入画十分春》。（上屏）

【主持人下，宣讲员上，左侧立式话筒或讲台】
【播放世博展馆画面】
【宣讲展示毕，Fans上台献花，主持人上】

主持人：这位老师请留步，您讲得太精彩了，能和大家介绍一下自己的单位和姓名吗？

蒋祖荣："我叫蒋祖荣，是外滩投资集团工会主席，赶上世博，能为世博做宣传，是我永生快乐的事情！"

【宣讲员下】

主持人：刚才我们一起欣赏了一位市民宣讲员的宣讲片段。这支队伍中既有刚才那样的中年才俊，还有相当一部分是来自不同战线和社区的青年精英与壮心不已敢赛朝阳的老年朋友。今天，黄浦区机关公务员宣讲团也正式成立，现在就请机关宣讲团的成员上台亮相。

【机关宣讲团的成员上台亮相】
【主持人持话筒让所有成员报出所在单位和自己姓名】

【团长最后自报家门并简约说明下一步打算】

主持人：前阶段，全区各条战线分别成立了"社区市民宣讲团、职工宣讲团、学生宣讲团"。我们也请上述三个宣讲团的团长与大家见面。

【三位宣讲团团长举旗上台】

主持人：各宣讲团成立不久，区委宣传部就组织全区范围开展了一轮"看世博、聚精彩、促发展——黄浦市民宣讲比赛"，赛后宣讲员们在基层巡回宣讲达90场，7000多名群众参加听讲。宣传部将获奖选手们的精彩宣讲，录制成光盘。现在四位团长及机关公务员宣讲团的成员，将宣讲光盘赠送给领导和《奉献世博风采录》中的主人公代表们。让我们带回这些光盘，一同分享他们的精彩宣讲。

【礼仪引导并托光盘上台，分两组跟在队伍后面】
【分发光盘：四位宣讲团团长负责领导，公务员宣讲团团员负责《世博情缘》情景诗中的12位代表】
【光盘分发毕，宣讲团成员归位】

（九）

主持人：在世博园市民广场社区市民活动黄浦专场演出的舞台上，有一位年近七旬的老人，身着蓝色海宝服，顶着炎炎烈日，踏歌而动，翩翩起舞，活力四射。她是谁？请看舞蹈《蓝色畅想》。

【主持人下，先切灯，灯起，舞蹈《蓝色畅想》】

【舞蹈毕，主持人快步上，示意汪国雨脱下海宝服，转身对观众】

主持人：她就是年近七旬的汪国雨老人，大家说她像不像70岁的老人啊？！

【事先为互动做些准备，下面齐声回答："不像！"】
【主持人递过话筒，请汪国雨老人讲几句】

汪国雨：世博使我增添力量，世博使我焕发青春，能为世博做贡献，这是我一生的光荣！

（十）

主持人：谢谢汪国雨阿姨，也谢谢千千万万像汪国雨阿姨一样的志愿者。让我们以市委、区委领导的指示精神为指针，弘扬办博魂，提升精气神，进一步关心人、爱护人，努力营造和谐、温馨的工作环境；继续发掘和表彰先进，鼓舞士气，不自满、不松劲、不懈怠，不获全胜决不收兵！

【与此同时，70人青少年合唱团上场】
【合唱队员站定，灯光起，主持人上】

主持人：现在让我们以热烈的掌声请出黄浦区×××领导为我们讲话！

【讲话毕，礼仪引导领导归座】
【主持人上】

（十一）

主持人：谢谢领导精彩的讲话！白驹过隙，烈日如火。我们一同走过了109天。今天离世博胜利闭幕还有75天，"行百里者半九十"，接下来的75天会更加艰苦，任务会更加艰巨，让我们发扬连续作战、不怕困难、敢登山顶、勇夺战旗的精神，以攻城拔寨的勇气，直到最后的胜利！让世界人民与我们一同分享"成功、精彩、难忘"的胜利成果！
最后请欣赏大合唱《志愿者之歌》。

【主持人下，大合唱开始】
【大合唱接近尾声，礼仪引导朗诵诗中12位代表和出席活动的中间8位主要领导上台。】
【大合唱毕，礼仪引导领导上台谢幕并与代表合影】
【领导与代表握手，全场热烈地鼓掌】

主持人：今天的活动到此结束，衷心感谢区文化局、小东门街道、
区青少年活动中心、区有线电视中心对本次活动的大力支
持。领导同志们，朋友们，再见！

【播放《世博会会歌》音乐欢送领导和观众自行散场】

"经典黄浦"群英会暨劳模表彰会

全场本

时间：2007年4月27日下午2:00
地点：黄浦区机关大礼堂

【音乐声中，男女主持人上】

（一）

男：经典黄浦，群英荟萃，各路先进似百花争艳吐芬芳！（PPt1.会标）

女：经典黄浦，群星闪烁，八方豪杰如百舸争流竞上游！

男：各位领导、各位嘉宾，同志们——

女：大家下午好！

男：为了进一步弘扬先进、学习先进、赶超先进，为全面实现"十一五"发展目标而努力奋斗，今天，我们欢聚一堂，隆重举行"经典黄浦"群英会暨劳模表彰会。

女：首先介绍出席今天大会的领导，他们是×××。让我们再一次以掌声欢迎领导的到来。

男：同志们，假如把经典黄浦比作一本书，那么，作者就是黄浦全体干部群众和所有向往黄浦美好未来的人，以智慧书写着经典的篇章。

女：假如把经典黄浦比作一张画卷，那么，绘画者就是60万黄浦人民，以敬业奉献为经典增色添彩。（PPt2. 黄浦标志性建筑）

男：假如把经典黄浦比作一座山，那么，攀登者就是各行各业为黄浦发展团结奋斗的团队，以勇气克服打造经典的困难。

女：假如把经典黄浦比作理想的彼岸，那么，劈风斩浪的就是以黄浦精神组建的无数支舰队，以勇往直前的气概实现经典的梦想。

男：下面，让我们以热烈的掌声有请区委×××副书记宣读表彰决定。

【大屏幕播放宣传口号】

男：今天首先要进行的是为文明单位颁奖。有请区×××领导代表"经典黄浦"群英会表彰先进工作领导小组宣读颁奖词并颁奖。

【音乐声中，领导在礼仪小姐的引导下走上舞台】
【同时，文明单位代表上台站立】

颁奖词：

一个个用微笑凝聚的群体，承五千年之文化，续写华夏之文明；

一道道用和谐绘就的风景，育中华之礼仪，与文明同行。

他们把文明化作春风，使理想的花朵年年飘香。

他们把文明当作土壤，让人们栽种下希望和坚强。

他们把诚信与爱心融入了黄浦文明的滚滚春潮！

【大屏幕播放颁奖词】

【在礼仪小姐的引导下颁奖】
【颁奖后，合影，礼仪小姐引导下】
【区领导宣读颁奖词并向文明单位代表颁奖】

男：向获得"文明单位"荣誉称号的集体表示祝贺！

男：掌声祝贺获得先进荣誉的文明单位！

女：接下来上台接受表彰的是公务员先进代表，有请区委×××领导代表"经典黄浦"群英会表彰先进工作领导小组宣读颁奖词并颁奖。

【音乐声中，领导在礼仪小姐的引导下走上舞台】
【同时，公务员先进代表上台站立】

颁奖词：

"公务员"三字看似简单，字字重千斤；"公"字当头，勤务在心，服务于民。

"公务员"三字虽然平常，责任重千斤；勤政于公，清廉务实，忠诚于民。

奉公如法，则上下平；上下平，则国家强。

他们以"务实、高效、廉洁、规范"而自律，

他们以"孜孜奉献，知无不为"诠释着"公务"二字，先天下之忧而忧，后天下之乐而乐。

【大屏幕播放颁奖词】
【领导在礼仪小姐的引导下颁奖】
【颁奖后，合影，礼仪小姐引导下】

男：让我们再一次以掌声向获奖的公务员表示衷心的祝贺！

女：朋友们，再过三天，就是五一国际劳动节了，在这全世界劳动者为之欢庆的时刻到来之际，我们黄浦区一共有10个单位、26位同志获得了全国和上海市劳动模范集体与个人的光荣称号。

男：我们以热烈的掌声欢迎劳动模范上台和大家见面！有请×××

领导代表"经典黄浦"群英会表彰先进工作领导小组致贺词。

【音乐声中，领导在礼仪小姐的引导下走上舞台】
【同时，劳模集体代表、个人上台站立】

贺词：

我们满怀敬意向获得上海市劳动模范集体和个人光荣称号的同志们表示热烈的祝贺！

无论经济发展得何等迅猛，无论社会变化得何等时尚，你们依然忘我，以更高的境界忘我；依然敬业，以更多的智慧敬业。

你们是楷模，用追求卓越书写劳动光荣，成为千万建设者前行的坐标。

你们是旗帜，用凝聚合力铸就劳动伟大，在黄浦的热土上引领"劳动创造和谐"的新时代风尚！

【大屏幕播放贺词】
【在礼仪小姐的引导下与劳模合影。礼仪小姐引导下】

男：下面将要表彰的是特别贡献奖集体。有请区委×××领导代表"经典黄浦"群英会表彰先进工作领导小组宣读颁奖词并颁奖。

【音乐声中宣读颁奖词并颁奖】
【领导在礼仪小姐的引导下走上舞台】
【同时，特别贡献奖集体代表上台站立】

颁奖词：

他们是一支支忠诚与信念铸就的团队，以奋斗实现理想。

他们是各个领域的排头兵，以和谐凝聚力量！

在他们面前，没有跨不过的河，没有越不过的坎，没有征服不了的困难。围绕黄浦"繁荣繁华、文明和谐"的发展主线，他们团结协作，敢挑重担，能征善战，勇往直前！

【大屏幕播放颁奖词】
【在礼仪小姐的引导下颁奖】
【颁奖后，合影，礼仪小姐引导下】

男：现在将要表彰的是特别贡献奖个人，有请区委×××领导代表
　　"经典黄浦"群英会表彰先进工作领导小组宣读颁奖词，并为
　　荣获特别贡献奖的个人颁奖。

【音乐声中，领导在礼仪小姐的引导下走上舞台】
【同时，特别贡献奖个人上台站立】

颁奖词：
　　　　无论在重大工程的动迁一线，还是在托起夕阳晚晴的敬老院；
　　　　无论在构建和谐家园的社区，还是在发展区域经济的前沿……
　　　　他们用心奉献，平凡中体现着高尚；
　　　　他们用智工作，高尚中保持着平凡。
　　　　他们是黄浦经典中的重要一章，是经典黄浦大舞台上的闪亮明
　　　　星！

【大屏幕播放颁奖词】
【领导在礼仪小姐引导下颁奖】
【礼仪小姐向先进献花】
【颁奖后，合影，礼仪小姐引导下】

**【在主持串联的同时，含有先进元素的板幅移动成演讲的舞台组
合】**

男：感谢各位领导为获得荣誉的单位和个人颁奖，同志们，让我们
　　再一次以热烈的掌声向先进表示祝贺！

女：同志们，我们的时代是英雄辈出的时代，我们的黄浦是孕育先
　　进的热土。

男：在黄浦经济飞速发展的进程中，涌现出了许多具有相当影响力

的企业，如：引领时尚消费、构筑商务高地的上海华庆旗舰商业项目来福士广场，继宝钢、大众之后，上海第三家荣获全国质量奖的恒源祥（集团）有限公司；

女：争创一流、晋升五星的南新雅华美达大酒店；以全球网络为支持，用全球性的眼光、国际化的服务标准，为国内企业提供审计、税务等全面服务的德勤永华会计事务所有限公司；

男：还有坚持"真诚、求实、开拓、创新"的企业宗旨，在竞争中不断壮大，连续五年荣获"上海市立功竞赛优秀公司"荣誉称号的上海东捷建设（集团）有限公司。

女：这些先进企业为经典黄浦添上了最为精彩的一笔。

男：请听演讲：《勇于超越，演绎经典——记上海新世界股份有限公司总经理徐家平》。演讲者：薛春来。

　　（略）

【演讲：《勇于超越，演绎经典——上海新世界股份有限公司总经理徐家平》】

女：徐家平和他的团队正一步一个脚印，努力创造并实现着经典的梦想。让我们一起来听听，徐家平自己是怎么说的。

【男主持人已经来到观众席就座的徐家平身边采访】

男：徐总，您给大家的印象是一直在不断地超越自己，请您谈谈下一步的超越。

徐家平：（大意）超越做大是每一个企业家的追求，在黄浦区，有许多企业家立足黄浦、扎根黄浦，融入了黄浦的繁荣繁华，和黄浦同变迁、共发展……

男：谢谢徐总，也祝新世界越做越大，越做越强！

【采访徐家平】

女：确实如徐总说的，还有许多优秀的企业家为经典黄浦做出了卓越的贡献。如中国第一铅笔股份有限公司总经理、上海工艺美术总公司总经理、上海老凤祥有限公司总经理、上海工艺美术联社主任石力华，发扬"敢想、敢做、敢突破"的精神，带领公司干部职工奋发图强，认真实施品牌战略，加快产品创新开发，不断策划和设计提升品牌影响力的活动，给拥有158年历史的老字号企业注入了青春活力，并荣获了"上海市质量金奖个人"的光荣称号，使"老凤祥" 这个传统经典得到了续写和拓展。

男：同志们，2006年是黄浦区城区建设成效明显的一年，我们注重发挥规划在城区建设中的先导作用，扎实推进重点功能区项目和聚居区建设。

女：编制外滩金融贸易区等重点区域建设开发及专项规划27 项；竣工商办楼44.34万平方米、住宅45.76万平方米。

男：大力实施基础设施建设，西藏路一期综合改造、复兴东路越江隧道等项目相关工程如期完成；全面完成世博园、轨道交通9号线和10号线站点、河南路拓宽和福建路桥改建等前期工程，完成30条道路人行道改建任务。

女：这一系列的数字让人惊叹，让人信服！为了这些数字的实现，广大干部群众夜以继日地忙碌在重大工程的岗位上。

男：黄浦区重大工程指挥部"视发展机遇为生命，待动迁居民如亲人，以依法动迁为根本"，组织领导到位、方案措施到位、工作落实到位，确保重大市政工程"后墙不倒"。

女：区房地局拆迁管理所以健全的运作机制、规范的工作要求、大局为重的服务意识、高效的行政支撑，打造了一支敢打硬仗、善打硬仗的队伍，为推动黄浦城区建设做出了重要贡献。

男：请听演讲《重大工程的英雄谱》。

（略）

【演讲：《重大工程的英雄谱》】

男：让人民更满意。一个"更"字，就是经典的体现。为了这个"更"字，重大工程建设的同志们付出了很多很多。

【女主持来到成耀南身边采访】

女：同志们，这位就是成耀南同志。成总，刚才的演讲中，提到了您的为人品性和做事风格，作为黄浦区重大工程指挥部的总指挥，请谈谈您的感受！

成耀南：（大意）其实，在我们黄浦区重大工程建设的每一个项目上，都有着出色的指挥员，他们……

女：谢谢成总！也愿我们黄浦的重大工程建设进展顺利，喜讯不断。

【采访成耀南】

男：同志们，经典黄浦的实现，需要稳定的社会秩序。"全国社会治安综合治理优秀地市"荣誉称号的获得，就是我区扎实推进"平安黄浦"建设，加强社会治安综合治理，积极推进平安示范点、示范区建设，有效提升城区整体创安水平的结果，政法系统的同志为之做出了不懈的努力。

女：如以"严管、严教、严处"的工作态势，来深化推进本区交通整治活动和排堵保畅工作的公安分局交警支队支队长温玉明；

男：如充分发挥检察职能作用，全力构建和谐社会，夯实基础谋发展，谱写检察新篇章的黄浦区人民检察院；

女：如始终保持高度的政治责任感和饱满的工作热情，大胆探索，勇于创新，为确保中心城区社会和政治稳定工作做出突出贡献的公安分局豫园派出所；

男：如全力服务区域建设，着力促进依法行政，以一流行政审判为黄浦改革、发展和稳定提供有力有效司法保障的黄浦区人民法院行政审判庭。

女：构建社会主义的和谐社会，稳定是前提，稳定才能求发展，稳定才能使老百姓安居乐业。

男：当前，普遍关心的话题就是民生问题。民生问题得不到解决，"经典"从何谈起？然而，经典的体现并不全在于轰轰烈烈的大事业中，同样会在和民生相关的实事项目中得以诠释。

女：2006年，黄浦区累计完成了52项实事工作、旧住宅区消防喷淋设施安装，"厨房工程"覆盖面积89万平方米，4.8万户居民得到了实惠。

男：一年内如此繁重的为民办实事的任务，没有一大批为之辛勤付出的党员干部是不可能完成的，没有一种对党对人民无限忠诚、对事业无私奉献的精神是不可能完成的。然而，这精神所体现的也是一种经典——工作方法的经典，工作态度的经典。

女：下面请听陈宏的演讲，她所讲述的就是一位在完成"厨房工程"年度目标中做出贡献的原人民广场社区（街道）干部任曼莺的故事。

（略）

【演讲：《莺歌曼语化春风——记社区干部任曼莺》】
【男主持来到任曼莺的身边采访】

男：同志们，我身边的这位就是刚才演讲中的主人公任曼莺，居民们习惯地叫她任老师。任老师，您的故事深深打动了我们，您为厨房工程的实施付出了许多。请您告诉大家，您最大的感受是什么？

任曼莺：（大意）厨房工程是民心工程，我的工作就是让老百姓在得到的实惠中感受党的阳光。再说，关心民生也是构建和谐社会的一个重要环节，我愿意为此而继续努力工作。

男：说得太好了，我们的工作就是让老百姓在得到的实惠中感受党的阳光。谢谢任老师！

【采访任曼莺】

女：在黄浦区的各条战线都有着像任曼莺这样的领头人，成绩显著，贡献卓越。如原金陵街道社区卫生服务中心中医伤骨科组长、主治医师黄秀珍，三十多年来对工作勤勤恳恳，对病人耐心负责，对技术精益求精，为楚氏伤科的传承发展做出了巨大的贡献。黄医生呕心沥血地培养人才，打造团队，努力地继承和发展了中华医学经典。

男：如原格致中学副校长、物理特级教师庄起黎，以他出色的工作和骄人的成绩享誉上海中学物理界，超越创新、传承薪火，被誉为课改实践的先锋、青年教师的楷模。在他的带教下，名校格致形成了一道群英争辉耀经典的亮丽风景线。

女：如上海人民滑稽剧团团长、著名笑星王汝刚，致力于出人、出戏、出效益，为传承和弘扬民族文化的经典，大力培养新人，着力打造精品，享誉全国，并走出国门，让外国观众享受到了来自上海黄浦的文艺经典。

男：如刚刚卸任的黄浦区体育局原党委书记、局长郭宪玉，以强烈的工作事业心和责任感，"永不言败"，带领黄浦的体育团队创造了上海市运动会史无前例的"金色大满贯"！"输送人才第一，输送成果第一""全国游泳之乡""全国武术之乡""国家轮滑上海训练基地""奥运后备人才上海射击训练基地"等，无不展示了郭宪玉同志带领黄浦体育人创造的体育成就。

女：如黄浦区财政局征收管理科科长管莲宝，正确掌握政策，保证国家税收收入，维护纳税人利益，被誉为"攻坚克难的带头人""排忧解难的贴心人""帮困助学的热心人"。

男：经典黄浦需要各个领域的"带头人"，需要人民大众的"贴心人"，需要构建和谐社会的"热心人"。正是有了千千万万的"带头人""贴心人""热心人"，才有不断涌现的黄浦经典。

女：下面请听演讲《一滴水能映出太阳的光辉》，讲述的是黄浦区第一福利院特殊老人料理组的故事，演讲者：郑菲雯。

（略）

【演讲：《一滴水能映出太阳的光辉——记黄浦区第一福利院特殊

老人料理组》】
【主持人陪同一福院特殊护理组组长薛雅芬上】

女：同志们，这位就是一福院特殊护理组的组长薛雅芬同志。薛阿姨，你们的工作干得非常出色，老人感谢你们，社会感谢你们！听说你们中间的好多人都有跳槽的机会，可是都选择了留下，能告诉大家你们是怎么想的吗？

薛雅芬：（大意）因为，老人离不开我们，我们也离不开老人，老人需要关心，需要全社会的关心！

男：说得太好了！老人离不开我们，我们也离不开老人！让我们再一次以掌声向一福院特殊护理组及所有的老龄事业工作者表示崇高的敬意！（掌声）

【女主持示意薛雅芬下】
【采访薛雅芬】
【音乐声中，板幅移动成为一整块，宛如一道亮丽的"群英墙"】

男：每个人都是社会大海里的一滴水，都能折射出太阳的光辉。

女：每个人都是黄浦经典中的一页，都能在打造经典黄浦的过程中体现人生的价值。

男：今天我们讲述的是黄浦经典中的几个闪亮篇章，这些先进思想、先进理念、先进作为将在打造经典黄浦的征程中发扬光大。

女：为了进一步弘扬先进、学习先进、赶超先进，经各方的共同努力，上海黄浦门户网站专门开设了"经典黄浦群英谱"网页。

男：今天，为"经典黄浦群英谱"网页启动的是全国劳动模范、我们黄浦区的优秀教育工作者黄静华老师，有请黄老师！

【黄静华在礼仪小姐的引导下走至启动球，灯渐暗。启动后，球体发光，音乐同时起。】
【大屏幕上出现"经典黄浦群英谱"网页的界面】
【全国劳模黄静华老师开通"经典黄浦群英谱"网页】

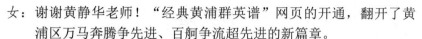

女：谢谢黄静华老师！"经典黄浦群英谱"网页的开通，翻开了黄
　　浦区万马奔腾争先进、百舸争流超先进的新篇章。

男：下面掌声有请区委×××领导讲话！

【领导讲话】

男：感谢领导热情洋溢的讲话。

女：虽然经典黄浦的铸就任重道远，但是我们豪情满怀，信心百
　　倍。

男：充满智慧和激情的黄浦人民在黄浦区委区政府的正确领导下，
　　紧密团结在以胡锦涛同志为总书记的党中央周围，高举邓小平
　　理论和"三个代表"重要思想伟大旗帜，全面落实科学发展
　　观，经典黄浦的愿景一定能实现！

女："经典黄浦"群英会暨劳模表彰会到此结束！

合：同志们，再见！

【结束音乐起】

颁奖词

文明单位

他们是一个个用微笑与和谐凝聚的群体，承五千年之文化，续写华夏之文明；

他们是一道道用团结与奉献编织的风景，育中华之礼仪， 与文明同行。

文明凸显了他们的精神，他们引领了经典黄浦的文明。

公务员先进

奉公如法，则上下平；上下平，则国强。

他们深知"做官先做人，万事民为先"，孜孜奉献，知无不为。他们以"务实、高效、廉洁、规范"自律，诠释着"公务"二字，天下为公，服务于民。

劳动模范

虽然不再是衣带泥巴、手抡大锤的旧模样，但他们依然忘我，依然敬业，以更高的境界忘我，以更多的智慧敬业。

他们是楷模，成为千万建设者前行的对标。

他们是旗帜，在黄浦的热土上引领新时代风尚。

特别贡献奖集体

他们是一支支以忠诚与信念铸就的团队，为党工作，为人民造福。

因为忠诚，他们无往而不胜；

因为信念，他们不断写就辉煌；

因为忠诚与信念，他们开拓创新，培育和创造着黄浦的经典。

特别贡献奖个人

他们平凡，蕴藏着让人钦佩的高尚；
他们高尚，保持着让人动容的平凡。
他们是黄浦经典各篇章中的重要一页；
他们是经典黄浦大舞台上的耀眼明星！

梅开二度花更红

——再婚婚礼主持稿

主持稿

主持人：

各位领导、各位来宾、各位战友，大家晚上好！

今晚我们受×××、×××这对伉俪盛邀，聚会在黄浦江畔，畅叙亲情、友情，为有情人终成眷属而祝福！

出席今天活动的有：（略）

望天空繁星点点，看大地人海茫茫，人们曾经有多少姻缘失之交臂。也有一些金玉良缘经过大浪淘沙，像珍珠一样被找了回来！×××、×××是十分优秀的一对，可以说是人中之杰，他们的姻缘就像是被找回来的两颗珍珠，更像是万里长空中两颗璀璨的行星相遇，今天他们终于珠联璧合！

人届中年如日中天，亦如六月荷塘，亦如秋阳初照，一派蛙鸣荷艳稻香瓜甜的丰收季节。×××、×××他们正是在这个季节里收获辉煌的事业，收获真挚的友谊，收获甜蜜的爱情！此时此刻，我想借各位挚爱亲朋热烈的掌声，感谢这对伉俪的盛情邀请，也为这对新人衷心祝福！

接下来，请领导为今天的活动致辞！下面请来宾代表发言！

接下来我们在座的各位来宾可以自由地为×××、×××送上祝福！

来宾代表献礼：作为×××的战友，今天我很高兴，我给这对伉俪写了一幅字："毕竟西湖六月中，风光不与四时同。接天莲叶无穷碧，映日荷花别样红。"这是大宋杨万里的一首诗。首先声明，字写得不好，请大家只看内容，品味意思……

主持人：

请新郎、新娘向来宾致答谢词！

（新郎新娘一同上，新郎先答谢。轮到新娘时，来宾齐喊：唱一个，唱一个……新娘接受来宾要求，亮开了一副好嗓子）

主持人：

现在我提议，大家举杯，为我们大家真挚的友谊，为×××、×××和天下所有姻缘美满幸福！

梦想的魅力

——五角场社区（街道）创建第四届全国文明单位工作推进会

主持稿

时间：2014年9月25日（周四）上午9:30
地点：五角场社区文化活动中心六楼多功能厅

男：尊敬的各位领导、各位嘉宾，
女：亲爱的朋友们，
合：大家上午好！
男：九月，是一个饱含收获的季节，
女：九月，也是一个充满希望的季节。
男：在这充满梦想与激情的日子里，"梦想的魅力"——五角场社区（街道）创建第四届全国文明单位工作推进会在这里隆重召开。

女：首先，我来介绍一下出席今天会议的领导和嘉宾。他们是×××领导。

男：出席今天会议的还有杨浦区区域化党建联盟五角场社区分会的各单位党组织负责人，以及辖区单位、驻地部队和各居民区志愿者代表。让我们以热烈的掌声对各位的到来表示诚挚的欢迎和衷心的感谢！

女：五区联动，凝心聚力！近年来，我们在区委、区政府的正确领导下，在市文明办、区委宣传部、区文明办的关心指导下，在辖区内校区、营区、园区、商区各单位的鼎力支持下，通过社区广大干部群众的共同努力，取得了丰硕的创建成果。

男：是的，街道先后三届获评全国文明单位，先后五次被评为新版上海市文明社区，荣获了国际安全社区、全国安全社区建设先进单位、国家级充分就业示范社区、全国综合减灾示范社区、全国关心下一代工作先进集体等国家、市、区级各类荣誉百余项。当前，五角场人又以饱满的工作热情，坚定而又执着地追逐属于五角场人共同的梦想——创建第四届全国文明单位。

女：下面请让我们通过VCR了解一下梦想的魅力——五角场社区（街道）创建第四届全国文明单位工作掠影。

男：看完专题片，我相信在座每一位的心中都会有这样一个印象：有了梦想，五角场才与众不同；追逐梦想，五角场才更具魅力。在追逐梦想的道路上，让我们一起以创建全国文明单位四连冠为抓手，不断提高城区文明程度和市民文明素质，成就一个更大的梦想，建造一个更加和谐、美丽、文明的五角场！
下面有请五角场社区（街道）党工委书记×××致辞，大家欢迎！

【男女主持人同上】

男：谢谢书记的精彩致辞！
党的十八大提出，要倡导富强、民主、文明、和谐，倡导自

由、平等、公正、法治，倡导爱国、敬业、诚信、友善，积极
培育和践行社会主义核心价值观。在我们五角场也活跃着这么
一群人，他们用无私感染着周围的每一个人，他们用奉献传递
着社会文明进步的正能量。他们，有一个响亮的名字——"志愿
者"。今天，五角场辖区品牌志愿者团队的志愿者名师们也将
招纳新徒。

女：下面进行志愿者"薪火传承"计划——志愿者名师带徒结对仪
式。让我们有请"复旦大学博士生讲师团"志愿服务项目、
"百姓身边的老娘舅"志愿服务项目、北茶园居民区"园丁助
学工作站"志愿服务项目、"随手清洁·美丽家园"志愿服务
项目的名师和徒弟们。

【背景音乐起】
【一位礼仪小姐引导师傅们依次上台】
【一位礼仪小姐引导手拿毛巾花的徒弟们依次上台】
【徒弟们将手中的毛巾花献给对应的师傅们】
【四位礼仪小姐一一将对应的志愿者火炬递给四位名师，顺手将师
傅手中的毛巾花接过】
【师傅将手中的志愿者火炬递给相应的徒弟，这时身后的礼仪小姐
将毛巾花送还给相应的师傅】
【师徒二人相互握手，八位师徒配对着在台上站立亮相】
【在传递过程中，女主持人旁白】

　　每一个火炬都寓意着志愿服务项目的公益之火生生不息，每一
朵毛巾花都绽放着徒弟们对继承师傅坚定志愿服务梦想的执着。
　　谢谢你们为魅力五角场付出的每一份努力！

【全场响起掌声，两位礼仪小姐分别将师傅们和徒弟们引回原位】
【背景音乐毕】

男：接下来有请"美好家庭·家风传承"志愿服务项目、上海财经
大学"阳光之旅"志愿服务项目、"百联又一城党员义工服务

站"志愿服务项目、上海书城五角场店"沙莎姐姐讲故事"志
愿服务项目的名师和徒弟们。

【背景音乐起】
【一位礼仪小姐引导师傅们依次上台】
【一位礼仪小姐引导手拿毛巾花的徒弟们依次上台】
【徒弟们将手中的毛巾花献给对应的师傅们】
【四位礼仪小姐一一将对应的志愿者火炬递给四位名师，顺手将师
傅手中的毛巾花接过】
【师傅将手中的志愿者火炬递给相应的徒弟，这时身后的礼仪小姐
将毛巾花送还给相应的师傅】
【师徒二人相互握手，八位师徒配对着在台上站立亮相】
【在传递过程中，男主持人旁白】

　　你们以志愿服务的大爱坚守在五角场的每一片土地，点亮了
"奉献、友爱、互助、进步"的志愿者精神。我们相信在这场爱心
接力中，这些志愿服务项目在社区的受众面和影响力将会越来越
大，志愿服务传递出的正能量也将越来越强！
　　好，让我们把掌声再一次送给他们！谢谢你们！

【全场掌声响起，两位礼仪小姐分别将师傅们和徒弟们引回原位】
【背景音乐毕】

男：长期以来，五角场都是一片拥有深厚道德底蕴的土地，培育了
　　无数无私付出的志愿者和默默奉献的社区居民，也许他们只是
　　一个个小人物，也许他们做的只是一些微不足道的小事，但却
　　能直击大家的心灵深处、感动大家的灵魂。
女：今年是杨浦创建上海市文明城区和国家卫生区的攻坚年，　也是
　　街道创建第四届全国文明单位的迎检年。随着"三创"工作的
　　不断推进，辖区内道德典范层出不穷。为进一步弘扬志愿服务
　　精神，社区（街道）党工委、办事处携手《杨浦时报》和五角
　　场社区晨报，开展了"讲述百姓故事·传递梦想力量"——寻找

五角场社区先进典型"微故事"活动，全面征集辖区范围内的先进典型"微故事"。

男：是啊，用一个个"微故事"来讲述讲述您身边的好党员，絮叨絮叨您身边的志愿者，将身边的感动传递给更多身边的人，让"随手公益、时时积德"的生活理念深入大街小巷，扎根群众心底。今天在这里，我们要为一群传播"微故事"的使者颁发聘书，让他们的声音和情感为我们传递更多微故事的感动。同时，微故事讲师的征集还在不断继续，我们相信在不久的将来，会有越来越多的传播使者充实到这支队伍中。

女：下面有请来自复旦大学博士生讲师团、上海财经大学人文学院公益宣讲团、南京政治学院上海校区百名军校研究生宣讲团、百领社相声俱乐部公益宣讲团、上海书城五角场店"沙莎姐姐讲故事"公益宣讲团、五角场街道"关心下一代"宣讲团的代表们。

男：有请五角场社区（街道）党工委副书记、办事处主任×××为"讲述百姓故事·传递梦想力量"——五角场社区先进典型"微故事"讲师团暨五角场社区"道德讲堂"首批特聘讲师团代表们授聘书。

【一位礼仪小姐引导宣讲团代表们依次上台】
【一位礼仪小姐引导主任上台】

【同步，台上一位礼仪小姐手捧着上置聘书的托盘，引导主任上台的礼仪小姐依次将一本本聘书递给领导，由领导将聘书一本本依次授给代表们】
【聘书授毕，领导与手捧聘书的代表们站立亮相、留影】
【一位礼仪小姐引导领导归回原位】
【一位礼仪小姐引导宣讲团代表们归回原位】

男：这不仅是一本本聘书，更是一级级台阶，拾级而上地攀登，只为去传播道德的阳光；

女：这不仅是一本本聘书，更是一份份责任，宣讲团的成员承诺用他们的声音，让这些"微故事"的感动传播到五角场的每一个角落！谢谢，谢谢讲师团的各位代表！

男：今天在这里，我们将有幸作为第一批听众，聆听由来自百领社相声俱乐部公益宣讲团的成员，用他们真挚的情感、朴实的话语，为大家带来的首次微故事宣讲，有请×××先生。

【背景音乐起，讲师团成员依次上台】
【待宣讲毕，讲师团成员下，背景音乐毕】

女：一个个感人的故事，经过宣讲者的倾情演绎更加使人为之动容，给我们带来正能量的感动，谢谢你们！

男：近年来，五角场地区的日益繁华吸引了一大批人才集聚于此，随着辖区内八大园区的不断成熟，越来越多的年轻人、海归人士都选择在五角场创业，希望自己的事业从这里扬帆起航！

女：创业，总是让人充满激情，却未必总保持理性，因为通往成功的路上布满荆棘，痛苦和茫然时常相伴左右。而在我们五角场，创业路上的荆棘都将成为你闯过险滩后的喜悦和攀上高峰时的欢欣，因为，五角场人的创业导师在这里。为了更好地帮助年轻人在五角场创立属于自己的事业，今天将正式成立"五角场街道创业型社区建设专家指导室"，来协助年轻人一起创业。

男：下面有请杨浦区×××领导与上海杨浦科技创业中心有限公司×××领导，共同为"五角场街道创业型社区建设专家指导室"揭牌。

【背景音乐起】
【两位礼仪小姐分别引导上台】
【同步，工作人员将有盖着红绸的铭牌的揭牌架子搬运至舞台中央】
【为铭牌揭牌，在台上站立留影】

女：从建立"创业五角场"服务平台，精心培育"创业新苗"，到今天"五角场街道创业型社区建设专家指导室"的成立，五角场人用一颗滚烫的心，以一个个服务项目为创业者搭桥铺路，为创业者加油！感谢你们的大力扶持！

【一名礼仪小姐将领导引回原位】

男：×××领导，请留步！我想请教您一下关于与街道合作扶持创业方面的问题。

领导：好。

男：杨科创在杨浦区创建创新型城区中，特别是探索创新创业工作，有着非常出色的成绩，那么请问，在与街道的产业发展及扶持创业合作中，有何考虑和举措？

领导：（略）

男：赠人玫瑰，手留余香。让我们把掌声送给×××领导，感谢他和他的团队对五角场创业工作给予的大力支持！（全场鼓掌）

【一名礼仪小姐将领导引回原位】
【背景音乐毕】

女：在各级领导的关心指导下、在驻区单位的共同努力下，五角场街道一直致力于经济、社会和环境的协调健康发展， 这片文明绿洲正在杨浦的大地上熠熠生辉！而今，五角场人正以饱满的工作热情，为实现四创全国文明单位的目标吹响冲刺号角，来表达我们的信心与决心！

男：近年来，社区（街道）党工委按照党的群众路线要求，大力推进基层服务型党组织建设，不断深化党员岗位行动、志愿行动和家园行动，街道全面启动了"党员到社区、人人做公益"公益服务活动，三十多项"党员带头、人人公益"的服务项目应运而生，我们将以此为基础，不断提升服务能力，推进基层服务型党组织建设。接下来，我们将进行"党员带头、人人公益"服务项目认领仪式。请志愿者代表上台。

【同步，搬运道具工作人员将道具推至舞台中央】

【代表们依次从道具地图上揭下其中一块拼板，转过身将写有自己服务项目名称的拼板向观众展示，在领取项目的同时，主持人进行介绍】

男：首先，同济大学环境工程学院志愿者代表×××认领的项目是"公益生日PARTY"，志愿者服务队每月第三周周日下午为当月生日的社区独居老人、残疾人等弱势群体过集体生日。

女："和谐家园"心理咨询工作室负责人×××认领的项目是"和谐·心服务"，他们将作为心理导航志愿者为社区居民提供心理舒缓、心理减压、心理援助、心理咨询等服务。

男：上海巅峰体育党支部书记×××认领的项目是"享瘦生活·健康减重"，巅峰体育的体重管理志愿者将为社区居民提供健康减重、肥胖干预、体重管理、科学饮食等指导与宣传。

女：万达广场党支部书记×××认领的项目是"啄木鸟——五角场'双创'直通车"，"双创"志愿者将通过手机随手拍的形式，把反映辖区内市容环境的照片，通过微信上传至大联动平台，加以处理。

男：北茶园居民区党员志愿者代表×××认领的项目是老年茶室·阳光谈心室，志愿者将与老年人聊天谈心，为老年人提供心理疏导。

女：上海财经大学法学院志愿者代表×××认领的项目是"快乐星期五"，志愿者们每周五下午为蓝天居民区的小学生提供课外辅导与兴趣课程。

【各拼板一一揭毕，代表们在台上站立亮相、留影】

男：文明家园人人爱，有我参与更精彩！我们相信还会有更多的项目就如同爱心的种子，必将在五角场的土地上孕育出别样的美丽！再次感谢你们的踊跃认领！

【一位礼仪小姐将认领项目的代表们引回原位】

【道具仍保留在舞台上】

女：今年，社区（街道）党工委、办事处以开展党的群众路线教育
实践活动为抓手，不断强化服务功能、改进服务作风、提高服
务能力，全力打通联系服务群众的"最后一公里"。为让社区
居民获得更便捷、更高效的服务，街道编印了《五角场社区服
务一本通》（2014版）。这是在2011 版的基础上，进一步整
合资源、细化内容，将五角场区域内的服务单位（窗口）、平
台、项目分为三大服务清单汇编入册，向群众免费发放。

男：这本《一本通》的服务单位中，共涵盖了街道22家公共服务单
位（窗口）、区政府有关职能部门派出机构及100多家区域单
位和社会组织，共推出了11个服务平台、65项服务项目和30多
项公益服务，为五角场居民全力打造"全天候、零距离、个性
化"的服务便利通。下面有请杨浦区×××领导和市文明办活
动指导处×××领导，共同为我们的《五角场社区服务一本
通》做首发揭幕。

**【两位礼仪小姐分别引导两位领导上台。两位礼仪小姐将道具向前
翻转180°，道具上显现《五角场社区服务一本通》封面内容，（两
位礼仪小姐轻声提醒领导用手按道具两侧按钮），此时道具上灯点
亮】**

女：这是一本凝聚"五区"力量的手册，它虽小，却是五角场区域
化党建工作智慧的结晶；整合了区域内人力、物力、财力等资
源，打通了服务群众的各种阻断点；

男：这是一本为民服务的手册，它虽小，却成了政府、辖区企业、
社会公益组织的联结纽带，凝聚了点点滴滴服务群众的内容，
使"最后一公里"逾越为亲民、爱民、为民的"零距离"！

【两位礼仪小姐将两位领导引回原位】

女：近年来，五角场"五区"联手共建文明城区、八方协力一呼百
　　应，百姓的幸福生活指数节节攀升，社区到处呈现一派和谐、
　　文明的景象。而今，它正以四创全国文明单位为抓手，着力提
　　高城区文明程度和市民文明素质，以更优美的姿态挺立于上海
　　的东方。下面让我们以热烈的掌声欢迎杨浦区委副书记×××
　　为我们讲话。

【副书记讲话毕】

男：感谢书记鼓舞人心的讲话。我们将以更加昂扬的斗志、更加务
　　实的作风，为开创五角场街道精神文明建设工作的新局面而不
　　懈努力！

女：同一个脉搏，我们同心同德前程辽阔；

男：同一个梦想，我们同欢同乐天地人和。

女：让我们凝聚一心、融合共建同绽"文明之花"的区域大联动格
　　局！

男：让我们为打造更文明、更有魅力的五角场而开拓创新、勇往直
　　前，铸就更加辉煌灿烂的明天！

女：亲爱的朋友们，五角场社区（街道）创建第四届全国文明单位
　　工作推进会到此结束！祝大家工作顺利，万事如意！

男：祝大家身体健康，生活美满！

合：再见！

【背景音乐推至高潮】

霓虹下的坚守

——上海第一食品成立60周年纪念大会

串联稿

时间：2014年3月31日15:30
地点：浅水湾文化艺术中心

【播放主题宣传片《霓虹下的坚守》】

【主持人与劳模代表、新老员工代表推着庆生大蛋糕上场】
【《生日歌》音乐声响起】

【主持人上】

甲：今天是个欢天喜地的好日子！职工是企业的主人，现在"第一食品"的新老职工代表正深情地推着生日蛋糕向我们走来，为"第一食品"成立60周年而庆贺！

乙：我提议，我数1、2、3后大家一起说一声："第一食品"生日快
　　乐！请大家准备好：1、2、3——

全体："第一食品"生日快乐！

【全场响起热烈掌声】

甲：60年前，一颗金色的种子播在了中华商业第一街；如今，　长成
　　了郁郁葱葱、果实累累的参天大树！今天，和我们一起见证、
　　纪念这一欢庆时刻的领导和嘉宾有……

【宣读名单】

乙：今天来到现场的还有各门店一线的职工代表们，合作伙伴、忠
　　实顾客、社区代表们，以及社会媒体朋友代表！

甲：同样用热情的掌声欢迎大家的到来！

乙：现在，让我们的新老员工代表共同许下祝福心愿，同时切开这
　　个象征祝福的生日蛋糕！

【在欢庆的乐曲声中，新老职工代表切开蛋糕】

甲：祝我们"第一食品"再创美好宏图！

乙：迈步新跨越！

甲：在霓虹灯下坚守60年的食品大舞台，上演过无数精彩的大戏。
　　在新的一幕即将拉开的时候，我们将回顾与展望"第一食品"
　　的昨天、今天和明天。

乙：现在有请公司总经理×××，向大会做题为"荣耀甲子　梦百
　　年——开启零售发展新征程"的主题报告！掌声有请——

【公司总经理×××在音乐声中上台】
【公司总经理×××做大会主题报告】
【插播总片头视频】

【主持人上】

甲：我们很幸运，一店诞生于20世纪50年代那个激情燃烧的岁月，见证了当代中国的一次次精彩跨越。

乙：我们很幸运，60年来有许多有志者一路同行。他们并非人人显赫，也许只是一个普普通通的职工，只是一批默默无声的客户，甚至一群平平凡凡的顾客。但"第一食品"有今天，是因为一路有你，你们是"第一食品"光明前途的开拓者；

甲：因为一路有你，你们也是"第一食品"历史的守望者！

【诗朗诵《一路有你》】
【主持人上】

甲：一首诗，用60年的时间维度讲述一群人的故事。

乙：一群人，用毕生的生命历程描述60年来的风景。

甲：也许，"感恩"这个最普通不过的词汇，在这个时代显得有点陌生，但我们依然想对"第一食品"所有的员工、所有的合作伙伴、所有的顾客表达我们深深的感恩之情！因为60年留下的最强的记忆，就是温暖与自豪，对此唯有感恩，应有感恩！现在，我们要举行一个庄重的感恩仪式——

乙：首先要感谢的是60年来始终起着引领示范作用的劳模先进代表！他们是：20世纪50年代上海市劳动模范张慧英，20世纪80年代上海市劳动模范华振铭，20世纪90年代上海市劳模范袁钢华，上海市三八红旗手、上海市新长征突击手郁非，第十四届上海市人民代表大会代表、上海商业优质服务先进个人王钧敏！欢迎你们！

【音乐声中劳模先进代表及职工代表上场】

甲：接下来，我们有请老干部、老职工代表上场，正是他们在各个时期带领一店群众不断谱写出的新篇章！他们是×××！欢迎你们！——

【音乐声中原党政领导代表上场】

乙：现在有请忠实亲密的合作伙伴代表上场！

  是你们和"第一食品"相依相守，一路同行！欢迎您！

【音乐声中合作伙伴代表上场】

甲：现在有请忠实顾客代表、85岁的马世武老先生上场！马老先生
  是归侨家属，他从小就居住在"第一食品"附近，见证了"第
  一食品"的发展历史，对"第一食品"有着深厚的感情！欢迎
  您！

【音乐声中忠实顾客代表上场】

乙：有请社区代表——黄浦区云中居委会代表×××！远亲不如近
  邻，是你们的支持成就了"第一食品"的辉煌！欢迎您！

【音乐声中社区代表上场】

甲：这掌声不仅仅是给台上的这几位代表，还给到60年来所有一路
  同行者！

乙：今天，公司党委书记×××，将代表"第一食品"的全体干部
  职工向他们献上感恩的鲜花！

【党委书记在音乐声中上场】
【党委书记向各位代表献花】
【党委书记献花时，主持人旁白】
【主持人上】

甲：不同寻常的60年，"第一食品"在一个最繁华的地点，证明了
  一条最质朴的真理——在民族复兴的大时代，那些不仅付出汗水
  而且付出智慧的中国食品行业的劳动者，大有作为；

乙：一个为民生永远奋斗、恪尽职守的企业，一定是有理想、有追
  求的团队，前途无限！

甲：成就伟业是我们共同的梦想，在实现梦想的道路上，我们结伴
  同行。

乙：我们风雨同舟！

甲：现在有请书记致感谢词！

（略）

【主持人上】

甲：相伴"感谢"二字的，让"第一食品"增添了一份信心和决心、一份努力奋斗的信心、一份争取更大进步的决心！

乙：不同寻常的60年，太多特殊的时刻化为永久的定格；今天，相信有太多浓烈的情感化作内心的感言！有请×××和×××对大家讲一讲心里话！

【感言】

代表A（老员工）：如果时光能够倒转，我真想再变为年轻人，再站站柜台，哪怕就一天、就一会儿，呼吸呼吸那里的空气，闻闻那里的香味，听听那里的声音……

代表B（嘉宾）：人家过生日，照理应该送礼的。送糕点、送糖果？食品一店比外面的都好！那我就送句祝贺的话——祝"第一食品"越来越年轻、越来越漂亮、越来越优秀、越来越辉煌！

【主持人上】

甲：谢谢大家！同样祝各位代表越来越年轻、越来越漂亮、越来越健康！

乙：60年来，"第一食品"供应了成千上万的各类食品，万紫千红，琳琅满目。其中，许许多多的食品伴随着我们百姓的生活，是不可缺少的生活伴侣，上海人亲切地把它们称为"老牌子"！

甲：在"第一食品"60岁生日之际，这些"老牌子"怎么也按捺不住激动的心情，它们争先恐后地要展示自己的风采！

乙：这不是动画片的桥段吗？

甲：那就请大家一起来看看，我们的"老牌子"们表演的说唱《数我最优秀》！

【说唱《数我最优秀》】
【插播总片头视频】
【主持人上】

甲：我们并非冷冰冰的一手交钱、一手交货的经营者。我们内心有爱，胸中有情。我们的视线并不仅仅停留在每日营业报表上的数字上，它从未远离那些在生活的大海里浮沉的个体命运。热心公益从一开始就融入了我们的血脉筋骨。

乙：热心公益，照亮了我们的脸庞，照亮了我们的前路，也照亮了无数的故事。这些故事组成了我们的故事，我们的故事也是爱的故事、甜蜜的故事……爱让梦圆——

甲：为我们倾情讲述爱的故事的，是两位著名的语言表演艺术家，一位是曾为家喻户晓的电视连续剧《神探亨特》配音的刘彬老师。

乙：另一位是曾获全国先进工作者称号、上海市劳模，以及"中国广播电视播音主持'金话筒奖'"得主的方舟老师，让我们一起来聆听他们的叙述——

【讲述《爱让梦圆》】

【主持人上】

甲：2300年前，中国古代著名的思想家孟子就提出"老吾老以及人之老"。今天，"第一食品"的职工再一次以自己的实际行动来实践这句格言，使"鳏寡孤独残疾者皆有所养"，让爱的暖流汇入东海！

乙：今天，上海第一食品连锁发展有限公司与上海市东海老年护理医院将签署"开展公益共建活动协议书"。根据这项协议，

"第一食品"将成立志愿者服务队伍，定期定点为东海老年护理医院提供日常关爱老人志愿服务和节日慰问老人志愿服务。双方将通过开展经常性的交流、共建等活动，进一步密切共建关系，建立长期稳定、优势互补的共建合作关系。

甲：我们相信，志愿者服务一定会以实际行动为"企业公民"的社会责任注入新的内涵！

乙：有请上海第一食品连锁发展有限公司纪委书记、工会主席×××，上海市东海老年护理医院党总支书记、工会主席×××上台签约！

【音乐声中，"第一食品"与东海老年护理医院签约】
【主持人上】

甲：这真是：奉献社会责任重，

乙：爱满城市春意浓！

【插播总片头视频】
【主持人上】

甲：今天，"第一食品"喜盈门，领导和许多兄弟企业纷纷表示祝贺，他们和我们一起共同诠释了企业与社会、企业梦与中国梦的息息相关！

乙：请看大屏幕！

【大屏幕播放领导和兄弟企业祝贺VCR】

甲：今天，贺信贺电犹如报喜的喜鹊，纷纷飞来。

乙：发来贺信贺电有——

【大屏幕显示贺电贺信名单的VCR】
【主持人上】

甲：一颗种子的生长源于多种力量和难以复制的历史机遇。对于"第一食品"来说，有一种力量不容忽视，它就是集团的领导和帮助！

乙：今天，集团领导也莅临会场，为"第一食品"成立60周年活动致辞！我们欢迎×××、×××上台讲话！

【集团领导在音乐声中上台】
【集团领导致辞】
【主持人上】

乙：谢谢！请入座！

甲：60年过去了，千端风雨，万般滋味，我们心中的篝火不灭。因为我们积淀了一个深厚的文化底蕴，一个永不衰落的主流文化——森林文化。它拔地而起，深入人心，树立了"第一食品"的质量保证、品牌形象，以及创新发展之本。从一棵大树衍生为一片森林，托起了绿色的抱负，装点了我们的美丽中国！魅力上海！

乙：有了这森林文化，在新开始的60年，何惧迢迢山水、重重挑战，我们的希望永存！

甲：前不久，军旅词作家、诗人李成福和被《东方风云榜》评为本土最杰出的音乐人、著名原创歌手、《中国达人秀》《妈妈咪呀》音乐总监张志林，为我们"第一食品"创作了企业文化建设之歌《森林无边》。今天，张志林还应邀和我们的职工代表联袂演唱这首《森林无边》！

乙：掌声有请——

【职工合唱《森林无边》】
【主持人上】

甲：今天，新时代已揭开序幕，国家和民族正在出发，我们"第一食品"的未来蓝图也在徐徐展开。一种同频共振在我们内心深处激荡，我们深知自己又一次站在新的历史起跑线上。天天年年第一好感觉，年年天天第一好事业！

乙：风雨同路六十载，携手迈向新跨越！让我们始终保持艰苦奋斗、永不言弃的企业精神，立足现在，着眼未来，团结互助，风雨同舟，共创零售发展美好未来！

甲：感谢大家成为这个激动人心时光的一部分！"霓虹下的坚守——上海第一食品成立60周年纪念大会"到此结束，再见！

合：再见！

【播放企业之歌《第一好事业》】

太湖之光

——苏州市吴江区第十二届体育运动会开幕式

主持词

【开幕式视频片头】

【音乐声中，主持人上台】

甲：尊敬的各位领导、各位来宾，

乙：女士们，先生们，

丙：亲爱的市民朋友、大家——

合：晚上好！

甲：今夜，太湖新城霓虹璀璨，我们在这里演绎精彩，点亮希望！

乙：今夜，苏州湾畔旋律铿锵，我们在这里共享欢乐，共沐荣光！

丙：今夜，阅湖台上激情飞扬，我们在这里向着梦想，扬帆起航！

甲：亲爱的朋友们，江南何处好？乐居在吴江！这里是苏州市吴江区第十二届体育运动会开幕式现场，欢迎您的到来！

乙：此刻，让我们共同开启今天仪式的序幕！

丙：让我们用热烈的掌声有请吴江区人民政府副区长×××主持吴江区第十二届体育运动会开幕仪式！

【仪式主持人上台，节目主持下】
【仪式主持人：请裁判员、运动员代表入场】
【节目主持人幕外音解说】

1. 国旗队

甲：朋友们，最先向我们走来的是庄严的国旗队。走进新征程，迈向新时代，吴江人民将满怀豪情，构筑苏州湾最美风景，建设太湖之上最美的明珠！

2. 会旗队

乙：现在入场的是本届体育运动会会旗队。充满活力的会标召唤着吴江人民参与到全民健身行列，我运动，我健康，我快乐，让我们向着更加美好的明天奋进！

3. 彩旗队、鲜花队

丙：朋友们，踏着青春的步伐走向会场的是苏信学院学生们组成的彩旗队和鲜花队。旗在飞扬，花在绽放，祝福吴江的明天更美好！

4. 裁判员代表队

甲：现在走来的是裁判员代表队。队伍由我区优秀体育教师和专业协会骨干组成，承担本届运动会裁判工作。让我们把敬意送给他们！

5. 吴江区级机关代表队

乙：朋友们，此刻入场的是吴江区级机关代表队。服务发展，服务群众，区级机关将全力抢抓"十三五"规划先机，为建设魅力新吴江做出更大贡献！

6. 吴江经济技术开发区（同里镇）

丙：现在走来的是吴江经济技术开发区（同里镇）代表队！区内已建有各类特色产业园区，同里古镇拥有退思园和京杭大运河古纤道"双世遗"。千年古同里，美丽开发区！

7. 汾湖高新区（黎里镇）

甲：现在入场的是汾湖高新区（黎里镇）代表队。区内基本形成新兴产业快速发展新格局。黎里古镇成功获批中国历史文化名镇。品味江南旧时光，还看今朝新黎里。

8. 吴江高新区（盛泽镇）

乙：此刻入场的是吴江高新区（盛泽镇）代表队。盛泽是中国四大绸都之一。今天的盛泽正打造现代化的新型小城市。开放、融合，让绸都盛泽在世界的舞台上光彩夺目。

9. 太湖新城（松陵镇）

丙：现在入场的是太湖新城（松陵镇）代表队！美丽苏州湾，乐居在吴江！太湖新城是21世纪苏州城市建设的最大亮点，融入"大苏州"，迈向"太湖时代"，期待他们绽放精彩！

10. 七都镇

甲：现在走来的是七都镇代表队！七都拥有"一级空气二类水"，是江南著名的鱼米之乡。今天的七都正大力发展沿湖文化旅游服务业，"精致小镇、从容七都"！

11. 桃源镇

乙：现在入场的是桃源镇代表队！桃源，"省级森林公园""国家卫生镇"，正打造生态、教育、服装、酿酒"四张名片"，建设"吴江美丽南大门""强富美高"新桃源！

12. 震泽镇

丙：现在走来的是震泽镇代表队。"蚕丝古镇、科技新城、田园乡村"，震泽以江南水乡古镇联合申遗为契机，对接"一带一路"建设部署，祝他们赛出新水平，展示新风貌！

13. 平望镇

甲：现在入场的是平望镇代表队。平望拥有龙南良渚文化、闻名遐迩的"莺湖八景"。当前平望正大力度拉动发展，大手笔改善民生，大架构拓展空间，大范围优化生态！

（运动员入场完毕，队伍整理）

乙：朋友们，近年来吴江群众体育树品牌、竞技体育争金牌、体育产业创名牌，建成了江苏省首批"体育强市"、江苏省公共体育服务示范区，荣获全国全民健身活动先进集体、江苏省体育工作先进集体等诸多荣誉！在全省县级体育工作综合考评中稳居第一方阵！让我们凝心聚力，共同奏响"全民全运、乐居吴江"的时代强音，昂扬新风采，抒写新篇章！

【开幕仪式：唱国歌、奏旗歌、讲话、宣誓、宣布开幕】
【仪式主持人：请运动员退场，请大家欣赏全民健身展演《太湖之上，韵动吴江》】
【全民健身展演】
【三名主持人在音乐声中上台】

甲：星光熠熠，闪动在太湖之上，这是吴江人梦想的光芒！

乙：烟波拂岸，澎湃起韵动吴江，这是十二运醉人的华章！

丙：太湖之上，美在这方！在这丝绸之府、美丽鲈乡，让我们共同拥抱激情十二运！

甲：垂虹飞扬，梦在闪亮！在这水韵天堂、活力新城，让我们一起扮靓魅力新吴江！

乙：全民全运，乐居吴江！此刻，就让我们自己来当主角，迈上这全民健身展演的舞台，共同演绎——

合："太湖之上，韵动吴江"！

【播放序片视频片头】

《序篇·美在这方》
1.舞蹈《美在这方》

丙（幕外音朗诵）：清风运墨，抒写千载锦绣诗章；烟波纵情，晕染万顷灵秀风光；水上天堂，美在这方；太湖之上，美哉吴江！

【节目结束，两位主持人上】

甲：垂虹桥畔，曾忆几度吴越春秋；碧水流长，还看今朝乐居风
　　光！

乙：古也灵动，今也灵动，古韵犹在，今风更美！这美如垂虹飞
　　扬，横亘时空；这美因吴江而在，光大发扬！

甲：让我们一起走进这水之一方，

乙：走进这古老又青春的吴江！

【播放上篇视频片头】

《上篇·垂虹飞扬》

2．太极拳《水韵吴江》

甲：水，是吴江的魂，唯美了她的气质，磨砺了她的品格！水韵吴
　　江，天高、地阔、水长……

【间奏时解说】

　　由区太极拳协会表演的太极拳、剑，犹如大运河的奔流涌动，
　　亦如太湖的烟波起伏，让我们在其中品味古韵今风的水韵吴
　　江……

3．武术《笠泽雄风》

　　　——少儿武术——

丙：淼淼松江，奏起笠泽雄风！习拳舞剑，锤炼自强不息！今天，
　　吴风越韵的吴江，尚武习武之风犹劲，此刻我们欣赏到的是区
　　长安花苑小学同学们的表演，学校将"五禽戏""长拳"等传
　　统武术项目，确立为"一校一品"体育特色项目，校武术队在
　　苏州市市民运动会上获得了二等奖的好成绩！让我们把掌声送
　　给同学们！

　　　——少儿棍术——

甲：现在我们看到的是区跆拳道协会带来的棍术表演，协会已发
　　展会员1200多名，连续承办了六届"江苏省大众跆拳道锦标
　　赛"，培养的学员在各级、各类比赛中共获44金、47 银、63铜

的优异成绩！让我们为传承武术、弘扬武魂的表演者们喝彩！

4. 球技《飞旋快乐》

——足球舞蹈——

乙：朋友们，各种球类运动深受吴江市民的喜爱，享誉华夏的"盛泽球迷协会"就是其中优秀的球迷组织。我们现在看到的舞蹈是区实验小学的同学们表演的足球舞蹈，孩子们在运动中成为快乐达人！

——羽毛球赛——

丙：此刻，舞台上已经形成了一个微赛场，我们将在这个赛场上看到羽毛球、足球和篮球的现场对决！

首先是区羽毛球协会带来的羽毛球对决！吴江羽协为我区培育了多名省内乃至全国的青少年羽毛球赛冠军，让我们一起欣赏此刻场上的比赛……真是一场精彩的对决，让我们把掌声送给区羽毛球协会！

——足球赛——

甲：现在在场上的是平望第二中学足球队带来的一场比赛！平望第二中学现为"苏州市体育传统项目学校"和首批"全国校园足球特色学校"。自开展足球运动以来，曾8次获得吴江区冠军、5次获得苏州市冠军！谢谢平望第二中学足球队的同学们，让我们期盼他们继续为吴江争光！

——篮球赛——

乙：朋友们，现在我们看到的是松陵一中篮球队带来的篮球比赛！松陵一中提出了"让师生过幸福的教育生活"的办学理念，校篮球队多次代表吴江参加苏州市中学生篮球比赛，成绩优异！此刻赛场上……谢谢松陵一中的同学们，让我们把掌声送给这些明日之星！

5. 健身操《新城节拍》

——健身操——

丙：朋友们，当运动健身越来越成为一种时尚，更多具有创新性和趣味性的健身操正彰显着运动的无限乐趣！此刻为我们表演啦啦操的是苏信学院健身操队的同学们，她们因运动而更美丽、更青春。

　　——踏板操——

甲：刚才表演健身球和现在表演肚皮舞的，是英派斯健身俱乐部的教练们。现在表演踏板操的，是力康健身俱乐部的教练和学员。让全民健身之风吹遍城乡，让我们用动感的身姿创造每一天的新生活！

　　表彰：

【两名主持人上台】

丙：今晚，阅湖台边，风挽清波，吟咏着吴江体育事业的一页又一页精彩，唱诵着吴江体育人物的一个又一个辉煌！

甲：鱼米之乡也是体育之乡，丝绸之府也是运动天堂。吴江人用不惧挑战的奋发精神建设着这座乐居之城！

丙：在吴江区第十二届区运会之际，吴江推出了"吴江十大体育人物"评选活动，今天，阅湖台做证，让我们一起来揭晓吴江"十大体育人物"！

【表彰片头】
【播片头时，鲜花队从两侧上；主持人到下场门方位】
【获奖人员从高台上走下，追光】

甲：首先，有请挚爱木兰拳、推广木兰拳，如木兰般柔韧漂亮的国家级社会体育指导员——于敏华。

丙：她的颁奖词是：木兰风姿，虽无戎机却总迷人，体育情结，可葆青春亦冶性情！

甲：有请34年如一日，倾注于青少年身体素质提升、以足球为特色教育且佼佼者频出的学校园丁——叶根林。

丙：他的颁奖词是：足球踢上霸坛，先看娃娃，他知叶知根；　冠冕连夺十一，后备多多，人敬德敬行！

甲：有请坚守一线、不畏艰辛，致力于地方竞技体育基础人才培育，追求超越并换来硕果的孙志鹏。

丙：他的颁奖词是：少小奇趣缘定体育志向不移，而立从教心系田径桃李成蹊！

甲：有请太极、武术、跆拳道"总教头"，健康顾问——李开良。

丙：他的颁奖词是：非科班，无家传，却生一颗武术爱心；有真情，膺使命，竟成多重体育推手！

甲：有请八年马拉松、长跑不辍的体育达人——华明瑞。

丙：他的颁奖词是：长跑八年头已顶几千朝阳，人生一世脚须蹚数路山水！

甲：有请吴江历史上第一位闯入奥运会决赛的"百米飞人"——陆斌。

丙：他的颁奖词是：百米夺冠，只看一飞如箭，江苏从彼出彩；田径夫妻，且信双翅和云，衣钵今日承师！

甲：有请吴江体育产业龙头企业、上海红双喜体育用品苏州有限公司副总经理——杨国华。

丙：他的颁奖词是：军魂犹烈，承父业，岂能亏民族品牌；商道求义，红双喜，常随喜社会事业！

甲：下面有请参与、助推、见证围棋天元赛成为吴江一张亮丽名片的——周劲棣。

丙：他的颁奖词是：黑白世界有乾坤，令天元诸赛风云际会；　纹枰韬略胜江河，助同里古镇声誉霄壤！

甲：有请致力于打造健身服务业民族品牌、吴江体育服务业的领军企业——力康健身公司董事长赵金荣。

丙：他的颁奖词是：健身风鹏看举，应时力行服务；商道仁心当厚，取义康健品质！

甲：下面这一位是吴江体育史上第一位世界冠军、世界柔道团体锦标赛冠军——王娟。

丙：她的颁奖词是：娟秀巾帼，夺冠称王气胜须眉；柔美有姿，生阳克刚道育新秀！

甲：由于王娟本人此刻还在福建带队参赛，今天特别安排了她的学生代为领奖！

丙：同时，陆斌、潘桂明、王英、郑荣祥、徐成忠、潘骏浩、李芳、童赐福、钱娟娟、丁小马等十人还荣获了十大体育人物提名奖，我们在此一并向他们表示祝贺！

甲：下面让我们有请颁奖嘉宾为"吴江十大体育人物"颁奖！有请——

丙：请获奖人和颁奖嘉宾合影留念！让我们再次把掌声和敬意送给他们！

【获奖和颁奖人员下，主持人继续主持下篇】

甲：亲爱的朋友们，太湖之上，风帆高扬！在迈向太湖新时代的征途上，让我们一起唱响"全民全运，乐居吴江"的新篇章！

乙：梦为引领，志在开创！在拼搏圆梦的征途上，让我们一起扬帆前行，向梦出发！

【下篇视频片头】
下篇《太湖扬帆》

6.木兰扇《彩练当空》
【歌曲演唱《红旗飘飘》】

7.广场健身舞串烧《悦动鲈乡》

——《唱起来跳起来》——

丙：朋友们，刚刚我们看到的是区木兰拳协会为我们表演的木兰扇。现在我们看到的是松陵镇舞蹈协会带来的广场舞。　该协会多次荣获区内外比赛大奖，最近她们刚刚摘得了国际邀请赛的两项金奖！美丽的阿姨们用热情的舞曲、欢快的舞步，飞扬出吴江人民对新生活的赞美和对美好未来的无限畅想！

——《小苹果》——

甲：朋友们，现在我们欣赏到的是区老年体协的老年朋友们表演的舞蹈。区老年体协成立三十多年来，为我区的全民健身事业发展做出了积极努力。让我们共同支持老年健身活动，共同绘就最美夕阳红！

8.技巧与健美、瑜伽《逐梦苏州湾》

乙：朋友们，我们现在看到的是技巧、健美和瑜伽表演！超越再超越是吴江的品格，无限的希望铺开在太湖之上，无数的梦想将在这里启航，让我们共同逐梦苏州湾，向着梦想，进发！

9.体育舞蹈《美好家园》

丙：朋友们，我们现在看到的是区体育舞蹈协会四个俱乐部的师生的组合表演。在乐居吴江的美好家园里，曼妙的舞姿散发着幸福的芬芳，欢乐的跳动里流淌着和谐的旋律！让我们共同祝福这可爱的吴江，美好的家园！

【尾声视频片头】
尾声《韵动吴江》

甲（幕外音朗诵）：梦已扬帆，心在飞翔！踏歌苏州湾，齐舞中国梦！太湖之上，韵动吴江！

【节目中幕外音解说】

乙：朋友们，此刻在舞台前区的是盛泽实小速滑队的同学们，这支队伍多次荣获省市比赛大奖！

丙：此刻美丽的阅湖台上流动着一支绿色骑行队伍，这是拥有7000多名会员的吴江区自行车协会的朋友们！

甲：让我们共享激情十二运，共建魅力新吴江！

结束语：

【谢幕中，三名主持人上台】

甲：亲爱的朋友们，苏州市吴江区第十二届体育运动会开幕式全民健身展演到此结束！

乙：让我们祝吴江的体育健儿们取得更高、更快、更强的成绩！预祝第十二届体育运动会取得圆满成功！

丙：亲爱的朋友们，让我们共同参与健身，拥抱精彩！追求卓越，开创未来！朋友们，再见！

孝亲文化展魅力，多代学习绘新图

——控江路街道第十届学习节开幕式
暨第四届市民文化节的启动仪式

尊敬的各位领导，尊敬的各位来宾：

大家下午好！我是主持人×××。今天，杨浦音乐职业学校礼堂可以说是喜气荡漾、其乐融融，因为我们将在这里隆重举行"孝亲文化展魅力，多代学习绘新图"——控江路街道第十届学习节开幕式暨第四届市民文化节的启动仪式。近年来，我们大家可以欣喜地看到，控江社区学习、文化建设的蓬勃发展，社区群众的素质也正日益提升，就像刚才的开场歌舞《家和万事兴》所展现的和谐温馨的场景一样，我们控江社区可以说处处洋溢着学习、发展的蓬勃生机。

当然，控江社区的建设和发展离不开各级领导的关心与支持。下面，请允许我十分荣幸地介绍出席今天活动的各位领导，他们是×××领导。出席的嘉宾还有各街道分管领导和社区学校校长，控江校区、园区领导及社区学习型团队代表，让我们对他们的光临表示诚挚的欢迎和衷心的感谢！

首先，让我们以热烈的掌声有请控江路街道党工委副书记、办事处主任×××致辞。

【领导在礼仪小姐的引领下登台致辞】

感谢主任激情洋溢的致辞。朋友们，书香控江一直以"学习，让社区更美好"为理念，鼓舞人们创特色、凸亮点、铸品牌，所以在这浓厚的学习氛围中，各类学习型团队应运而生。是学习，让老人、青年、儿童聚到了一起；在学习中，他们传承了中华民族的传统文化；在学习后，更是用自己的方式弘扬了"孝亲敬老"的传统美德。下面将为大家展示的情景剧《幸福学园》，就是通过控江街道的"书江苑"采编团队对社区内"麦秆奇趣""同乐艺社""阳光乐园"等学习型团队的采访，演绎了控江社区的老百姓分享学习所带来的快乐与收获。

【情景剧《幸福学园》】

刚才，老百姓们原汁原味地演绎了他们精彩的学习生活，令人回味无穷。他们在学习中找到了自身的价值，并且学以致用，传播社会正能量。其实像这样的学习型团队，在控江街道还有许多。他们还走到了一起，携手共进，自主地学习交流，分享经验。联盟是力量，联盟是希望，联盟能带来更多的成效，联盟能铸就新的辉煌。今天我们非常高兴地看到控江文化精品团队联盟正式成立，可以说这是全体文化精品团队共同努力的成果。让我们以热烈的掌声欢迎区文化局×××领导和控江文化精品团队的理事长×××为精品团队联盟揭牌。

【领导和团队代表在礼仪小姐的引领下登台揭牌（音乐起）】
【舞蹈《绣中情》（音乐起）】

非常感谢"控江世纪艺术舞蹈团"的精彩表演，真不愧是控江的特色品牌团队。其实，在控江社区还有一支家喻户晓的特色品牌团队——"麦秆奇趣"沙龙团队，他们传承非遗文化，向全社会更好地推广传承麦秆画文化。

现在，就让我们一起走近他们，了解他们。接下来，请大家欣赏VCR。

【这是一支毫无专业背景的业余舞蹈团队，却在十余年间收获国家级、市区重大奖项四十余项。

这是一支平均年龄55岁的夕阳舞蹈团队，却保持着每年一个新作品的速度推陈出新，并连续两年摘得上海之春群文新人新作舞蹈大赛金奖。

这是一支植根于社区的草根舞蹈团队，却连续三年受邀上海国际艺术节演出。不仅走进了上海世博会，走进了北京钓鱼台国宾馆，更是走出国门远赴美国和芬兰，完美诠释了文化交流的无国界。

在街道十余年的精心培育下，舞蹈团"舞出控江风采，展示夕霞魅力"。希望控江世纪艺术舞蹈团继续延续脚尖下的精彩，用根植于生活的艺术创作引领时代风尚，做一支永远坚持梦想的团队！

一根小小的麦秆，带着田野的芬芳，走进了控江社区学校的课堂，在巧思与巧手的共同催化中华丽转身。荷塘月色、亭台楼阁、水乡人家，一幅幅画作栩栩如生。

两代传承人的坚守，一群麦秆迷的拥护，"麦秆奇趣"沙龙团队应运而生。起源于春秋战国的麦秆画，不仅仅走进了社区的多代居室，还走进了大学校园，其代表作《京剧脸谱》还远赴海外，赠予各国文化友人。

2012年，"麦秆奇趣"课程荣获上海市社区教育特色课程评选活动一等奖，被评为全国社区教育特色课程。2014年，全体学员共同制作的作品《松鹤延年》在中华艺术宫展出，民间艺术走进高雅殿堂。

因奇而爱，因趣而聚，小身材也可以登上大舞台。希望"麦秆奇趣"沙龙创作出更多的民间艺术精品，为非遗的传承与创新注入更多活力，绽放更多精彩。

现在，我们就有请"控江世纪艺术舞蹈团""麦秆奇趣沙龙团队"两位团队负责人上场。让我们掌声响起，欢迎区委副书记、区

长×××为她们颁发特殊贡献奖。】

【在礼仪小姐的引领下，领导为两位团队负责人颁奖】

　　孝亲敬老一直是中华民族的优良传统，在大力倡导"孝文化"的今天，我们深切感到人间真情是家庭和睦的强大动力，孝亲敬老是催生和美家庭的润滑甘泉。欣慰的是，控江路街道长期以来注重"孝文化"的建设，已经涌现了像"孝亲模范"扈晓静这样一批典型人物。为了更好地在社区百姓中传播"孝文化"，在社区形成正能量，弥足珍贵的"多代文化"讲师团将于今天成立。请允许我介绍并邀请他们上台。他们分别是×××。

　　下面有请区教育局党委书记、学习办主任×××为控江"多代文化"讲师团颁发聘书。

【在礼仪小姐的引领下，领导登台为六位讲师团成员颁发聘书】

　　朋友们，站在新的历史起点，赋予志愿者队伍新的内涵、新的理念，这是时代的需求，也是人们的期盼。今天，我们可敬的志愿者为让志愿者队伍在为民服务中发挥更大的作用，特在此发出了新的呼唤，让我们掌声欢迎志愿者团队代表宣读倡议书。

【在礼仪小姐的引领下，志愿者团队代表登台宣读倡议书】

　　一把金钥匙传递着社区"月·悦学"的文脉，一把金钥匙弘扬着社区"月·悦学"的精神。同志们，令人难忘和眷恋的时刻就要到来，杨浦区"月·悦学"系列活动传递仪式正式开始。下面掌声有请区学习办常务副主任×××，控江路街道办事处副主任×××，向下一届"月·悦学"活动的主办单位延吉新村街道办事处副主任×××，传递"月·悦学"金钥匙。

【音乐起，区学习办副主任及两个街道办事处领导热情交接钥匙模型，全场掌声响起】

　　我们将在区学习办的指导下，以"月·悦学"活动为契机，每个月都会开展具有控江"多代"特色的学习活动；同样，在区文化局的引领下，组织百姓参与系列市民文化活动。具体可见大家手中的控江路街道第十届学习节活动安排表，以及第四届市民文化活动安排表，让我们越学越精彩，越学越幸福，下面让我们以热烈的掌声欢迎控江路街道党工委书记开启活动仪式。

【在礼仪小姐的引领下，领导登台开启动球】
【妇女儿童表演时装秀】

说起中国的服饰文化可谓典雅华贵，独树一帜。东方服饰所具有的艺术生命力和艺术感染力让人赏心悦目。下面，我们将看到社区"梦之韵"时装队演绎传统旗袍的婉约风情，以及控江幼儿园孩子们缤纷可爱的环保时装秀，让大家进一步体味中华服饰的华彩之美、孩子们的创意之奇。请欣赏！

文化能提升高尚的道德素养，艺术能创造精彩的人生价值。此刻将向大家展示的是歌曲串烧，耳熟能详的歌曲有机地组合起来，清润甜美的歌喉演绎了《长江之歌》《好日子》《九儿》《红旗飘飘》，这是多么动人的一幕！

【歌曲串烧演绎】

众所周知，中国戏曲博大精深、源远流长，那浓郁的韵味犹如甘醇的美酒芬芳四溢、回味无穷。在今天这喜庆时刻，社区戏曲爱好者以戏曲联唱的表现形式向大家展露自己的精湛水平，让我们一起大饱耳福，同样这也是学习带来的收获。

【戏曲联唱精彩亮相】

放眼神州，莺歌燕舞，社会和睦，人民安康，在这暖人心怀、万家同欢之际，我们深深感到祖国是那么富强，祖国是那么美丽，赞美祖国颂歌从心中飞出，赞美祖国舞步在尽情回旋，请看广场舞《我赞美你中国》。

【鼓舞队表演广场舞《我赞美你中国》】

学习创新型杨浦城区到处飘荡着悦耳的琅琅读书声，相亲相爱的控江大家庭到处呈现出文化繁荣的帧帧美景，他们交替辉映，催人奋进，请听大合唱《在希望的田野上》《相亲相爱一家人》。

【社区合唱队演唱】
【音乐重起，全体演员大谢幕，主持人上】

朋友们，文化是国家强盛之基，学习是全民小康之宝，让我们在习近平总书记讲话精神的鼓舞下，努力学习，开拓创新，为控江市民文化梦想的早日实现，谱写更加璀璨的篇章！"孝亲文化展魅力，多代学习绘新图"——控江路街道第十届学习节开幕式暨第四届市民文化节启动仪式到此结束！祝大家学习进步，读书快乐，家庭幸福！再见！

英雄赴川打硬仗

——黄浦区"守望相助、众志成城"赴川抗震救灾
先进事迹报告会

串联稿

时间：2008年6月6日上午
地点：区北二楼礼堂

主持人：各位领导、各位来宾、同志们，大家上午好！

汶川大地震牵动了亿万人的心，汶川大地震震撼了亿万颗中华儿女的心。2008年5月12日，是中华民族的灾难日；2008年5月12日，也是中华13亿颗心攥紧一个拳头的日子。5月12日汶川大地震发生后，全国人民众志成城、守望相助，全心投入抗震救灾战斗。在这抗震救灾和支援灾区人民重建家园的关键时刻，市委宣传部于5月30日以来，组织公安、医疗等战线的救援队举行了抗震救灾先进事迹报告会。根据市委这一精神，今天我们在这里举行报告会，既

是对英雄和先进的褒奖，也是对逝者的祭奠和对生命的无限敬重，同时更是为了进一步激发全区人民情系灾区抗震救灾的热情。出席今天报告会的领导有×××和其他区四套班子的领导。

主持今天报告会的是中共黄浦区委常委、宣传部部长×××同志。

【主持人下】
【报告会开始】

部长：同志们，"黄浦区'守望相助、众志成城'赴川抗震救灾先进事迹报告会"现在正式开始。请全体起立，为四川汶川大地震中遇难的同胞默哀一分钟。（主持人转身默哀）

（礼仪小姐示意）默哀毕，请坐。

同志们，四川汶川大地震后，全国各地、上海各级党组织和我区广大干部群众坚决响应党中央、国务院号召，立即行动起来，一切为了灾区，全力支持灾区，积极投入到众志成城、抗震救灾的伟大斗争中去，驻区部队消防黄浦支队共派出了31名官兵奔赴灾区救援。长征医院、市九医院、仁济医院派出136名医务人员，区卫生局下属黄浦中心医院、市二医院、区疾控中心派出11名医务人员和市政委派出2名工作人员奔赴灾区参加医疗救援。

汶川地震发生后，全区上下形成了万众一心、众志成城，踊跃为灾区奉献爱心积极捐款捐物的热潮。截至6月1日下午4时，全区累计接受捐款达5495.5413万元。"一方有难，八方支援"的精神，在我区得到了很好的发扬。特别是赴灾区参加抗震救灾的消防官兵和广大医疗人员在灾区的日日夜夜里，以"一不怕苦，二不怕死"的英雄气概，为了灾区人民的生命而将自己的生死置之度外，历经千险，克服重重困难，从死神手里夺回了一条条生命，赢得了灾区人民的信赖和爱戴。

为深入宣传我区赴川抗震救灾人员的先进事迹，广泛开展向他们学习的活动，进一步鼓舞士气、激励斗志，促进我区经济社会的全面发展，今天，区委宣传部在这里举行"黄浦区'守望相助、众志成城'赴川抗震救灾先进事迹报告会"。

今天的报告会有三项主要议程：一是区委副书记、区政府党组书记×××讲话；二是请四位同志做我区赴川抗震救灾事迹报告；三是请区委书记×××做重要讲话。

现在请区委副书记、区政府党组书记×××讲话。

【领导讲话】

主持人：汶川大地震让半个亚洲震动，让整个世界震惊。中国经历的磨难太多，但从来没有在磨难中倒下。面对灾难，中国人展现出坚韧与顽强；面对灾难，13亿颗中国心凝聚成坚固的泰山，汇聚成爱的海洋。

接下来让我们静心聆听来自抗震救灾一线的英雄们的事迹报告。首先为我们做报告的是上海消防总队黄浦消防支队副支队长、上海消防总队赴四川抗震救援队分队长邓根福同志，他报告的题目是《有一种力量叫永不言弃》，掌声欢迎！

【礼仪小姐引导邓支队长至报告台】
【邓在报告中间播放PPt与蒋雨航和他母亲龙金玉的画面，邓支队长报告毕，转身敬礼，礼仪引导回原位】

主持人：生命是脆弱的，生命又是顽强的，钢筋混凝土可以掩埋惊恐和绝望，但却压不垮对生命的渴望。为挽大厦于将倾，救生民于穷途，山崩了，地裂了，道路垮塌了，他们用双脚踏平山川水阻，他们用双手刨开瓦砾、推开岩石。这就是我们人民的子弟兵，这就是我们英雄的子弟兵。

接下来为我们做报告的是长征医院骨科教授史建刚同志，他报告的题目是《以生命的名义》，讲述长征医院、仁济医院、市第九人民医院赴川医疗队在灾区抢救生命的一个个感人故事。掌声欢迎！

【史建刚教授由礼仪小姐引导至报告台】
【史建刚报告毕，转身敬礼，接受献花，引导回原位】

主 持 人：有八一军徽在川间闪动，有白色人群在蜀道跃动，有13亿
　　　　　颗中国心在祖国大地跳动，死神就会望而却步，巴山蜀水
　　　　　就会生机一片，生命就会生生不息。
　　　　　祝玲，是新闻晚报社的一名女记者，就是这位纤巧瘦弱的
　　　　　女同志，她是解放报业集团派往灾区采访的85位记者中第
　　　　　一个赶到前线的。那是一个随时都会天塌地陷的灾区啊！
　　　　　请听祝玲同志的报告《斑斓梦想，黑色的凝固》。掌声欢
　　　　　迎！

【祝玲记者在礼仪小姐的引导下走上报告台】
【祝玲记者报告毕转身行鞠躬礼】

主 持 人：生命是可贵的，而让生命健康和延续的使者们更是可贵和
　　　　　光荣的。在山崩地裂的一刹那，中国人用自己的脊梁挽起
　　　　　一座更加坚固的万里长城。多难兴邦。任何苦难也压不垮
　　　　　英雄的中国人民。
　　　　　从前线回来的祝玲记者，用她的眼，用她的手，更是用她
　　　　　的心，记下了英雄的中国人民可歌可泣的一幕幕。
　　　　　接下来我们请黄浦区文化馆花宝金同志，讲述区属单位赴
　　　　　川抗震救灾的情况。他演讲的题目是《用爱谱写生命的赞
　　　　　歌》，掌声欢迎！

【花宝金同志由礼仪小姐引导至报告台】
**【花宝金同志报告毕，礼仪小姐捧鲜花上，花宝金主动跨过去说：
请允许我代表黄浦广大人民群众，把这鲜花献给我区刚刚从前线回
来的两位白衣天使。另一礼仪小姐紧跟着送上第二束鲜花】**
【刘平、吴秀琴上台接受鲜花，并即兴发表感言】

主持人：灾情就是命令，时间就是生命。一方有难，八方支援。在这次四川地震灾难中，黄浦区广大干部群众，反应迅速，救助及时，体现了60万黄浦人民的宽广胸怀，展示了黄浦人民60万颗滚烫的心。黄浦人民谱写了一曲曲热爱生命的赞歌。

我们的总书记说得好啊：

"任何困难也压不垮英雄的中国人民！"

我们的总理说得好啊：

"再大的困难除以13亿就微不足道；

再小的爱乘以13亿就成了爱的海洋！"

【礼仪小姐引领部长走向报告台】

部　长：同志们，每个时代，每个民族，都不可避免地要经历磨难和考验。在几千年历史长河中，中华民族虽历经沧桑，饱受风雨，但每一次都能以我们民族特有的毅力和勇气，化险为夷，转危为安，愈挫愈奋，愈挫愈强。以上四位同志从不同角度讲述的我区赴川抗震救灾人员的先进事迹，体现的正是我们不屈不挠、团结奋斗的民族精神和光荣传统。让我们深受教育、深受感动，我建议再一次感谢他们精彩的报告。

（卫生系统救援队出征仪式）

最后让我们以热烈的掌声欢迎区委书记、区长×××同志做重要讲话。

【书记在礼仪小姐的引导下走向报告台】
【书记讲话毕，在礼仪的引导下走回原位】

部　长：同志们，刚才书记的重要讲话，对我区赴川抗震救灾的人员和全区支援抗震救灾工作，给予了高度评价，并对下一步继续支援灾区抗震救灾重建家园和我区的经济建设社会发展等提出了明确要求。各单位要注意联系实际，贯彻落实。要广泛深入地开展向参加抗震救灾的广大解放军指战员、武警官兵、公安干警和医护人员，向抗震救灾先进典型学习的活动，把学习、宣传活动纳入本单位学习、教育的整体计划，加强领导，突出重点，务求实效。要进一步唱响万众一心、齐心协力抗震救灾、恢复重建的主旋律，鼓舞和激励全区广大人民为夺取抗震救灾斗争的全面胜利而团结奋斗。各条战线要开展学先进、见行动活动，把抗震救灾先进事迹的宣传与学习结合起来，坚持一手毫不松懈地抓抗震救灾，一手坚定不移地抓经济社会发展。全区人民要以抗震救灾的先进事迹和先进典型为榜样，立足本职岗位，勤奋学习工作，以实际行动为灾区建设、为黄浦的发展做出新的贡献！

现在我提议，全体起立，唱《国歌》（歌毕）。今天的报告会到此结束，谢谢大家！

迎新春　颂和谐

——2005文庙迎新春春联活动

【音乐：《喜洋洋》，音乐小】

尊敬的各位领导、各位艺术大师、女士们、先生们、同学们：

大家上午好！

凯歌阵阵，银狗随冬奔去留异彩；爆竹声声，金猪伴春踏来献吉祥。

再过两天，就是中华民族最大的传统节日——春节了。在这欢乐祥和的时刻，新民晚报社、中共上海市黄浦区委宣传部、黄浦区教育局、黄浦区文化局等单位，今天在上海文庙孔子孔圣人的塑像前，联合举办"迎新春　颂和谐——百名书法家和书法爱好者书写春联活动"。

今天的活动是我们这次开展的"征春联、写春联、送春联"的系列活动之一。弘扬与培育以爱国主义为核心的民族精神和优秀传统文化，是我们开展这次活动的宗旨。

出席今天活动的领导有——

活动现在正式开始，请×××领导致辞。

春联是对联形式的其中一种，是我国文化传统中一种优秀的文化形式，至今已传承一千多年。"新年纳余庆，嘉节号长春。"据说，这是老祖宗给咱们留下来的第一副春联。这次我们开展征集春联活动，正是为了这一优秀文化形式更好地传承。这次春联征集活动中共有两千余人参加，共收到四千多副春联。这次参加征集春联活动的朋友中，北自千里冰封的哈尔滨，南至四季如春的海南岛，还有在异国他乡生活的华人华侨，同时还有三位90岁高龄的文星泰斗和在父母肩上骑马坐的6岁稚童。在这里，我们看到了中华历史文脉的热血在滚动，看到了祖国优秀文化发展的美好前景。

现在我们请中国书法家协会会员、著名书法家栾国藩先生发言。有请栾国藩先生！

【栾先生讲话】

接下来请小书法爱好者×××同学发言。

【小书法爱好者讲话

谢谢×××同学！今天我们来了50名小小书法爱好者，刚才×××同学所发出的稚嫩童音，正是我们中华儿女的企盼，让中华书法艺术的瑰宝沿着中华文明的血脉世世代代相传下去！

纵横八万里和睦遍中华，

上下五千年文明传世界。

今天，我们高兴地邀请到几位外国朋友。现在请外国友人麦当劳中国公共事务总经理、东亚研究硕士葛国瑞先生发言。有请葛国瑞先生，感谢我们的外国朋友热爱我们的文化，传播我们的文明。

我们开展这次活动的消息发出之后得到了四方的积极响应。接下来，请上海中学李想同学宣读倡议书，代表全校学生向全市中小学生发出"保卫中华民族传统文化节日的倡议"。

好，谢谢李想同学！我们这次活动之后将通过他们将我们的20副春联，分别送给美国、法国、俄国、英国、日本、韩国、加拿大、澳大利亚等20个国家的元首。

现在请举臂挥毫，为我们的活动开笔。随着两位领导两个遒劲有力的大"和"字跃然纸上，全场百名书法家和书法爱好者纷纷开始走笔丹青，书写春联。

【音乐起：古筝、笛与箫《高山流水》】
【主持人旁白】

对联雅称"楹联"，俗称对子。它言简意深，对仗工整，平仄协调，是一字一音的汉语语言独特的艺术形式。可以说，对联艺术是中华民族的文化瑰宝。

对联的种类大约分为春联、喜联、寿联、挽联、装饰联、行业联、交际联和杂联、谐趣联，等等。对联文字长短不一，短的仅一两个字；长的可达几百字。比如这次征集到的一副春联"九州大事　百姓小康"。虽然寥寥八个字，但对仗工整，十分大气，把国家大事和百姓心声都嵌进其中。还有一位新上海人写的"襟同黄浦江　气若白玉兰"。

对联形式多样，有正对、反对、流水对、联球对、集句对等。但不管何类对联，使用何种形式，却又必须具备以下特点：一是要字数相等，断句一致。除有意空出某字的位置以达到某种效果外，上下联字数必须相同，不多不少。比如"九天祥云降甘霖　八方瑞雪造福海"。二是要平仄相合，音调和谐。传统习惯是"仄起平落"，即上联末句尾字用仄声，下联末句尾字用平声。三是要词性相对，位置相同。一般称为"虚对虚，实对实"，就是名词对名词，动词对动词，形容词对形容词，数量词对数量词，副词对副词，而且相对的词必须在相同的位置上。比如，"和谐和睦和为贵　爱民爱家爱祖国"。四是要内容相关，上下衔接。上下联的含义必须相互衔接，但又不能重复。

"龙华宝塔笑看申城南北劲吹和谐风，
东方明珠喜闻浦江两岸怒涌改革潮"。

此外，张挂的对联，传统做法还必须直写竖贴，自右而左，由上而下，不能颠倒。与对联紧密相关的横批，可以说是对联的题目，也是对联的中心。好的横批在对联中可以起到画龙点睛、相互补充的作用。

　　"金猪送福千家喜　银雪献瑞万户春"
　　横批："春满乾坤"。

【根据现场情况，介绍书法家、小书法家和春联作品、作者】
【活动最后，请在场的书法家和书法爱好者在这块主题板上，每人写下一个"和"字。（从右至左，5人一组）】

主持人：
　　和和和，新春祥和，举国祥和；
　　和和和，家家祥和，普天祥和！
　　各位领导、各位来宾，女士们，先生们，
　　随着中国书法家协会会员、
　　著名书法家林仲兴先生笔下苍龙飞舞般的
　　"和"字的落笔，一张充满中华
　　历史文化艺术、充满人类向往、
　　充满新年期盼的"百和图"呈现在
　　了大家的眼前。各位领导、各位来宾，
　　女士们、先生们，今天的活动到此
　　结束，祝大家新年大吉，
　　阖家欢乐，万事如意！

祖国万岁

——黄浦区庆祝中华人民共和国成立60周年升旗仪式

全场本

时间：时间2009年10月1日上午7:30
地点：南京路世纪广场

7:25，在迎宾曲中，区四套班子领导，区部分老领导、老干部，共和国的同龄人中海选出来的各社区升旗手代表，各部门、各社区、各企业集团主要负责人，各民主党派、人民团体主要负责人，劳模代表，驻区部队官兵，公安干警，中小学生，各族人民代表，区爱国主义教育基地负责人，"豫园杯"《祖国，我为您骄傲》征文作者代表、获奖作者等1600名各界人士就座完毕……

一

7:30，序曲《红旗颂》音乐起……
主持人，区委常委、宣传部长×××，在《红旗颂》的序曲声中走上舞台……（以下简称主持人）
主持人站定，序曲由强渐弱—毕。

主持人宣布升旗仪式开始。

国旗班出旗（由舞台右侧齐步出至中心位置换正步走……）

同时，全场人员向国旗行注目礼……（全场人员随国旗方向转身180度至面对旗杆）

国旗班升旗手正步走到旗杆下站定，准备毕。

主持人宣布：升国旗，唱《中华人民共和国国歌》。

【音乐同步，大屏幕播放《国歌》歌词】

二

升旗毕，全场人员自觉转身180度至舞台正面。

主持人请全场人员坐下。

主持人：有请中共黄浦区区委副书记、黄浦区区长×××讲话。

【音乐起，区长在礼仪的引导下上台走至话筒前】

区长讲话。

区长讲话毕，主持人示意区长站在舞台右侧。

三

音乐起，礼仪引导12名共和国功臣上台并在舞台中间站定

主持人：现在请中共黄浦区区委副书记、黄浦区区长×××同志为共和国功臣佩戴新中国成立60周年纪念章。

区长为共和国功臣佩戴纪念章（一礼仪将12枚纪念章放置托盘紧跟区长）

区长为共和国功臣佩戴完纪念章与功臣合影，合影毕，礼仪引导区长回原座位。

主持人：12位少先队员向共和国功臣敬献鲜花。

（少先队员向革命老前辈敬献鲜花并行举手礼。背景音乐为《我们是共产主义接班人》）

献花毕，少先队员转身回原位，礼仪引导功臣回原位。

背景音乐《我们是共产主义接班人》由强渐弱，音乐毕。

四

主持人简要介绍我区爱国主义教育基地重新申请挂牌情况并宣布基地名单。

礼仪引导12位爱国主义教育基地负责人上台，12人在舞台中间站定。

主持人：现在请区人大常委会主任×××同志、区政协主席×××同志、区委副书记×××同志为黄浦区爱国主义教育基地授牌。

（音乐起，领导在礼仪的引导下从舞台正面台阶上台，与此同时，另6位礼仪各持两块基地铜牌从舞台左侧上台）

三位领导为爱国主义基地授牌。

授牌毕，6位礼仪从左侧下，礼仪引导三位领导回原位。

五

主持人：简要介绍"豫园杯"《祖国，我为你骄傲》征文情况并宣读获奖名单，工作人员先组织获奖人员站成一排。

礼仪引导12位征文获奖者和优秀组织奖获得者从舞台正面上台，12位获奖者在台中间站定。

主持人：现在请四位共和国的功臣为"豫园杯"《祖国，我为你骄傲》征文获奖作者和优秀组织奖颁奖。

【发奖毕，一礼仪引导颁奖者先回原位，另一礼仪引导获奖者走下台向共和国同龄人（12人）赠书】

六

赠书毕。

主持人（示意大合唱指挥上台）：请全体起立，全场高唱歌曲《歌唱祖国》。

（音乐同步，大屏幕播放《歌唱祖国》歌词）

【在全场高唱《歌唱祖国》的最后一段时，100名少先队员走上南京路向游客赠送小国旗和爱国主义教育基地折页】

【全场歌唱毕】

主持人（示意全体人员转身）：现在，我们的100名少先队员已经走在南京路上，把一面面五星红旗赠送到千万名游客手中。

（背景音乐《红旗颂》重起）

主持人：五星红旗将代代相传

爱国主义旗帜将代代相传！

【背景音乐《红旗颂》由弱渐强】

主持人：今天的升旗仪式就到这里，接下来请大家欣赏"国歌嘹亮——黄浦区庆祝新中国成立60周年群众文艺活动青少年专场"。

最美相城人

——2016年度相城区精神文明建设"十佳新人" 颁奖暨表彰大会

主持词

【总片头】
【音乐声中，男女主持人上场】

女：尊敬的各位领导、各位来宾，

男：亲爱的相城的朋友们，大家

合：上午/下午好！

女：亲爱的朋友们，今天，情暖相城，我们在这里，一起聆听那些最普通却最美好的父老乡亲的动人故事！

男：今天爱满相城，我们在这里，一起传扬这片土地上源远流长的文明风尚！

女：朋友们，2016年度相城区精神文明建设"十佳新人"颁奖暨"最美相城人"表彰大会现在开始。首先欢迎我们2016年度及历年评出的"最美相城人"，让我们掌声欢迎大家的到来！

男：出席今天活动的各位领导和嘉宾，他们是×××。

女：朋友们，2016年度，我们继续弘扬相城风气，培育践行社会主义核心价值观，深化公民思想道德建设和群众性精神文明创建，为建设"强富美高"新相城汇聚了满满的正能量！

男：近年来，我们相城年年组织评选活动，已评出500多名最美相城人，其中多名被评为省市乃至全国的先进人物；2016 年度我们评选出了37名"最美相城人"，其中前十名被评为精神文明建设"十佳新人"！

女：他们用平凡却又最不凡的实际行动诠释着"爱、敬、诚、善"的含义，铸就了这座"德善相城"！

【序篇《德善相城》短片播放】
【第一章《不忘初心》片头播放，播放完毕，女主持人上场】

女：朋友们，在我们相城的各条工作战线上，有许多人，他们急着老百姓的急，苦着老百姓的苦，默默奉献，别无所求。下面让我们一起来看一组短片，听一听他们的故事……

【蒋林方、徐伟民、顾永根三人短片播放，播放完女主持人走上舞台】

女：朋友们，让我们掌声有请蒋林方、徐伟民、顾永根！

女：为大家介绍一下，这位是六天六夜坚守防洪大堤、最美水务人蒋林方同志，这位是三十多年坚守基层、最美调解"老法师"徐伟民同志，这位是沉心俯首耕耘的警界"老黄牛"顾永根同志，让我们把掌声送给三位好人！

女（采访）：您好！（略）

女：请听评选委员会给予蒋林方、徐伟民、顾永根的颁奖词！

男（颁奖词）：面对困难，你疲惫的身躯从未后退；为了父老乡亲，你甘愿奔波奉献几十年。初心不变，再苦再累你都一往无前；本色不改，你用行动铸就了闪光的信念！

女：有请上届×××为三位好人颁发2016年度相城区精神文明建设

"十佳新人"奖！（小朋友同时上场献花）

女：让我们再次把掌声送给蒋林方、徐伟民、顾永根！请入座。朋友们，为人民服务，是用生命注解的书；为人民服务，是用心灵开拓的路。让我们把一首《为人民服务》，送给默默奉献为人民服务的好人！

【第二章《晚霞生辉》片头播放，播放完毕，女主持人上场】

女：朋友们，接下来要给大家讲的故事是关于两位老人的，两位八十多岁的老人，虽然白发苍苍，但他们的人格魅力熠熠生辉。让我们一起来看他们的故事……

女：朋友们，让我们掌声有请周云飞、潘士彦上场！为大家介绍一下，这位是甘作地方文化传承中的"孺子牛"周云飞周老，这位是仍坚守法务岗位的最美"人民法官"潘士彦潘老！

女采访：（略）

女：请听评选委员会给予周云飞、潘士彦的颁奖词！

男（颁奖词）：白发苍苍，你还是一片赤诚，为这片土地留念；耄耋之年，你还是青春蓬勃，为乡邻指点迷津！岁月沧桑，你用无私擦亮生命；夕阳最美，你用热忱照亮前路！

女：有请上届×××为周老、潘老颁发2016年度相城区精神文明建设"十佳新人"奖！（小朋友同时上场献花）

女：让我们再次把掌声送给周云飞、潘士彦！请入座！朋友们，让我们带着感动，祝福两位老人健康、长寿！

【独唱和舞蹈《感动》】
【第三章《孝老爱亲》片头播放，播放完毕，女主持人上场】

女：朋友们，爱意涌动的相城是由千万个小家组成的，每一个小家的"孝老爱亲"的故事，谱写了相城最美的幸福旋律。下面让我们跟随短片走近两位好人……

女：朋友们，让我们掌声有请戴云玲、吕秋根两位好人上场！为大家介绍一下，这位就是用柔弱肩膀担起一个家的戴云玲女士，这位是演绎人间真情的吕秋根同志！

女采访：（略）

女：请听评选委员会给予戴云玲、吕秋根的颁奖词！

男（颁奖词）：你挺起病痛的腰，一头担起卧床的丈夫，一头担起
　　　年迈的老母亲，一担就是20年；虽是半路遇见，你却是百里挑
　　　一、万里挑一的好老伴儿！因为是一家人，所以再苦也是甜；
　　　因为是一家人，所以再难也相伴！

女：有请×××为戴云玲、吕秋根颁发2016年度相城区精神文明建
　　　设"十佳新人"奖！（小朋友同时上场献花）

女：让我们再次把掌声送给戴云玲、吕秋根！请入座！朋友们，祖
　　　祖辈辈的相城人民就是用这样朴实的情感守护着心底最纯粹的
　　　爱，请欣赏歌舞《我的父亲、母亲》！

【歌舞《我的父亲、母亲》】
【第四章《大爱无疆》片头播放，播放完毕，女主持人上场】

女：朋友们，精神的富有从不会因为付出而减少，关心、帮助更多
　　　的人才会让我们的人生更有价值！下面，让我们通过短片来认
　　　识三位好人！

女：朋友们，让我们掌声有请顾毓虹、杨白元、顾明宝三位好人上
　　　场！为大家介绍这位是心系孩子的大姐姐顾毓虹，这位是身体力
　　　行传递社会正能量的杨白元，这位是17年坚持献血的顾明宝！

女采访：（略）

女：请听评选委员会给予顾毓虹、杨白元、顾明宝的颁奖词！

男（颁奖词）：你把爱传到远方的山，于是那里的孩子有了更美的
　　　春天；你一次又一次救他人于危难，一颗质朴的心满满都是
　　　善；你用滚烫的热血，写就了生命温暖的诗篇！哪怕山高水
　　　远，哪怕萍水相逢，哪怕素未谋面，爱都能让心与心相连！

女：有请×××为顾毓虹、杨白元、顾明宝颁发2016年度相城区精
　　　神文明建设"十佳新人"奖！（小朋友同时上场献花）

女：让我们再次把掌声送给顾毓虹、杨白元、顾明宝！请入座！朋

友们，好人就在我们身边，那些有着感人故事的也许就是我们自己，让我们将下面这首歌曲送给身边所有好人！

【独唱和舞蹈《好人就在身边》】
【尾声：爱满相城】

男：朋友们，刚刚表彰的是2016年度我们评选出的"最美相城人"的代表，还有许多好人，一起书写了相城爱的传奇！

女：下面，让我们有请其他27名2016年度"最美相城人"上台来，让我们把由衷的敬意和祝福同样送给他们！

男：有请×××为2016年度"最美相城人"颁奖！

女：朋友们，在我们评选的"最美相城人"中，还有两位被评选为"2016年度中国好人""江苏好人"。让我们有请×××为他们颁奖！

男：请所有获奖者合影留念！

女：亲爱的朋友们，中国梦是文明梦，中国梦是和谐梦，相信爱是希望，有爱我们的生活就会更加美好，充满阳光！

男：中国梦是强国梦，中国梦是富民梦，相信爱是能量，有爱我们就能战胜各种困难，创造更加幸福的明天！

【歌舞《中国梦》】
【结束语】

女：朋友们，爱满相城，让我们继续构筑道德风尚建设高地，让爱在这里生长、延续！

男：爱满相城，让我们继续弘扬主旋律、集聚正能量，共同建设"强富美高"新相城！

女：亲爱的朋友们，2016年度相城区精神文明建设"十佳新人"颁奖暨"最美相城人"表彰大会到此结束，让我们明年再相聚！

合：朋友们，再见！

"光辉足迹"征文活动

颁奖仪式主持稿

各位首长、战友和各位作家、老师们:

大家上午好!由上海市作家协会指导,解放军特战72旅、黄浦区双拥办、黄浦区融媒体中心、上海市拥军优属基金会黄浦区工作委员会联合主办的"光辉足迹——好八连和他们的第二故乡"征文活动,经过征文活动组委会和各方的艰苦努力,征文组稿与评选工作已经圆满结束,今天在"南京路上好八连"所在部队举行颁奖仪式。

出席今天上午颁奖仪式的领导有:上海市作家协会创联室副主任、著名作家、诗人杨绣丽女士,以及活跃在当今文坛上的叶良骏、马上龙、童孟侯、朱全弟、詹东新、潘阿虎、曹剑龙、居平、陈思、唐吉慧等作家代表和黄浦区拥军优属基金会的会长、副会长,以及特战旅的部分官兵代表等。

"光辉足迹——好八连和他们的第二故乡"的征文活动,从去年八一开始筹划,到今天颁奖大会,历时一年多的时间,中间跨过了一个马拉松式的新冠病毒疫情期,征文组委会和作家们克服了各种难以想象的困难,实现今天的成果实在不易。

　　为了进一步宣传好新时代"好八连"和"好八连式"人民军队的精神风貌，努力扩大"拥军优属、固我长城"教育成效，征稿过程中我们得到了《解放日报》《新民晚报》《文汇报》《文学报》《上海纪实》《上海外滩》"上观新闻"、"澎湃"等媒体的大力支持，广泛刊登征文消息；经过数月的运作，至截稿时，驻区部队组织来稿110余篇；其他部队官兵与退役军人自发来稿60余篇；社会文学爱好者自发来稿150余篇；特约作家撰稿25篇。共计340余篇。组委会按照征文各项要求，从340余篇来稿中严格甄选出55篇优质稿件。这些稿件既写出了当代军队军人，尤其是以"南京路上好八连"精神为主体的军队军人的特点特色、精神风貌，又充分展示了黄浦区拥军优属工作敢于争先的风采，得到了专家评委的高度评价，为后续的结集出版和媒体发表奠定了很好的基础。我们借助上海市作协的力量，并委托上海市作家协会组成专家评审组，经过严格的初评、复评、终评，评选出11篇获奖作品，分别为一等奖1名、二等奖2名、三等奖3名、优秀奖5名。具体获奖名单会后通过主流媒体，面向全社会公布。

　　明年4月25日，正值"南京路上好八连"命名60周年纪念日，黄浦区"争创全国双拥模范城十连冠"活动也已启动，为此，我们趁热打铁，将这55篇优秀作家创作的文章，向国家出版总署申请专号，争取赶在"好八连命名60周年"纪念日之际出版发行。

　　借此机会，我代表主办方，对上海市作家协会、区融媒体中心和上海驰艺文化传媒有限公司对本次活动的大力支持表示由衷的感谢！

　　1.颁奖仪式正式开始，首先请特战72旅领导致辞。

　　2.感谢领导热情洋溢的致辞。活动进行第二项，请上海市作家协会散文报告文学专业委员会主任、《新民晚报》副总编，征文评审委员会副主任×××同志宣布本次征文获奖名单。

　　3.好，下面开始颁奖：请11位获奖者上台领奖，请主席台各位领导为获奖者颁奖。

　　4.这次征文评奖组委会要求，凡是特约作家和组委会成员的文章一律不参加评奖。整个过程本着公正公平公开的原则，评审过程中隐去作者及作者的所有信息，完全看文章质量。一个最巧的事情，就是获奖名单出来之后，得知一等奖获得者，竟然是"好八连"现任指导员。下面就请获得征文一等奖的作者、南京路上好八连现任指导员×××，发表获奖感言。

　　5.让我们再一次以热烈的掌声对获奖者表示祝贺！接下来请领导讲话。

　　6.最后请上海市作家协会党组书记、专职副主席×××同志讲话。

【电视专题片解说词】

【音乐起，欢快的，扬起数秒后压低，衬底】

浦江水滚滚向前，注入长江，奔向大海。一轮红日冉冉升起，普照大地。

面对新时期"拥军优属、拥政爱民"这项具有光荣传统和深远意义的伟大事业，虹口人发出了"伴随时代步伐，肩负历史使命"的时代强音。

【音乐扬起，坚定的，片头过后压低，衬底】【出片名】

奏响时代新乐章

——上海市虹口区双拥工作迈向新世纪

谈起双拥工作，虹口人有过辉煌的过去。看，1997年一个春暖花开的季节。一架银燕降落在上海虹桥机场。

上海市虹口区区长薛全荣，手捧"全国双拥模范城"的荣誉金匾，走下了舷梯，鲜花和人群迎接他们一行的归来。

虹口人已经是连续两次在北京人民大会堂那热烈的掌声中获得这崇高的荣誉了。

然而，虹口人没有陶醉在过去荣誉的光环里。

也许就在薛区长从领导手中接过金匾的那一瞬间，也许就在区长走下舷梯的那一刻，一个虹口区今后双拥工作新的宏伟构想，已经在这位虹口当家人的脑海里诞生。

　　（采访薛区长）："我区的双拥工作必须要有新思路、新起点，要跟上时代的节奏，要符合21世纪的要求。因此，我们所做的工作应该具备系统性、长远性和可持续性。同时，我们要把双拥工作当成党的工作、政府工作的重大组成部分，看成是事关全局的大事，并将这一思想贯彻于365天。"

　　围绕着"双拥工作面向21世纪"这一总体构想，一个在区政府倡导下的"365"工程，便在全区蓬蓬勃勃开了先河。

　　舆论为先，虹口的宣传部门甘当开路先锋，在全区营造了双拥活动浩大声势。报刊、广播、电视，立体宣传做好双拥工作的意义，充分调动人民群众参与双拥工作的积极性。

　　分布在全区各街道的15个双拥宣传画廊，随时向人们提供祖国各地的双拥工作动态和我区双拥工作情况。

　　矗立于全区各主要街头的99块双拥宣传标牌和高耸于新市北路、鲁迅公园的两座大型双拥牌楼，时时刻刻在告诉周围的人们：双拥，是每个人生活中的组成部分。

　　虹口人在实施这项"面向新世纪，抓好365的系统工程中时，为了确定做到深入人心落实到位，他们进一步规范化，建立健全了双拥工作领导小组，形成了一系列规范文件，全区一百多个领导小组中，均由一把手担任组长。为了及时地督促检查落实双拥工作，不到两年的时间里，区委、区政府召开四次专题会议、六次双拥工作领导小组会议，进一步总结经验，提出新的思路。为了集思广益，推广好的做法，虹口人还召开了双拥理论研讨会，与会者的精彩发言和论文将被编辑成《双拥工作研讨论文集》一书，下发全区。

　　双拥工作是潜在的战斗力，对于保卫国家、巩固国防，对于造就高素质的中国军人和提高在高科技条件下的作战能力、生存能力，赢得未来战争的胜利，具有举足轻重的作用。

　　于是，虹口人首先把眼光瞄准了部队的现代化建设，把智力拥军作为建设双拥"365"工程的重头戏。

　　根据邓小平和平时期建军思想，我军战略重点进行了转移，把学习高科技知识作为一项重要任务列入了部队的训练大纲。因此，军营处处涌现出了声势空前的学习高科技热潮。

　　为了给这股热潮呐喊助威，也为了让这股热潮持之以恒、学之有效，虹口人发挥了"教育大区"的优势，主动做好军人"求知"的后盾，开设了"拥军学校"。

　　两年来，虹口人把拥军学校作为"培养军地两用人才"的基地，举办各类培训班12期，培训学员642人次。去年夏季，他们得知驻区部队急需培训一批办公自动化人才，拥军学校立即开班。70名办公自动化的人才很快以优异的成绩奔向了各自的战斗岗位。为了扩大拥军学校的规模，扩大培训人才的容量，前不久，虹口人又投资20万元，创办了虹口区拥军学校江湾分校。第一批30名电工技能学员，经该校培训合格，已回军营上岗。拥军学校还在悄悄地改变一部分军人的命运，圆了一批又一批士兵的军校梦和"将军"梦。学校每年派出雄厚的师资力量，为驻军办好高考复习班。两年来，从拥军学校"毕业"出去的高考生，中榜率达98%，名列全军榜首。

　　由于世界的多极化、多元化发展，地球村的人才之争、高科技之争也愈演愈烈。

　　中国军队同样对人的因素提出了更高的要求。为了适应军队建设的需要，去年4月，海军上海基地在市双拥办的支持下，首创了"电视中等专业技术学校"。

　　为了让驻区部队官兵得到更多的科普知识，去年的8月13日，虹口区双拥科技教育中心四川北路街道分中心正式挂牌成立。

　　一支现代化的军队，最迫切需要的是人才和技术。因此，虹口人一改往年八一、元旦、春节走访慰问，送鸡送鸭送大米、痛痛快快吃一顿的传统做法，逐项逐步为部队解决指挥、办公自动化设备和文化设施。在建军70周年之际，虹口人共向驻区部队赠送了21台29英寸大彩电，以及VCD影碟机和空调机等，充实了部队教学训练设备和丰富了业余文化生活。去年春节，虹口区领导在走访慰问部队时，又为驻区部队赠送了28台586电脑，总价值约50万元。

　　通信对于部队战斗力具有举足轻重的作用，上海市邮电管理局无偿支援800余万元的通信设备给驻区部队，并负责安装、调试，直至开通，有力地帮助驻区所属部队提高指挥训练能力和办公自动化程度。

高素质的人才，并不是一夜春风所能呼唤出来的，培养人才靠的是润物细无声的长期作用。

于是，虹口区在开展智力拥军的工程中，多设了一只文化菜篮子，增开了一列"文化快餐车"。快餐车利用双休日深入军营码头，免费提供各类报纸杂志，给官兵们送去丰富的精神食粮。每逢驻区部队完成某项重大任务，或从外地军事训练后凯旋，虹口人都会组织一支短小精干的"文艺轻骑兵"，来到军营亲切慰问。考虑到军人节假日需要有个文化休闲地，虹口区文化局专门建起了"军人文化娱乐活动中心"。健康的歌曲舞蹈，陶冶了官兵们的情操。

在送戏到军营的同时，虹口人还注意培养官兵们自己演戏。这支"百名战士合唱团"，就是区文化局派著名指挥家精心教练出来的。如今这个"战士合唱团"已能唱百余首中外著名歌曲。

书，是知识来源。为了方便部队读书，虹口人为驻区的武警、海军和空军部队分别新建了一个双拥图书馆和五个双拥图书室。近万册图书送上舰艇，送上蓝天，送上海岛。虹口区图书馆还到空军某部建立了分馆。这个图书馆藏书六万余册，新书保有量两千多册。

去年八一期间，虹口区区长薛全荣来到空军某导弹旅三连慰问，他看到战士们生活条件艰苦，忍不住动容。他当即指示区政府拨款三万元，用于改善基层战士的文化生活。

读不懂书，就解不开科学之谜。为了加强部队的育才师资力量，两年来，虹口人共投入近一百万元，组织驻区学校的三百余名优秀教师，为官兵学习高科技知识举办讲座和辅导。

智力拥军是一种战略眼光，智力拥军需要了解部队官兵的需求。

那么当代军人期盼的是什么呢？这位海军少校军官告诉说：

【采访实况：

"有些实际问题，比如说，我们随军干部的家属就业、子女入学等问题，可能在这方面多少有点困难。"】

虹口区驻区部队较多，随着军人的流动，他们的子女也进出频繁。区委、区政府把优先送给军人，把服务送入军营。对他们的子女教育实行优惠、优待、优先的政策，对军人子女的转学、插班，教育部门和学校做到随到随收，不讲条件。对于从事高科技和空军飞行、海军潜水的军官子女，教育部门还给予特殊政策——直接进入本区最好的中、小学就读。

虹口区江湾、北郊、虹口等中学，选派优秀教师专门开设"军队子女班"，并实行跟踪教育。

虹口第三中心小学每年在招生中顶着众多报名者不能入学的压力，却对部队子女敞开方便之门。校领导十分重视对部队子女的培养。在素质教育中，琴、棋、书、画、舞，都有部队子女的身影。有的军队干部子女还被学校直接选送进市重点中学。

张曦，就是其中的一位。这位父母都忙于军务的孩子，在三中心小学这个温暖大家庭的精心呵护下，德、智、体全面发展，被直接选送进了上海外国语大学附中。

当然，军队子女中得此幸运的又何止张曦？仅虹口、北郊两所中学，两年来就安排了584名部队干部子女入学。为了让这些刚到上海的外地学生过好语言关、生活关、学习关，每个学校都安排富有经验的教师，对他们因势利导、因人施教。

今年盛夏，我国的长江、松花江流域发生洪灾，为了保卫人民的生命和财产，驻区不少部队纷纷向抗洪前线开拔。

就在这时候，一年一度的大中学校升学考试阶段开始了。当前线的将士们"誓与大堤共存亡"的时候，虹口区的各级领导向教育系统的教职员工发出号召："让军人轻装上阵，把孩子交给我们！"

于是，区双拥办、教育局组织了一批中招办的资深教师走进军营，为当年升学考试的军人子女提供咨询服务，对填写志愿有困难的军队子女，由区政府派人代办；还公布了招生和择业信息，给驻区部队一百多名应届毕业生铺了路、导了航。

孩子、妻子的安置，是稳定部队军心的大工程。

虹口区每年随调、随军的家属数量很大。在全区现有万余职工下岗待业、就业矛盾十分突出的压力面前，区政府仍然把军嫂就业问题放在心上，下发了《关于驻区部队随调、随军家属就业安置工作意见的通知》。两年中，全区指令性安置军嫂224名，向军嫂无待业的目标迈进了一大步。

对于军嫂的安置，虹口人不是简单地给她们一个饭碗，而是把她们培养成新时代的有用之才。为此，虹口人在全市首先创办了"军嫂安置培训基地"，每一批军嫂上岗之前，都有正规的培训。做到成熟一个上岗一个。去年八一前夕，区新港、江湾、广中、四川北、嘉兴等街道，为给建军节献厚礼，会同劳动局和学校，专门为军嫂开设了微机培训班，150名军嫂全部通过考试。

虹口人没把军嫂当包袱，而是重视培养、大胆重用。两年前，虹口图书馆接纳了一名军嫂，军嫂也把单位当成家，对于家庭的困难，她总是默默地自己承担。图书馆的领导得知这些情况后，一面提拔使用这样的好军嫂，一面动员馆内众姐妹，为军嫂的家庭困难分挑担子。

虹口第三中心小学的校领导对军嫂压担子，树典型。仅仅三年时间，进校工作的两名军嫂均成了学校的教学骨干，多次代表学校参加市、区的教学比武并获了奖，并担任了教研组长。

随着时代变革，军嫂的择业就业观念也在改变。为了满足军嫂对择业的更多需求，乍浦街道成立了"军嫂非正规就业基地""军嫂温馨之家"，设立了拥有20万元的"固长城基金"，帮军嫂释困解难。现在，街道均建立了军嫂职业技能培训学校和"军嫂就业指导站"；增设好军嫂专项奖励金，定期开展好军嫂评选活动，有力调动了军嫂量力择业、努力工作的积极性。

我国已进入老龄化时代，优抚的对象大多数都已步入耄耋之年。

为了让军烈属等优抚对象愉快地度过晚年,虹口人对烈属实行了"生活全包"。目前全区269户烈属,生活上百分之百全包。在双拥"365"的总体规划下,虹口区涌现出6条双拥文明街、5个双拥文明礼貌小区和12个双拥医院。双拥已在虹口区成为立体的全民活动。去年的建军节,市邮电管理局在四川北路邮电俱乐部举行了"歌颂咱们伟大的军队"的"庆八一歌会"。全国十佳人武干部之一的市邮电管理局党委书记陈素贤,带领由400名预备役军官、民兵干部组成的15支歌队登台表演,一阵阵高亢嘹亮的歌声,倾诉了一片片军民鱼水之情。

对军烈属的优抚工作,是双拥工作的重要组成部分。虹口区有5500户优抚对象。区双拥办自前年开始先后发出近万份《便民卡》,公布了服务热线电话,努力做到随时为优抚对象服务。嘉兴街道为方便优抚对象,开通了"拥军优属服务咨询热线电话"。

【实况:我们街道拥军优属咨询服务热线电话,24小时开通。热线电话开通以来,为军烈属在生活、住房、医疗等方面解决了一百多个问题,现在热线电话已经成为军烈属的生活之友。如今虹口区已形成了两级热线网络,接受过服务的对象已达六千多人次。】

物质是生活的基础,要为优抚对象抹去脸上的愁云,搬掉生活道路上的障碍,需要物质的保证。

去年,虹口区采取政府托底、社会募集、分解指标、分片包干等办法,筹措拥军优属基金300万元、拥军优属保障金392万元,均在1996年的基础上翻了一番。

这位残疾人画家叫孙建华,当他得知双拥基金还存有缺口的消息后,悄悄卖掉了自己珍藏的书画,为筹措拥军基金表达出一片真诚之心。

虹口区的欧阳街道为做好优抚工作投入了大量人力、物力和财力。他们创办了"优抚园",推出了"五承诺"和"五个助"活动。街道所有优抚对象都得到了"助医、助学、助养、助业、助困"的照顾。街道35位烈属每人都有一张医院就医免费医疗卡。为了方便全区优抚对象就医和提高健康水平，虹口人还创办了"优抚对象医疗保健服务中心"，20位困难军属得到社会包户，2名烈属子女受到助学包干。

虹口人的双拥工作在与时代潮流合拍的同时，着眼于创新。"故乡指导员"，就是虹口人一项独具匠心的拥军活动。"故乡指导员"活动是把每一位新兵家长对子女的叮咛嘱咐摄录下来，再由区派员前往部队慰问时，带给新战士。

为了不让军人第二次就业担忧，两年来，虹口区对转业、退伍军人和老干部的安置率达百分之百。

虹口人敞开博大的胸怀，把一颗真诚而热烈的心献给子弟兵，驻区部队子弟兵也不负所望，用百倍的努力来回报人民。

为了上海这颗"东方明珠"更加绚丽多彩，驻区部队指战员把自己融为驻地的一员，视驻地为故乡，积极参与当地的各项建设和大型活动。两年来，驻区官兵一万多人次，参与徐浦大桥、延安路高架、逸仙路高架和虹口体育馆改建等重点工作建设，投入了7万多个劳动日，为"第二故乡"的经济腾飞洒下了汗水。

在迎八运、迎香港回归大型团体操排练中，在浦江两岸万人大合唱和四川北路欢乐节、旅游节等文化活动里，驻区部队派出千余名官兵，迎着寒风，冒着酷日，连续奋战在排练场上。驻区海军某登陆舰大队在训练任务十分繁重的情况下，调配运力从广州把六辆广播电视转播车运到上海，保证了八运会的电视转播工作。

当虹口区轰轰烈烈开展"军人在我心中，我爱军人光荣"的活动时，驻区部队也进行了《关于驻区部队拥政爱民若干规定》的修订。一个"视人民为父母，把驻地当故乡"的活动，也在驻区各军营展开。

子弟兵在虹口区的精神文明建设中处处走在前列，先后派出5000余人次的官兵和医务人员及300多辆（艘）次车（船）参与社区的"讲文明、树新风"的活动。子弟兵伸出一双双温暖之手，对伤残无业人员和孤寡老人进行无私的援助。敬老院里，贫困户家中，也常常出现驻区官兵的身影。

军民共建精神文明活动，是新时期双拥工作的一个重要组成部分。两年来，虹口区新成立共建点共132个，共建共育活动有了较大突破，有95个共建对子被评为市先进。其中，乍浦街道与海军某部的共建活动还被中宣部和总政治部评为"军民共建共育先进单位"和"军民共建社会主义精神文明先进单位"。

两年中，驻区子弟兵在抢险救灾中救治群众109人，近500名官兵出动车辆200台次，帮助地方运送救灾物资。6000多名官兵参加了国防知识竞赛，选派优秀官兵1200人次帮助驻地训练预备役人员和中学生，还组织了200名中学生到军营过准军事生活。

只有了解军营、熟悉军营生活，才能进一步关心军营、热爱军营。区人武部两年来，先后三次组织区委、区政府等四套班子和一百多名处级以上干部走进军营，开展"军营一日"活动。

看，区长掂起了手中的炮弹，他感到的不仅仅是炮弹的重量，还有那个把100万颗虹口军民的心，紧紧地连接在一起的重任。

为了让祖国的这座钢铁长城在下个世纪更加坚不可摧，为了上海这座未来的"东方明珠"放射出更加鲜艳的光芒，虹口人做了充分的准备，虹口驻军的官兵们做了充分的准备。

那就是：军民携手迎着明天那轮新生的太阳，共同开创伟大祖国更加光辉灿烂的明天！

【电视专题片解说词】

　　一场离别的盛宴，泪花里饱含新生的期盼；

　　一次群体的迁徙，回眸时笑颜蕴集着深切的祝愿。

　　再见，曾经生长的地方，离别时没有肝肠寸断，有的只是一份欣喜与快慰，恰如世博的主题，生活就应该朝着美好的方向走！

【推出片名】

太阳下的迁徙

——上海市黄浦区世博搬迁录

　　一次世界的宣言，点燃了一个民族的激情。2010年世博会花落申城，一句"城市，让生活更美好"吸引了全球的瞩目！

　　首次以"城市"为主题，上海世博会园区坐落于黄浦江水区，夹缝卢浦、南浦大桥之间，浓缩了海派都市数百年的发展历程。于是，540公顷的土地上刮起了迁徙之风，新如浦东，中如卢湾，老如黄浦，犹如多米诺骨牌，相继划入动迁行列。

　　风乍起，吹皱了鳞次栉比的老城区，吹起了江南意韵的颠覆之风——城厢老矣，而心不老——作为世博动迁最后一个启动的区县，黄浦区坚持"依法动迁、阳光动迁、文明动迁"，阳光挥洒，演绎"放心工程"。

【字幕：让"阳光"一照到底】

一句承诺，支撑起黄浦区半淞园路与董家渡两个街道共八千余户居民的拆迁工作，可谓力压千斤。承诺的背后，是一系列施而有效的机制保障。

早在动迁工作启动之前，黄浦区专门成立动迁工作指挥部，由分管区长亲自挂帅，以"两参与、三一致、四同步、九公开"为抓手，许给居民一个公开化、透明化的动迁工程。

2005年8月2日，"拆迁公告"同步上墙，黄浦区世博园区居民拆迁工作正式拉开帷幕。

几乎是同一时间，一支精锐的动迁监督军团下达工作第一线，这批来自全区各领导层共计200名的选派干部经过较为系统的培训、参观、座谈，对拆迁精神早已驾轻就熟。

8月9日，指挥部邀请居民参与动迁房屋评估机构评估投票活动，居民投票率高达30%。在公证员的监督下，活动现场唱票，确保动迁工作"公开、公平、公正"从头做起。

由此，动迁宣传接连跟进，黄浦有线、《黄浦时报》等区内一线传媒纷纷锁定视线，力求让居民第一时间了解拆迁动态。于是，老城区热了起来，世博动迁宣传服务中心里，15 000多双足迹落地有声，带回的是更为清晰的动迁理念与精神：

看，为期两天的居民拆迁安置政策咨询会上，1500余人先后会聚于此，视觉与听觉的双重冲击，为参观者注入了动迁信心。

2005年9月15日，黄浦区动迁宣传再次加大马力，指挥部邀请上海世博会事务协调局副局长黄健之举行专题讲座，一幅世博图景将人们带到了2010年，时空的交叠，为居民增添了一点自豪、一点憧憬，于是，便有了一份"我为世博出份力"的使命感。

公正是不可逆的承诺，并非一时诳语！当居民有了期待，许下的诺言便如一把达摩克利斯之剑，高高地悬挂在了经办人员的头顶上。

于是第一次，动迁公司不再是居民利益的对立面，从赢利到服务的角色转换，为"不让先走的吃亏，不让老实人吃亏"加足了底气。

【采访公司经办人】

我做了这么多年动迁工作，公司公开向居民承诺还是第一次看到。秉持着一种信念，经办人员一次又一次地将红包拒之门外，又有多少回，始终微笑着的他们，对找上门的亲朋好友们严肃以待……他们将工作的信念珍藏在心灵最宝贵的地方，那种信念叫作"公开、公平、公正"！

于是，大街小巷里，你时常会看到一个又一个千里寻根的身影，或步行，或骑车，如"两清"的包青天，竭尽所能还居民以最可信的数据。

另有一种身影，即便不是冲锋陷阵的士兵，却依旧忙碌不减。钱书记利用参加市里会议间隙，深夜慰问动迁基地；冯书记一周总有三四回亲临基地监察指导；姜区长常常一下飞机就往基地跑；沈区长几乎将基地当成了半个家……

第一次，电视机里的人物频繁地出现在百姓的生活里；第一次，大家可以这么近地围着领导，说说心里贴己的话。

【采访居民】

因怀疑政策未必一竿子到底，错过一期奖期；后认清情况，在二期最后阶段签约。

动迁的天空下，永远没有落日！

【字幕：向守卫职业操守者致敬】

暮色之下的行色匆匆，脚下永远不是归家的路。这不是一个游子的故事，而是一群人奔波的生活。他们有家，却许久未曾吃上一顿团圆饭了。

动迁工作注定是一项模糊了时间概念的工作。一次又一次穿梭在弄堂里，看着各家灯火通明，他们的工作却仍在持续，有甚者，此刻更是忙碌的加剧。

上门送《告居民书》，上门做"两清"，数不清多少回被拒之门外，也记不得多少次被嗤之以鼻，可是这群执着的人啊，却从来不曾想到过放弃。

这是第几回了，沈炳生和王丽华坐在动迁基地里，热情地为居民做介绍，时间流逝的缝隙里，满是两人娴熟的专业解释。很快一个多小时过去了，可居民却表示不能立即签约，扬长而去。

【采访王丽华】

这是经常性的，有时一天扑在上面，还不一定成功签约。不断地重复劳动，动迁工作人员早已习以为常，这种失落他们看得很淡，倒上一杯降火的菊花茶，含上一粒润喉糖，一切从新开始。很多时候，就是这种坚持，化开了居民心头的疑团。

家住中山南一路的蔡老，是科研单位708所的退休职工，动迁始初就有抵触情绪，每天早出晚归，和动迁人员玩起了捉迷藏。依旧是一个不知道尽头的等待，经办人员就坐在蔡老门口的台阶上，等着老人的归来。为了提神，不得不抽烟解乏。时间缓慢地接近12点，老人的身影出现在了他的视线中。

【情景重现】

终于，一次又一次不知结果的等待有了一个圆满的结局，蔡老最终为工作人员的坚毅所动，在一期奖期内签了约。签约当天，老人家亲自送上锦旗，锦旗上写着"亲人般的关怀"。动迁是一项强调个体的工作，一个家庭一个问题，都需要投入极大的热情与思索；这又是一场群体性的拉锯战，目标一致，一户复一户，无数台阶成为脚下的过客，是对耐心与智慧的考验！而这一切，我们的工作人员都抱以真诚的微笑，因为无怨，所以无悔。

周昌平的胃病已经是痼疾了，每天只吃一顿饭，却依旧奔波在动迁第一线。有一次，一对母女引起了他的关注。妈妈是聋人，女儿患有忧郁症，一个无言的世界静静地等待着他。

【情景重现】

　　一遍又一遍，一次复一次，母女俩逐渐了解了动迁政策，一张笑脸同时慢慢地烙在了她们脑海里，那是阎昌平真诚而亲切的微笑。

　　当奉献成为一种信仰，当付出成为一种习惯，热情的种子，在动迁工作人员的心底逐渐燃烧，逐步延伸……

　　孩子要转学怎么办，找动迁工作人员；孤寡老人找不到暂居房怎么办，找动迁工作人员；家人都不在，搬家怎么办，还是找动迁工作人员！

　　工作人员不是三头六臂，却凭一己之热情，成为居民们的坚强后盾。难怪当市长视察时，一位老太太放声为居委干部请功；而院士夫人每每谈到动迁，总会按捺不住地称赞："这样的动迁公司，好！"

　　因为值得信赖，所以信赖！

　　还有一种取舍，是私利与公利的撞击。这时，我们在动迁工作人员的身上，看到的是一种"无畏"，无畏小我，无畏小家。陈秋分，董家渡街道益元居委的党支部书记，动迁工作人员的身份之外，自身亦是动迁居民。由于曾经受过动迁安置，按照世博动迁政策，此次动迁，五口之家中有三人不做安置人口，家中三十多平方米的晒台也被划出拆迁面积之外。面对这种两难的局面，她不是没有过挣扎，只是在思想的斗争中，她很快地找到了自己的位置，并积极做家人的思想工作，最终圆满签约。

　　是怎样的一种情怀支撑起这般释然，又是怎样的一种胸襟能够包容下一己之私利？他们将职业演绎成一种事业的追求，　应该向这种恪守职业操守者致敬！

【字幕：我家就在"浦江·世博家园"】

　　当张艺谋的《千里走单骑》火热上映时，为了全面了解动迁安置房源的情况，动迁户唐余发一路骑车，一路观景，上演了一出"千里看房记"。而当一片崭新的意大利地中海式生活住宅区映入眼帘时，原本的不安与忧虑片刻烟消云散了。

"浦江·世博家园"位于一城九镇中距离市中心最近的闵行区浦江镇，占地1.5平方公里，总建筑面积123万平方米，规划人口2.5万。从世博园区搭乘M8轨道交通线，不消20分钟，便可到达。

以美好城市生活为标榜，"浦江·世博家园"布局紧凑，单体建筑错落有致，"三横三纵"的立面设计，重塑上海典型的邻里氛围，颇具宁静和睦之风。

延续着意式风情的简洁、流畅，中心景观绿化带与潺潺流水，叠交于下沉式广场之上，恰如一种交汇，尽是一片婆娑媚影，绿意盎然。廊桥遗梦，凭栏俯首，一朵白玉兰盛开在水中，亲吻着一圈圈不经意间皱起的波纹，恬适地观望着人们在露天咖啡吧中的小憩，抑或亲水平台上孩童的嬉戏，和着风起风落，感受着光与影的默默温情。

醉了，醉倒在这一片生活美景里，醉倒在这体察入微的悉心呵护中……

于是，中外餐饮来了，各大超市来了，商业中心来了，南京路上的老字号也来了。"浦江·世博家园"借鉴现代城市居住模式，采用混合型功能布局，将商业娱乐、教育、医疗和居住区有机结合起来，彰显生活品质。

因为值得拥有，所以无惧考验。

2005年10月，董家渡和半淞园地区先后组织150车次、6000余名动迁居民实地参观安置房源，和风下，居民们扶老携幼，忙着量尺寸，忙着合影留念，融于情，融于景，好一派其乐融融，流连忘返。

一种态度决定生活方式，一种生活方式折射着一种城市文化。"浦江·世博家园"，作为人文、科学与自然的结晶，充分体现着设计改变生活、文化改变生活、居住改变生活的都市新理念，是"城市，让生活更美好"的理想印证。

【字幕：2010年，我们再相聚】

国家的政策，赋予人们动迁的信心；动迁人员的热情，让人们有了直面分别的勇气；"浦江·世博家园"，许大家一个属于"家"的舒适生活。于是，不经意间学会了放手，学会了离开熟悉的地方……

9月25日，黄浦区世博动迁居民预约选房正式开始。烈日下，比骄阳更灼热的是居民们的企足而待，近三百人组起的长龙，龙头处早在三天前便有人占了位置。

而一条"以人为本"的绿色通道，通向区内孤老和身体不便的居民，动迁面前人人平等，拥抱新家的权利属于每个人。

9月29日，董家渡地区居民拆迁安置正式签约第一天，二百多名居民又早早地排起了长队。时间分秒而过，队伍的缓缓蠕动，似乎让站立己久的居民们举步沉重，然而望着离自己越来越近的签约台，人们眼中的光芒越发明媚。

面对人潮如流，各动迁基地忙而不乱，精心制作的房源公示栏清晰明了：蓝色是预约登记，红色是签约已用，签约进程一目了然。

远离签约工作办公室，黄浦区内另有一处热闹不减，这便是黄浦区购房服务展馆，集新建商品房、二手房、房屋装修、银行贷款等咨询于一体，犹如一桌搬迁饕餮，解了动迁居民的馋，价格更是打了折。

10月15日，是分别的日子，却满怀喜庆，锣鼓声声划破天边的宁静，一种喜悦沿着南车站路、半淞园路、外马路及沪军营路沿线席卷而来，放眼望去，百来辆披红挂彩的搬场车排成一列，等待着新的启程。

这一天，黄浦区首批百户居民即将入住"浦江·世博家园"，区领导们纷纷到场，送上鲜花、彩电和慰问信的同时，送上了新生活的祝愿与祈祷。大家拥抱着，开怀畅笑着，现场浇开了喜悦的泪花。

【现场实况】

区委书记：你们要常常回来看看。
居民：一定，一定要回来的！
是的，我们还会回来，这一次的分别，是为了下次的相聚。

2010年，我们和世博有个约定，当世界因为上海而笑的时候，那份笑容中有我们的一份祝愿……我们依稀可以听到那不间断的熟悉的脚步声，迎着阳光的方向，冲刺，冲刺，我们在上海成长的速度中体味他们流下的汗水，我们骄傲地说：

2010年上海收获的掌声中，有一份是属于你们的……

几乎每一场大型活动、每一个书画艺术展览、每一部巨著小作的问世，都少不了领导或嘉宾的开场致辞、讲话与开篇作序或撰写前言。

《龙首点睛》一章，主要选自作者多年来为各类活动代拟的开场致辞与序言。

第二辑

龙首点睛

爱国是我们的心愿

——在新中国成立61周年黄浦区国庆升旗仪式上的致辞

女士们、先生们，朋友们、同志们：

　　大家早上好！今天我们在这里举行庄严的升国旗仪式，共襄世博盛举，同庆中华人民共和国61岁华诞。

　　黄浦是上海的窗口和名片，是上海国际大都市繁荣繁华、文明和谐的缩影，也是2010上海世博会主要展区之一。黄浦以它独特的地理位置和魅力，在我们党和国家的发展史上，留下了深深的印迹。黄浦是国歌《义勇军进行曲》第一次唱响的地方；是上海解放第一面红旗升起的地方，"南京路上好八连"　的精神在这里生根发芽并享誉全国。新中国让黄浦获得新生，　改革开放让黄浦焕发青春。一条生机勃勃的金融集聚带伴随着万人欢聚的新外滩，已经展现在世界面前。于是，生活在幸福中的黄浦人民齐声唱响"爱国是我们的心愿，爱国是我们的义务，爱国是我们的责任"。今天黄浦区除来自城市最佳实践区各展馆的代表、安保部队官兵代表和学生、居民代表等在这里开展升旗仪式外，在外滩、在人民广场、南京路和全区八十多个文明小区、文明单位也同时举行升旗仪式。

同志们，再过一个月，上海世博会就将精彩落幕。"行百里者半九十"，我们要始终以昂扬的斗志、饱满的精神，不松劲、不自满、不懈怠，向最后的胜利冲刺！同时，我们还要认真总结好世博运行中好的做法、好的经验，要把这些成功理念、优秀成果和好的精神风貌，运用到黄浦今后的各项工作中去，为黄浦未来的建设和发展发挥积极的作用。

祝我们伟大的祖国更加繁荣昌盛！祝各位女士、先生、朋友和黄浦人民幸福安康！

谢谢大家！

"红色爱心卡"发放仪式上的致辞

尊敬的各位领导、各位优抚人员，同志们：

大家上午好！

2022年是中国共产党召开二十大之年，也是中国人民解放军建军95周年。围绕这些党和军队的光荣盛事，围绕着"拥军优属、固我长城"这一拥军优属基金会的宗旨，我们将开展一系列富有成效的拥军优属活动项目，今天这个发放拥军优属"红色爱心卡"的仪式就是系列活动的序曲。

开展"红色爱心卡"发放活动，已经是第二年了。这是上海市拥军优属基金会黄浦区工作委员会与大别山革命老区共同联手制作的"红色爱心卡"。老一辈无产阶级革命家曾说过："我们的红色政权是人民用独轮车推出来的，是人民用小米把我们喂大的。"大别山革命老区的人民曾为中国革命的解放事业，做出过巨大的贡献。但受地理环境与诸多因素的影响，今天的大别山人民，还存在着一定的困难，离党中央"全民富裕"的目标还有一定的距离。作为发达与相对富裕地区的上海黄浦，理应力所能及地伸出援手，帮助革命老区的人民逐步走上富裕道路。为此，我们与安徽鑫旺农业开发有限公司联手，把大别山区的绿色农产品送到黄浦区的优抚人员家中。一方面表达我们对优抚人员的一片崇敬之心与敬意，同时也为大别山革命老区的人民尽了一份绵薄之力。

　　元旦刚过，新春将至，衷心祝福广大优抚人员，祝你们新年快乐，身体健康，家庭幸福，万事如意！

丹青墨韵颂党恩

2021年7月1日，是中国共产党成立100周年纪念日。

100年前，13位马克思主义在中国的开门弟子，代表着全国50余名共产党员，在上海黄浦望志路106号石库门里，召开了中国共产党第一次全国代表大会第一次会议。

从此表明，中国共产党从这里诞生；中国共产党人从这里出征；中国共产党历史从这里开始。13名党的一大代表，就像石库门里的13盏灯火，点燃了中国的希望和梦想。这13盏灯火只有毛泽东和董必武照亮到最后。她昭示着中国共产党是一部由苦难走向辉煌的历史，只有"不忘初心"，不断前进，才能走得更远！

为隆重庆祝中国共产党成立100周年，黄浦区退役军人事务局、上海市拥军优属基金会黄浦区工作委员会，围绕"知党情、颂党恩、赞伟业"为中心内容，以"丹青颂党恩"为主题，以书画艺术家的笔墨为载体，在黄浦文化艺术馆举办庆祝中国共产党成立100周年黄浦书画艺术展。这是一件十分有价值、有意义的事情。

艺术家们饱醮深情，以丹青表现对党的一片丹心，用铁画银钩和雄浑的墨韵艺术，来反映中国共产党走过的百年艰辛与辉煌！

本次书画艺术展得到了上海市书法家协会的热情关心与指导，得到了上海驰艺文化传媒有限公司和黄浦区文化馆的鼎力相助与支持，得到了来自军内外书画艺术家和爱好者们的热情参与。展出作品的作者中，有上将、少将、大校，有国家与地区的书协主席、副主席等知名艺术家，也有士兵与社区群众等书画艺术爱好者。参展种类则囊括真、草、隶、篆、行等各类艺术形式。艺术家们不吝时间笔墨，积极献墨参与。努力使本次书画展成为作品品质上乘、品种形式多样、内容内涵精深的艺术展会，其展出效果远远超出主办方的预期设想。

在此，本次书画艺术展组委会对本次庆祝建党100周年黄浦书画艺术展在筹备和展览过程中，给予热情支持和积极参与的书画艺术家及书画爱好者们，表示衷心的感谢！

百年征程波澜壮阔，百年初心历久弥坚。从上海石库门到嘉兴南湖，一艘小小红船承载着人民的重托、民族的希望。征途漫漫，唯有奋斗。站在"两个一百年"的历史交汇点上，全面建设社会主义现代化强国新征程已经开启，让我们从石库门前再一次出发。

丹青颂祖国

——在庆祝新中国成立70周年
南京路百米书法长卷创作活动仪式上的讲话

各位领导、各位来宾、各位书法艺术家：

　　大家上午好！在新中国70华诞即将到来之际，由黄浦区退役军人事务局、黄浦区拥军优属基金工作委员会、黄浦区书法家协会牵头，以书法艺术为载体，以百米书法长卷创作为形式，在这里隆重举行庆祝中华人民共和国成立70周年活动。中国书法艺术是中国优秀传统文化的门楣和标签。所以，我认为今天的这项活动，无论形式内容还是传播与传承中华优秀文化的方法，都是非常有价值、有意义的。

　　我想，在南京路上举办这样的庆祝活动，还有一个特定的意义。大家可以稍微转身看一下前面的永安大厦。这就是上海解放时第一面红旗升起的地方。应该说，南京路是一条"英雄路"。而且"南京路上好八连"的光荣称号，也诞生在这里。

　　然而，70年前的南京路，所谓的"十里洋场"，那是帝国主义列强和资本家们的乐园。今天的南京路是我们人民的路。既是商业街，也是文化街，更是一条文明街。她的繁荣是人民的繁荣、祖国的繁荣。它既是黄浦的骄傲，也是上海的骄傲。

两天前，正逢南京路步行街开街20周年，我们刚在这里举行了纪念活动。今天，我们又在这里用书法艺术这种中华优秀传统文化的形式，来庆祝新中国生日，这既体现了庆祝活动的文化内涵，又体现出祖国的文化自信，更是把黄浦区庆祝新中国成立70周年的各项活动推向了一个新的高潮。

本次活动得到了上海市文联、上海市书法家协会的精心指导和大力支持，在此，我代表黄浦区双拥工作领导小组和活动主办方，表示衷心的感谢！

预祝各位书法艺术家的百米书法长卷创作圆满成功！并在国庆到来之际，预祝在座的所有同志和小朋友们，节日快乐，万事顺利！

谢谢大家！

国歌嘹亮

——在黄浦区迎国庆群众文艺会演活动仪式上的致辞

各位领导，女士们、先生们、同志们：

　　上午好！今年是新中国成立60周年。再过三天，我们将迎来上海解放60周年纪念日。

　　上海是中国共产党的诞生地，是《中华人民共和国国歌》（《义勇军进行曲》）的诞生地，黄浦更是与《国歌》有着很深的渊源。1935年5月24日，电影《风云儿女》在黄浦金城大戏院（今黄浦剧场）首映，由田汉、聂耳作词作曲的《义勇军进行曲》作为影片的主题歌第一次从这里唱响，并迅速传唱中华大地，为唤醒民众团结抗战，打败日本侵略者，建立和建设新中国，起到了不可替代的作用。南京路又是上海解放时第一面红旗升起的地方。

　　正是有了这个光荣的历史背景，今天，上海市"咏六十华章·颂浦江精彩——纪念上海解放60周年展演周开幕活动"在南京路世纪广场举行。同时，"国歌嘹亮——黄浦区迎国庆群众文艺会演"也在同一时间启动！

　　为了庆祝和纪念新中国成立60周年与上海解放60周年，黄浦区在今年广泛开展"缅怀革命先烈大型诗歌朗诵会"、"国歌嘹亮——迎国庆群众文艺会演"、"祖国,我为您骄傲"征文,举办各种文化展览、报告会、群众性宣讲等一系列活动,其中,群众文艺会演活动将在世纪广场每月举办一场。我们开展这些活动,就是为了热烈庆祝中华人民共和国成立60周年,就是为了隆重纪念60年前上海获得新生,就是为了大力唱响"共产党好、社会主义好、改革开放好、伟大祖国好、各族人民好"的时代主旋律。

我们要通过开展这一系列庆祝活动,引导干部群众深刻认识历史和人民是怎样选择了马克思列宁主义、选择了中国共产党、选择了社会主义道路、选择了改革开放,深刻理解只有共产党才能领导中国,只有社会主义才能救中国,只有改革开放才能发展中国、发展社会主义、发展马克思主义,不断增强对中国共产党领导、社会主义制度、改革开放事业、全面建设小康社会目标的信念和信心。我们要用科学发展的态度,以改革创新精神,把群众性爱国主义教育活动引向深入,推向高潮。

预祝"咏六十华章·颂浦江精彩"和"国歌嘹亮"活动精彩、成功;祝伟大祖国蒸蒸日上,繁荣昌盛;祝上海和黄浦更好更快发展,人民更加幸福!

谢谢!

进校园

——在"军旅书法家作品进校园"活动上的致辞

尊敬的诸位将军、军旅书法家，在座的各位领导，各位老师、同学们：

大家上午好！黄浦区教育基金会和上海市拥军优属基金会黄浦区工作委员会今天上午在这里举办"军旅书法家进校园" 活动。这是一件很有意义的事情。我稍微归纳了一下，"军旅书法家进校园"这项活动，其意义最少有三：

一是通过军旅书法家在校园书法艺术的交流，把中华民族的优秀传统文化带进校园，传授给祖国的下一代，让祖国的优秀传统文化发扬光大；

二是把军旅书法家的铁画银钩、浩然正气的书法作品带进校园，同时也把我党我军的光荣传统带进了校园，植根于新苗，让下一代茁壮成长；

三是通过笔墨传情，进一步增进加深了军政军民团结，让下一代接过我们这代人手中的接力棒，把我党我军"拥军优属、拥政爱民"的光辉旗帜，一代接一代地传承下去。

凡事开头容易坚持难。在党和国家越来越重视传统文化与下一代培养教育的背景下，黄浦区教育基金会和上海市拥军优属基金会黄浦区工作委员会，作为这项活动的"红娘"与桥梁，应该把这项活动作为一项常规坚持下去，让这项活动成为盛开在校园中"扬正气、长知识、立大志"的一朵鲜艳的奇葩！

预祝活动圆满成功！谢谢大家！

千联迎世博　万户颂中华

——在"黄浦千联迎世博　西门万户颂中华"活动上的致辞

各位领导，女士们、先生们、同志们：

大家下午好！

再过几天就是中华民族的传统节日虎年的春节了。今天，我们在这里举办"黄浦千联迎世博　西门万户颂中华"活动，用征对春联的传统文化形式，来喜迎新春、喜迎世博，我认为这是一件很有意义的事。用传统的中华优秀文化，用区域的优秀文化特色，以节日为载体，来为世博服务，来为区域经济发展服务，来推介和塑造地区形象，这十分符合我们开展"以节载道"活动精神的。

我想，中华民族因有"孔圣人"而更加夺目，黄浦则因有西门和孔庙而更丰富了这片土地的文化内涵。我记得，在文庙开展"征春联、写春联、送春联"到今年的"征对春联"活动，已经连续开展五年了，活动的形式一年比一年有发展、有进步，这是令人可喜的。再过82天就是世博的开幕式了，让我们一起来为黄浦的宣传思想文化建设，为黄浦的精神文明发展进步，为世博的成功精彩难忘，贡献我们黄浦人的每一份力量！同时，也让我们在享受世博的成果中快乐！在新春佳节即将来临之际，借此机会，我在这里给大家拜个早年，祝大家阖家欢乐，新春幸福，虎年吉祥！

让五星红旗永远飘扬

——在庆祝新中国成立60周年
黄浦区国庆升旗仪式上的致辞

同志们：

今天是新中国成立60周年纪念日，我们在这里举行庄严的升国旗仪式，庆祝新中国60华诞。

黄浦是上海的心脏、窗口和名片，是上海国际大都市繁荣繁华、文明和谐的缩影。在我们党和国家的发展史上，黄浦留下了深深的足迹。黄浦剧场是国歌《义勇军进行曲》第一次唱响的地方；南京路是上海解放第一面红旗升起的地方，也是震惊中外的五卅惨案发生地；此外，黄浦还有中央政治局机关旧址、豫园点春堂等一大批爱国主义教育的鲜活教材。近年来，我们充分发挥爱国主义教育资源丰富的优势，依托传统节日和革命纪念日广泛开展"以节载道"仪式化爱国主义教育活动，在全区唱响"爱国是我们的心愿，爱国是我们的义务，爱国是我们的责任"。每年国庆节，"千家万户插国旗、主街要道挂国旗、小区居委升国旗"成为街头巷尾亮丽的风景线。今年，为庆祝新中国成立60周年和上海解放60周年，我们广泛开展了缅怀革命先烈大型诗歌朗诵会、"祖国，我为您骄傲"征文活动、"国歌嘹亮"迎国庆群众文艺会演，在共和国同龄人中海选国旗升旗手，举办文化展览、报告会、群众性宣讲等系列活动，在全区大力弘扬"共产党好、社会主义好、改革开放好、伟大祖国好、各族人民好"的时代主旋律。

今年，我们在前两年从青少年、青年白领中海选升旗手的基础上，首次在共和国同龄人中选拔升旗手。他们与新中国一同成长，见证了祖国发展、强大的历程，请他们参与国庆升旗活动，体现了我们对伟大祖国蒸蒸日上的祝福和期盼。今天，在主会场的升旗仪式外，全区八十多个文明小区、文明单位也同时举行升旗仪式。此外，我区庆祝新中国成立60周年"国歌嘹亮"群众文艺演出青少年专场，也将在世纪广场举行；我区庆祝中华人民共和国成立60周年大型游园活动、外滩历史纪念馆修复开馆活动也将举行。我们要通过这一系列庆祝活动，进一步激发干部群众的爱国主义热情，不断增强对中国共产党领导、中国特色社会主义伟大事业、全面建设小康社会目标的信念和信心。让我们以科学发展观为统领，以改革创新的精神，把群众性爱国主义教育活动引向深入、推向高潮。

预祝黄浦区庆祝新中国成立60周年系列活动精彩、成功，祝我们伟大的祖国繁荣昌盛、人民幸福安康！

再过一个月，上海世博会就将精彩落幕。"行百里者半九十"，我们要始终以昂扬的斗志、饱满的精神，不松劲、不自满、不懈怠，向最后的胜利冲刺！同时，我们还要认真总结好世博运行中好的做法好的经验，要把这些好做法好经验好的精神风貌，运用到黄浦今后的各项建设中去，为黄浦未来的建设和发展发挥积极的作用。

铁画银钩写长城

——在"丹青颂军魂——黄浦区纪念建军90周年书画艺术展"上的讲话

同志们：

今年的8月1日，是中国人民解放军建军90周年的日子。

猎猎军旗，红自南昌，忠诚之旅，党指挥枪。这支由毛泽东等老一辈无产阶级革命家创建、为新中国的建立抛头洒热血的英雄之师、文明之师，已经走过了90年的光辉岁月。90年来，这支英雄的部队胸怀祖国，肩扛人民赋予的神圣使命，一路风雨兼程，屡克强敌，用鲜血和忠诚书写了艰苦卓绝的光荣历史。

黄浦区是中国共产党的诞生地，也有着拥军优属、拥政爱民的光荣传统。在黄浦这片热土上，先后成长铸就了"南京路上好八连""霓虹灯下新一代""模范消防中队"等三个英模连队。这是黄浦区的光荣，也是黄浦区必须做好拥军工作、爱护好人民军队的使命所在。

为大力颂扬中国人民解放军90年来听党指挥、服务人民、英勇善战的光辉历史，进一步增强和提升黄浦区广大人民群众爱国拥军的意识，中共黄浦区委、黄浦区人民政府和黄浦区双拥领导小组，以"丹青颂军魂"为主题，在"八一"前夕举办纪念中国人民解放军建军90周年黄浦书画艺术展，用书画艺术家们的作品，来讴歌我军90年的丰功伟绩和光辉历程。艺术家们饱蘸深情，以丹青表现丹心，用铁画银钩雄浑的书画艺术，来敬颂亿万人民群众心中的钢铁长城，来歌颂文明之师和英勇无畏的人民解放军军魂。我认为，这是黄浦人民珍爱军队、拥护长城的一种形象展示，更是黄浦区文化拥军的一次具体体现。

本次书画艺术展得到了上海市拥军优属基金会、上海市书法家协会、上海市美术家协会和上海市文史馆、夏征农民族文化教育发展基金会等单位的大力支持和关心指导。得到了来自军内外、国内外知名书画艺术家们的热情献墨和广大社区居民书画爱好者们的积极参与。在此，我代表黄浦区委区政府和区双拥领导小组，向热情支持和积极参与本次纪念建军90周年黄浦书画艺术展的书画艺术家及书画爱好者们，表示衷心的感谢！

九十载光荣岁月，金戈铁马，披荆斩棘，一心为民族解放和复兴。今日，钢铁卫士，坚守和平，护我13亿百姓安康。让我们倍加珍惜军地友谊，倍加珍惜军民团结，坚持走军民融合式发展之路，谱写新的军民融合鱼水情深的新篇章！

迎新春 颂和谐

——在2007年黄浦区百名书法家 写春联迎新春活动上的致辞

各位来宾，同志们、朋友们：

大家上午好！日月开新元，天地又一春。值此2007年新春佳节即将来临之际，由新民晚报社、中共黄浦区委宣传部、黄浦区教育局、黄浦区文化局等单位主办的"迎新春 颂和谐"百名书法家、书法爱好者书写春联活动在上海文庙拉开了序幕。

作为"以节载道"仪式化教育系列活动之一，本次百名书法家、书法爱好者书写春联活动，以党的十六届六中全会、市委八届十次全会和区第三次党代会精神为指导，贯彻落实中宣部等五部门联合发出的《关于运用传统节日弘扬民族文化的优秀传统的意见》，旨在通过创新节庆活动方式，提升节日文化内涵，弘扬和培育以爱国主义为核心的民族精神，树立以"八荣八耻"为主要内容的社会主义荣辱观，大力推进和谐文化建设。

本次活动得到了市委宣传部、新民晚报社和中共黄浦区委的大力支持，也得到了社会各界的热烈响应。自1月22日主办方在《新民晚报》等媒体刊登春联征集启事后，收到来自全国各地3500余副春联，应征者中有耄耋老人，也有六龄幼童，还有来自海外的华人华侨。今天，100位书法家和书法爱好者在这里共同书写征集的优秀春联，体现了中华民族传统文化的传承与弘扬。我们还将书写的300余副春联赠送劳动模范、烈军属、老干部、十佳青年志愿者和外国朋友等，让和谐春风吹进千家万户。

"千门万户瞳瞳日，总把新桃换旧符。"在中华民族最隆重的传统节日举办征集春联、写春联和送春联活动，对于弘扬传统文化、提升节日的文化内涵具有十分重要的意义。在此，我谨代表主办单位衷心感谢大家对活动的大力支持，预祝各位身体健康、事业精进、阖家欢乐！谢谢大家！

清流指处柳成溪

　　30年前的那个冬天，中国共产党人毅然决然地做出了"不改革就没有出路"的历史性抉择。从此，中国的改革开放事业在探索中前进，在前进中探索。

　　追昔抚今，30年大跨越、大变革、大发展，中国共产党人坚持中国特色社会主义道路，坚持社会主义市场经济的改革方向，使中国的经济实力、综合国力、人民生活水平都跃上了新台阶。

　　上海，这里不仅人杰地灵，这里更是中国的南风窗，是中国改革开放的前沿，也是较早听闻春天的哨笛、较早沐浴改革开放春风的热土。而黄浦，乃是这个前沿的核心区域。它的心脉每一次跳动，都连着1800多万颗沪人的心，连着中南海、连着世界的目光。

　　回眸这30年的大跨越、大变革、大发展，黄浦在上海这座国际化大都市的建设中，扮演着重要角色。30年来，黄浦的进步和发展，在中国960万平方公里的版图上，也是可圈可点的。

　　30年沧桑巨变，30年风雨兼程。为纪念改革开放30周年，黄浦区以"风雨改革路，辉煌三十年"为主题，开展了包括社会征文在内的一系列纪念活动。这册《心声与足迹》就是我们从全区各个领域、各条战线、各个社区数百篇自发来稿中，撷取出的一朵朵小花。它们像从历史的彩霞中飞来的一行行大雁，它们像芳香扑鼻的一株株山谷幽兰，它们是黄浦百姓炽热的心声和清晰的足迹。这些自发向我们捧来的心声和呈现的足迹，没有粉饰和凿痕，它们真实、热情而滚烫。我们可以从这些朴实无华的字里行间中，读出那一张张丰收的笑脸；读出改革开放这股清流之下所涌出的涓涓琼浆和累累硕果；也可处处体验到黄浦人思想意识的大开放；看到社会主义市场经济体制初步建立和不断完善中黄浦社会生产力前所未有的大解放、经济的大发展、社会各项事业的大进步、城市面貌的大变化；还可以真实地感受到人民群众生活环境和生活质量的大改观……

　　我们可以从这些来自社会，来自群众，不加粉饰，没有凿痕的字里行间中，感受到黄浦，感受到上海，感受到祖国大江南北30年改革春风的吹拂和清流的浸润，感受到中国改革开放这棵生命之树的葳蕤生机。

在你的心灵与世博间架起一道彩虹

——写在"我的世博我的家园"征文集面世之际

当2010上海世博盛会华彩谢幕之际，我们把"我的世博我的家园"征文集，捧到了广大读者面前。

这既是献给"成功、精彩、难忘"的上海世博会胜利闭幕的掌声，也是给热爱世博、参与世博、奉献世博的人们，在心灵上留下一道永不褪去的彩虹。

在上海世博年里，作为炎黄子孙的你，作为生活和工作在举办世博会的这座城市里的你，能不为这块炽热的土地所产生的巨大能量和所散发出的魅力，而感动而自豪吗？你我是不是有许多心里话和有关亲历世博的故事要讲……

于是，为了庆祝上海世博会的成功举办，也为了给每个人搭建一个表达心声的平台，我们举办了"我的世博我的家园"征文活动，并在1000余篇来稿中遴选出70篇优秀作品汇编成册奉献给大家。

一切起源于世博，世博包容万物，世博给人类带来了福音。本着这一观点，我们认为世博会，既是你我的生活家园，又是你我的心灵家园。它展示"城市，让生活更美好"的主题，又将把地球家园浓缩成在世博园区内给我们带来更多切身感受。在迎世博、办世博的过程中，我们的精神家园也体现了很多生活更美好的美丽片段。因此，我们的初衷就是希望通过征文，展现在"服务世博、体味世博、享受世博"过程中心灵与行动的精彩瞬间；同时讴歌赞美与身边那些服务世博、奉献世博的一个个人物风采，以反映出"我的世博我的家园"的美好主题。

因为我们的活动宗旨是贴合大众意愿的，于是，当征文启事发出之后，很快得到了四面八方的呼应。特别是世博开幕以后，应征稿件纷纷飞来，园内园外、区内区外、市内市外、大陆宝岛，四十多个省市和地区，地宽域广；作者中有解放军军乐团的团长、国旗班的班长、世博局的新闻高级主官，有世博安保官兵、公安干警、园区选派干部、园内园外的志愿者，有学校的教职员工和学生、流连忘返的观博游客，还有众多的机关干部和街道里弄的普通居民……

我们从这些个人、家庭所经历世博的感想、感受和故事中，从人们在上海世博会筹办与举办期间，如何建设世博、服务世博、奉献世博、共享世博的点点滴滴中，从一篇篇主题鲜明、积极向上、内容新颖、形象生动、意象深邃、具有浓郁时代气息的作品中，感到了莫大的欣慰。我们觉得，这不仅仅是我们在上海世博会期间，开展了一次征文，编集了一个册子，留下了一些文字，还在你我的心灵与世博之间，修成了一座桥，一座能经历时间打磨的彩虹桥。

184天的上海世博会会期，是会定格在历史的时间表上的。但上海世博会所留下的精神和科学理念，将会无限伸展，走进千家万户的生活，走进千万人的心中。

我们坚信，烙在你我心中的上海世博，将永不落幕！

为祖国母亲讴歌

今年，是中华人民共和国成立60周年。为了庆祝新中国60华诞，黄浦区各部门、社区组织开展了形式多样的庆祝活动，体现了黄浦作为上海开埠地和行政文化中心的光荣爱国传统，展示了广大干部群众深厚的爱国热情。这本征文选编就是我区"豫园杯"《祖国，我为你骄傲》黄浦区庆祝中华人民共和国成立60周年征文活动的一个成果，也是全区人民献给新中国60华诞的一份礼物。

黄浦，是上海城市发展的窗口和名片，承载着海派文化和都市风情的丰富内涵，是体现上海国际大都市繁荣繁华的中心城区，长期发挥着上海城市功能的核心作用。在中国共产党和中华人民共和国的发展史上，黄浦留下了深深的足迹。近年来，我区充分发挥黄浦爱国主义资源丰富的优势，依托传统节日和革命纪念日，广泛开展的"以节载道"仪式化爱国主义教育活动，在全区干部群众中唱响了"爱国是我们的心愿""爱国是我们的义务""爱国是我们的责任"的旋律。每年国庆节，"千家万户插国旗、主要街道挂国旗、小区居委升国旗"，已成为黄浦区街头巷尾引人注目的景观。

今年以来，为了庆祝新中国成立60周年和上海解放60周年，我区广泛开展了缅怀革命先烈大型诗歌朗诵会、"祖国，我为你骄傲"征文活动、"国歌嘹亮——迎国庆群众文艺会演"、在共和国同龄人中海选国旗升旗手，举办多场文化展览、报告会、群众性宣讲等系列活动，在全区大力唱响"共产党好、社会主义好、改革开放好、伟大祖国好、各族人民好"的时代主旋律。

今年4月，区委宣传部、豫园集团有限公司联合举办的"豫园杯"《祖国，我为你骄傲》黄浦区庆祝中华人民共和国成立60周年征文活动，用朴素、真挚的感情表达对新中国60华诞的庆贺。征文启事经《黄浦时报》、上海黄浦门户网站等媒体发出之后，引起了社会各界的广泛关注，区内外乃至全国各地的稿件纷至沓来。作者涵盖教师、职员、军人、老干部，年龄跨度从80后到共和国的同龄人。浙江、山东、湖南、湖北、江西等外省市作者也踊跃参加征文活动。有的还由当地作家协会组织集体参赛。入选这本集子的，是参加活动的优秀征文。60篇稿件，象征着新中国的60华诞。一篇篇文章虽然角度不同、内容各异，但都结合作者和身边人的成长、发展经历，以真挚的感情抒发对祖国母亲的热爱，用朴素的语言讴歌祖国发展给我们生活带来的巨大变化，表达了作者浓浓的爱国情、深深的民族自豪感和对未来美好生活的信心。

我们期望，在读者翻阅这本集子的时候，不仅仅看到人民生活的蒸蒸日上，也会感受到祖国日益成长强大的足迹；不仅仅体会到发展的信心和力量，更加坚定我们建设美好祖国和家园的信念，为我们踏上新的征程、创造新的成就积蓄力量、奋力前行。

舞台天地大，脚本是台魂。没有一个好的脚本或主持词，任何一台戏或节目要想获得成功，都是不可能的。

《舞台铸魂》一章汇集了作者将近三十年来为大小单位文艺演出时创作的全场本与主持词。

第三辑 舞台铸魂

从石库门再出发

——上海市市级机关行业协会庆祝新中国成立70周年文艺会演暨音乐党课

全场本

开课前，大屏幕及台前两侧或前厅电子屏标语——
行业协会跟党走
石库门前再出发

【倒计时，全场闭灯，诵读者上场站位就绪，开幕铃毕，启幕】
【视频导入《共产党宣言》】

【全场保持肃静。屏幕上显现出英文、德文、法文、俄文、中文、意大利文等不同文本的《共产党宣言》。来自全市38家行业协会中的先进集体和个人代表在台上集体诵读《共产党宣言》（片段）】

1.朗诵：《共产党宣言》

一个幽灵，共产主义的幽灵，在欧洲游荡。为了对这个幽灵进行神圣的围剿，旧欧洲的一切势力，教皇和沙皇、梅特涅和基佐、法国的激进派和德国的警察，都联合起来了。

资产阶级撕下了罩在家庭关系上的温情脉脉的面纱，把这种关系变成了纯粹的金钱关系。资产阶级揭示了，在中世纪深受反动派称许的那种人力的野蛮使用，是以极端怠惰作为相应补充的。它第一个证明了，人的活动能够取得什么样的成就。它创造了完全不同于埃及金字塔、罗马水道和哥特式教堂的奇迹；它完成了完全不同于民族大迁徙和十字军征讨的远征。

从这一事实中可以得出两个结论：共产主义已经被欧洲的一切势力公认为一种势力；现在是共产党人向全世界公开说明自己的观点、自己的目的、自己的意图并且拿党自己的宣言来反驳关于共产主义幽灵的神话的时候了……（随诵读显现字幕）

【朗诵完毕，诵读者继续留在舞台做舞台背景并参加《国际歌》合唱】

【讲述者上场（开始讲述，背景音乐《红旗颂》），音乐由强渐弱】

同志们、朋友们：我们知道，今天的中国共产党是已经拥有9500万党员的世界第一大党，是世界最坚强的政党，是当代世界最牛的创业团队……这些赞誉，属于今天的中国共产党！现在，让我们追溯到98年前1921年的夏天。上海望志路106号（今天的兴业路76号）一幢石库门里，门窗紧闭，13位年轻人聚集到了一起，他们代表着全国50余名共产党员。他们或高声谈论，或认真聆听，或频频点头记录，神态凝重，眼神里透着对光明的向往与坚定。

他们是马克思主义在中国的开门弟子，曾是最进步的青年，由于种种原因最终却走上了不同的道路。有的人将革命进行到底，如毛泽东。有的人为党牺牲了自己的生命，如何叔衡。有的人选择退党叛国，走上了汉奸之路，如周佛海。这13个人中，王尽美、邓恩铭、何叔衡、陈潭秋先后牺牲；陈公博、李达、李汉俊、周佛海、包惠僧先后脱党；刘仁静、张国焘被党开除。其中陈公博、周佛海当了大汉奸，抗战胜利后被判死刑。

　　这13名党的一大代表，曾经就像石库门的13盏灯火，他们点燃了中国的希望和梦想。而这13盏灯火中能照亮到最后的，却只有毛泽东和董必武。这种结局的根源何在——"不忘初心，牢记初心，坚守初心"！

　　诚然，中国共产党光辉历史的背后，也是一部苦难史。这部苦难史，却足以令所有妄想与之为战的敌人心生胆寒……

　　【讲述过程视频画面：党的一大会址，南湖红船，电影《开天辟地》《建党大业》等画面做背景】

　　【讲述接近尾声，20名歌手从两侧依次慢慢向舞台中心聚拢，挽起手，与前期《共产党宣言》诵读者一同】

　　【大屏幕字幕：从石库门再出发——上海市市级机关行业协会音乐党课】

2. 合唱《国际歌》第一段（全场一起跟着唱）
3. 双人舞《花儿朵朵报春来》

　　【视频导入电影《刑场上的婚礼》】

　　【画面背景《刑场上的婚礼》及恽雨堂和李文刑场英勇就义、四一二反革命政变中汪寿华、陈延年、赵世炎等英勇牺牲的图片资料】

　　【讲述者出场】

　　中国共产党是在凄风苦雨中成立的，也是在优胜劣汰中走来的，更是在血雨腥风的血泊中站起来的！1921年建党时，当时中国社会有二百多个政治党派，中共只是其中一个。每天成立的组织和解散的组织数量几乎等同。就连当时发起成立这个党的一些人，也没能想到，28年后共产党能夺取全国政权。

　　然而，就在这支火炬熊熊燃烧的时候，1927年4月12日蒋介石发动了反革命政变，大量屠杀我共产党员和革命志士，在事变的三天中，上海共产党员和革命群众被杀者300多人，被捕者500多人，失踪者5000多人。优秀共产党员汪寿华、陈延年、赵世炎等英勇牺牲……

　　就在敌人一心要将共产党人赶尽杀绝的白色恐怖之下，正如画面中的陈铁军、周文雍，这对年轻的共产党人视死如归，携手走向刑场举行婚礼，把敌人射向他们胸膛的子弹与枪声，作为他们婚礼的礼物和礼炮声……

　　【视频导入影视片《南昌起义》《秋收起义》《广州起义》等画面】

　　【讲述者出场】看着自己的同志一个个倒在血泊中，以毛泽东等为代表的共产党人，悟出了一个真理，"枪杆子里面出政权"，由此成为指导中国革命几十年的响亮口号！于是，自南昌起义向反动派打响第一枪之后，秋收起义、广州起义、平江起义、百色起义，等等，在我党领导下的武装暴动相继在全国多地展开。

　　然而，照搬俄国式的城市武装暴动革命，使得我们党领导的几次大的起义均以失败而告终。

　　【用画面转述，播放井冈山会师、三湾改编、龙源口大捷等影视资料】

　　【讲述者出场】

　　1927年9月，秋收起义部队在攻打长沙受挫后，毛泽东决定带领这支部队挺进井冈山。紧接着，朱德率南昌起义失败后的约两千正规军及湘南起义农军约一万人上井冈山与毛泽东的部队会师。9月29日至10月3日，毛泽东在江西永新县三湾村，领导了举世闻名的"三湾改编"。以"支部建在连上""官兵平等"等一整套崭新的治军方略，从政治上、组织上保证了党对军队的绝对领导，是我党建设新型人民军队最早的一次成功探索与实践，标志着毛泽东建设人民军队思想的开始形成，并在井冈山取得诸如"龙源口大捷"等战斗的不断胜利。于是，毛泽东在给党中央关于《井冈山的斗争》一文中，创造性地总结和提出"工农武装割据，农村包围城市"的思想，不搞洋马克思主义，必须结合中国国情，走自己"武装夺取政权"的道路。这也是最早为中国找到的一条经济的、政治的、军事的完全独立的具有中国特色的革命道路。

与此同时，针对党内一部分人提出"红旗到底能打多久" 的悲观论调，毛泽东写下"星星之火，可以燎原"的著名论断，再一次提振了共产党人的精神……

【视频导入三湾改编纪念馆、枫树坪、三湾乡全国最大的一面党旗、龙源口大捷、《井冈山的斗争》封面、《星星之火可以燎原》封面和毛泽东"星星之火可以燎原"八个字的手书、毛泽东《西江月·井冈山》：山下旌旗在望，山头鼓角相闻。敌军围困万千重，我自岿然不动。早已森严壁垒，更加众志成城。黄洋界上炮声隆，报道敌军宵遁。（上滚字幕）】

4．女声独唱《十送红军》

【讲述者出场】

由于王明等极"左"冒险机会主义路线和蒋介石军事、政治战略的改变等原因，第五次反"围剿"宣告失败，中央红军损失惨重。1934年10月，党中央和中央红军被迫撤离中央苏区，实施战略转移，开始历时两年多艰苦卓绝的二万五千里长征……中国共产党人的这部苦难与辉煌的历史， 长征是一个十分重要的章节！

【领唱、合唱《红军不怕远征难》】

【讲述者出场】

1935年1月，中央红军到达贵州遵义。中共中央政治局决定在此召开政治局扩大会议。这是我党独立自主地解决中国革命问题的一次极其重要的会议，是在红军第五次反"围剿"失败和长征初期严重受挫的情况下，为了纠正博古、李德在军事指挥上屡犯"左"倾错误而召开的。

这次会议是中国共产党第一次独立自主地运用马克思列宁主义基本原理，解决路线、方针、政策问题的会议。这次会议初步确立了以毛泽东为代表的马克思主义的正确路线在中共中央的领导地位，挽救了党、挽救了红军、挽救了中国革命，是中国共产党历史上一个生死攸关的转折点。

　　长征为什么会胜利？我们的红军战士脚下有雪山、草地，　天上有敌人的飞机，五次反"围剿"惨败后不到三万的主力红军，周围有45万国民党大军地毯式地"围剿"……那么红军为什么还能胜利？

　　让我们记住这样一位红军师长的名字吧！他就是红五军团三十四师师长，被称为能攻善战、机智骁勇的铁血红军将领陈树湘。为了掩护主力红军过湘江，他带领四千余名指战员浴血奋战四天四夜，直至战斗到最后一个人，身负重伤倒在阵地上被敌人抬上担架。当陈树湘醒来后，宁死不当俘虏。他一边怒视敌人，一边趁敌人不注意，亲手绞断了自己腹中流出的肠子，壮烈牺牲！……

　　因为我们党的队伍中有无数个像陈树湘这样的指挥员，因为长征队伍中有无数个像陈树湘一样的钢铁战士！于是，红军走出了一切苦难，走到了胜利！

　　【视频导入：遵义会议影像资料、《飞夺泸定桥》《突破封锁线》《四渡赤水》，特别是《血战湘江》中的镜头（影视资料中爬雪山、过草地、前仆后继、艰苦卓绝、浴血奋战的壮烈场景等画面】

5．舞蹈：《保卫黄河》

　　【讲述者出场】

　　1936年10月，中央红军到达陕北后，时代的主题已经由土地革命逐渐向全民族抗战转变。中日民族矛盾已经超越阶级矛盾，成为中国社会的主要矛盾。在这种历史背景下，只有建立最广泛的抗日民族统一战线，才能挽救中华民族。于是，我共产党人以民族图存为大局，一边全面发动亿万同胞奋起抗战；另一边又一次扛起国共合作的大旗，化敌为友，集聚一切可以抗敌的力量，让抗日的烽火燃遍全国。

　　1938年5月下旬的一天，毛泽东在延安抗日战争研究会上，　总结抗日战争初期经验的基础上，针对"中国必亡论"和"中国速胜论"这两种声音，做了《论持久战》的演讲，论证了抗战的发展规律，阐明了争取抗战胜利的道路，批判了各种错误思想，坚定了全民族的抗战信心。接着，毛泽东和他的团队，在延安宝塔山下的窑洞里，指挥打赢了一个个战役，彻底击碎了"'大日本'帝国"的谎言……

中国共产党人，为了在全世界面前证明自己的思想理论，主动领导八路军出击，打响了著名的"百团大战"这一抗战中最大规模的战役，它打出了敌后抗日军民的声威，在战略上有力地支持了国军正面战场，振奋了全国人民争取全面抗战胜利的信心……

【视频导入：《义勇军进行曲》（《地道战》《地雷战》《小兵张嘎》《平原游击队》《铁道游击队》等全民抗战各种老电影画面】

【视频导入：毛泽东1948年12月30日为新华社写的1949年新年献词《将革命进行到底》、三年解放战争中我人民解放军各个战场的前仆后继、英勇作战、不断胜利的影视画面】

【视频显示献词（节选 逐行上滚显示）】

中国人民将要在伟大的解放战争中获得最后胜利！这一点，现在甚至我们的敌人也不怀疑了。

战争走过了曲折的道路。国民党反动政府在发动反革命战争的时候，他们军队的数量约等于人民解放军的三倍半，他们军队的装备和人力、物力的资源，更是远远地超过了人民解放军。敌人是不会自行消灭的。无论是中国的反动派，或是美国帝国主义在中国的侵略势力，都不会自行退出历史舞台。

这些就是中国人民、中国共产党、中国一切民主党派和人民团体在1949年所应努力实现的主要任务。几千年以来的封建压迫，100年以来的帝国主义压迫，将在我们的奋斗中彻底地推翻掉……（速度稍快些）

【讲述者出场】

这是迄今为止最典型的一次由最高领袖为媒体撰写新年献词。追溯到三年前，黄土高坡窑洞里的毛泽东就挥挥手说："对蒋介石反革命集团不要抱有任何幻想，要和平，要一个人民民主的新中国，必须依靠我们共产党人和四万万同胞！"这就是毛泽东等共产党人对未来中国革命发展的战略思路。随即波澜壮阔的辽沈战役、平津战役、淮海战役取得了一个又一个辉煌的胜利。

　　【视频导入：解放军打过长江、南京总统府扯下青天白日旗。字幕：钟山风雨起苍黄，百万雄师过大江。虎踞龙盘今胜昔，天翻地覆慨而慷。宜将剩勇追穷寇，不可沽名学霸王。（毛泽东《七律·人民解放军占领南京》）上海解放军部队经过外白渡桥、永安大厦插上红旗、解放军睡马路……）】

　　【讲述者出场】

　　得道多助，失道寡助。三年解放战争，我党领导下的人民解放军，从战略防御到全面反攻，势如破竹，蒋介石反革命集团，摧枯拉朽，节节败退……

　　这是共产党人的胜利！这是中国人民的胜利……

　　【视频导入：毛主席在天安门宣布中华人民共和国中央人民政府成立的声音与画面】

6．舞蹈《解放区的天》
7．京剧《没有共产党就没有新中国》

　　【讲述者出场】

　　新中国从苦难中走来，新中国从血泊中走来，新中国从一穷二白中走来，新中国从帝国主义的封锁打压中走来……

　　如何建设一个新中国，这是一道全新也是最艰巨的课题。这道课题，如今就摆在了刚从28年战火中走来的中国共产党人面前。海峡对岸那个不甘失败的蒋介石，一边派特务对我党高级官员实行暗杀，一边派出大量飞机不断对我新生的共和国进行轰炸破坏。他嘴里还嘟囔着"看他如何解决四万万人的吃饭问题……"

　　然而，我们不仅解决了四万万人以及后来更多人的吃饭问题，我们还让这个民族以大国的伟大形象，屹立于世界东方。因为，我们有钱学森这样的爱国者，我们有铁人王进喜这样的好工人，我们有全心全意为人民服务的县委书记焦裕禄这样的好党员、好干部，我们有雷锋、"王成"、黄继光这样的好战士……因为万众归心，我们敢于抵御一切外来之敌，我们克服了一切贫穷和饥饿，我们在一片荒凉的土地上，白手起家，造出了原子弹、氢弹，我们让卫星飞上了天，我们掀起了社会主义建设的新高潮……

【视频导入：上海及全国刚解放时那种贫穷破败的场景，敌机轰炸，抗美援朝、两弹一星，钱学森等科学家，焦裕禄在兰考治沙，王进喜（"宁可少活20年，拼命也要拿下大油田"），雷锋（"人的生命是有限的，为人民服务是无限的"）、大兴工业、农林、水利建设，体现共产党为民谋幸福的各种画面】

8．器乐演奏《春天的故事》（进入改革开放，以《春天的故事》做本节背景音乐）

【讲述者出场】

解放思想，实事求是，团结一致向前看。1978年12月18日，党的十一届三中全会在北京召开。这是一次拨乱反正的会议，党和国家又迎来了一个新的春天。

上海，这位曾经的共和国长子，必须走在全国改革开放的前列。1990年2月，正是白玉兰含苞待放的季节，上海人民吹响了浦东开发开放的进军号。海纳百川，追求卓越，开明睿智、大气谦和。率先转变发展方式，率先提高自主创新能力，率先推进改革开放，率先构建社会主义和谐社会。建设一流的国际经济中心、国际金融中心、国际航运中心、国际贸易中心。要在经济、政治、文化、社会以及生态文明五位一体总体布局上，走在全国最前列。

这是一座不甘人后、勇于争先的城市。

于是，这片曾经的阡陌纵横、芦苇摇曳的农田，随着浦东开发开放的一声号角，今天这里成为中国改革开放的新地标。这片生机勃勃的热土，正朝着国际最高标准、最好水平，朝着世界级的金融中心、航运枢纽和自由贸易区、现代科学城……一切可以生成的宏图、梦想，都在这里伸展和成长……

上海这座跑在改革开放最前沿的巨轮，每一天都在创造奇迹。各种行业协会如雨后春笋般应运而生。这为我们党更好地服务于人民，服务于社会，延伸出了一支支有力的臂膀。

今天的上海，正由中国改革开放的窗口走向全面深化改革的试验田，一项项改革措施从这里复制推广到全国。东海之滨的改革热土，正在张开推动改革巨轮破浪前行的强劲风帆……

【视频导入：《解放日报》、上海电视台、央视等，上海和浦东开发开放，各种大型会议、会展、今天的浦东陆家嘴（夜景）（上海五国、APEC峰会、世博会、进博会）、各行业协会涌现出的先进典型，演讲稿、征文】

9. 朗诵《可爱的中国》（经典片段）

【朗诵者上】

朋友，我相信，到那时，到处都是活跃的创造，到处都是日新月异的进步，欢歌将代替悲叹，笑脸将代替愁容，富裕将代替贫穷，康健将代替疾苦，智慧将代替愚昧，友爱将代替仇杀，生之快乐将代替死之悲哀，明媚的花园将代替凄凉的荒地！这时，我们民族就可以无愧色地立在人类的面前，而生育我们的母亲，也会最美丽地装饰起来，与世界上各位母亲平等地携手了！

这么光荣的一天，决不在辽远的将来，而在很近的将来，我们可以这样自信，朋友！……

【视频导入：方志敏的原型画像、影视资料，《方志敏与上海的情缘印记》（报纸扫描李云龙的文章），今天日新月异的中国，祖国的大好河山，老人和孩子开心的笑脸，到处是莺歌燕舞等画面】

【讲述者出场】

84年前（1935年5月），这位生于江西弋阳，在上海种下革命种子和接受马列主义洗礼，与上海有着深厚情缘的伟大的共产主义战士，当年在狱中所设想的新中国，也就是无数先烈为之牺牲奋斗的新中国，今天都已一一展现在我们面前。我们自豪地告慰方志敏等革命英烈们，中国和中国人民，从站起来到富起来，如今在"两个一百年"的战略方针指引下，明天会更加强大起来！

【视频导入：（择录《厉害了，我的国》中习主席的讲话）、高铁、高速、飞天、航母、北斗导航、中国天眼、南水北调、现代化革命军队、社会主义新农村"绿水青山就是金山银山"……】

【讲述者全体上场，一人主述，尾声合述】

我们党走过了98年的风雨历程，我们迎来了党领导下的共和国70周年华诞！就是这样一个当初只有50名党员的中国共产党，今天已经发展到9500万。

这不仅是党员数量的发展，我们的道路在发展，我们的理论在发展，我们的制度在发展，我们的文化也在发展。求新变革，这是我们党一贯遵循的真理。从马列主义、毛泽东思想到邓小平理论，从"三个代表"到科学发展观，今天，习近平总书记用新时代中国特色社会主义思想，正引领着全党，为了满足中国人民对幸福生活的美好向往，而始终"不忘初心，牢记使命"，把一个伟大复兴的中国梦一步步变成现实！

中国共产党的这支火炬，一直在熊熊燃烧，她不仅照耀了中国，也在不断地影响着全人类……

【视频导入：中央领导人各个时期掠影，在全党（插市机关工委和各行各业）开展"不忘初心，牢记使命"教育的画面……】

10. 歌舞《我们的新时代》

【视频导入：习近平带领十九届中央政治局常委在石库门（一大会址）党旗下集体宣誓（头尾呼应），配字幕《从石库门再出发》，画面定格……】

党课结束——

（全场无缝衔接，不需主持人。但必须认真排练，并在整个课间依次由剧务有序提示与催场）

百名好人耀胥江

——"美丽胥口·感动你我"胥口镇首届身边好人
表彰大会暨国庆群众文艺演出

主持词

【总片头视频播放，其后，主持人上场音乐播放，主持人伴随音乐上台】

男：尊敬的各位领导、各位来宾，

女：亲爱的朋友们，大家——

合：上午好！

男：今天，美丽的胥江涌动着深情，我们将看到她孕育的土地上，闪耀的最美精神！

女：今天，美好的胥口传递着热情，我们将用爱和正能量播撒下胥口明天的梦与希望！

男：亲爱的朋友们，我是主持人×××，非常高兴能够在这里为大家主持"百名好人耀胥江"——"美丽胥口·感动你我"胥口镇首届身边好人表彰大会暨国庆群众文艺演出活动！

女：我是主持人×××，欢迎现场所有的观众朋友！

男：朋友们，为发挥道德模范的榜样作用，传承和弘扬中华民族传统美德，推进社会主义核心价值体系建设，胥口镇开展了"美

丽胥口·感动你我"身边好人寻访活动，并评选出了十大类共
100名身边好人。

女：是的，今天，我们就将在这里发现美、传递爱，共同表彰我们
身边的这些好人，并用我们的热情为我们伟大的新中国庆生！

男：今天，各级领导也来到了活动现场，下面，请允许我为大家介
绍，他们是×××领导，以及胥口镇四套班子全体领导。让我
们用掌声对各位领导的到来表示热烈的欢迎和衷心的感谢！

女：朋友们，接下来，就让我们以热烈的掌声有请胥口镇党委书记
×××先生致辞，有请莫书记！

男：谢谢莫书记！朋友们，下面让我们以热情的掌声有请吴中区委
常委、宣传部长×××女士讲话！

男：感谢部长！朋友们，下面就让我们共同开启今天活动的序幕！

【第一章《爱岗争先》片头播放】

女：朋友们，胥口是一座有着两千多年历史的文明古镇，她深厚的
文化底蕴、闪光的人文精神，静静地随着胥江水流淌，源源不
绝！

男：勤劳质朴的胥口人用最平凡的方式解读着生命的意义，也用最
实际的行动诠释着内涵丰富的中华美德！

女：今天，我们就要一起寻访身边的好人，把那些感动我们的故事
讲给更多的人！

男：就让我们从"爱岗争先"的故事讲起，首先一起来了解模范职
工的代表曹平的故事，请看大屏幕！
（播放曹平视频）

男：朋友们，接下来就让我们以热烈的掌声有请荣获"模范职工"
荣誉奖的10位好人上台！

【10位模范职工上台后】

女：朋友们，让我们来介绍一下，他们分别是飞华铝业周惠元、环
球集团曹平、高岭电子顾晓丽、公交公司徐学军、环卫站纪苏

林、

男：环卫站朱金火、灵野包装宋春燕、斯莱克杜子辉、汇德电器朱小明、爱而泰可周丽华。让我们用掌声向他们致敬！

【获奖人向前一步，向大家挥手鞠躬】
【采访曹平和徐学军】

男：朋友们，我身边的这位就是刚才VCR中介绍的模范职工代表曹平。曹平，你好，从VCR中我们了解到你是一位对工作非常认真负责的人，也因此获得了大家的肯定，你从工作中获得的最大收获是什么？

男：说得非常好，对工作负责其实就是对自己负责，而这份责任感必将让我们的生活更加充实而有意义。谢谢你，曹平！

女：朋友们，我身边的这位就是公交公司的职工徐学军，现场肯定有些人坐过徐师傅的车，不过您可能不记得徐师傅的长相，但我相信，只要您坐过他的车，一定记得他热情周到的服务。徐师傅，您好，您开的是几路车？我听说您现在还经常报站名，车上有自动语音的报站，一路又要开车，那么多站点，一站站报您不觉得累吗？

女：谢谢徐师傅！朋友们，以后坐公交车，我们也应该向为我们提供了便利的司机师傅们说一声，您辛苦了！

男：朋友们，接下来，我们将宣读"模范职工"颁奖词：干一行，爱一行，是他们忠诚于事业、执着于生活的真实写照；不图回报，但求作为，是他们立足岗位，奋发有为的响亮回答。他们恪尽职守，兢兢业业，默默耕耘，无私奉献，将责任心、使命感化作了不懈奋进的动力，他们为胥口经济社会发展不时地添砖加瓦、铺路奠基，他们用自己的行动践约胥口境界高远、追求卓越的优秀品质！

女：请少先队员、志愿者为模范职工颁奖、献花！

男：感谢10位模范职工，请到台下就座，让我们再次把掌声送给他们！

女：朋友们，接下来，让我们一起来听一听胥口中心小学徐萌老师的故事。有请讲述人郁晓蓉、徐东。

女：谢谢我们的宣讲人！下面就让我们用热烈的掌声欢迎故事的主人公徐萌老师上场，有请徐老师！

【采访徐萌及其家人】

女：徐老师，你好！做老师是非常操心的工作，那您的家人跟您抱怨没时间陪他们的时候，您的怎么办的呢？

女：您想听听他们真实的心里话吗？朋友们，我们今天也请到了徐老师的儿子，欢迎他上台！

男：最想对妈妈说什么？

女：儿子代替爸爸给妈妈一个拥抱好吗？

男：朋友们，也让我们把掌声送给默默支持我们的家人！

男：朋友们，接下来我们将要表彰的是荣获"岗位能手"荣誉奖的获得者，让我们有请他们上台！

【10位岗位能手上台后】

女：朋友们，让我们来介绍一下，他们分别是卫生院退休医生杨水发、中学老师刘大新、中心小学老师徐萌、实验小学老师张炯、幼儿园老师顾文英、

男：招商办主任胡洪伟、财政分局副局长杨勇、文体服务中心职工陆林兴、墓管会职工施君、计生管理员钱素英，让我们把掌声送给他们！

女：接下来，我们将宣读"岗位能手"颁奖词：或许他们的工作有着千差万别，但是对于技艺的不断追求和对于自我的不断超越将他们紧紧地联系在了一起。"业精于勤荒于嬉"，是始终脚踏实地，不事张扬，几十年如一日的磨炼，才铸就他们今天的成就。他们用自己的成功经历告诉我们，若要"业有所成，事有所达"，唯钻、唯精、唯勤。

男：请少先队员、志愿者为岗位能手颁奖、献花！

女：感谢10位获奖人，请到台下就座，让我们再次把掌声送给他们！

男：朋友们，每一个胥口人的爱岗奉献，才使得胥口的各项事业蓬勃发展；每一个胥口人都发挥自己的正能量，才使得胥口充满生机与希望。

女：让我们把一首歌曲，送给所有爱岗争先、兢兢业业的人们，请欣赏歌舞《好大一棵树》！

【第二章《为民服务》片头播放】

男：朋友们，中华民族自古就有着"勤政为民"的优良传统，有"一饭三吐哺"的佳话，也有"鞠躬尽瘁，死而后已"的名言，而在当代，为人民服务，则成为许多人坚定不移的人生信仰！

女：是的，在这一篇章里，我们将向大家介绍"为民服务"的身边好人！首先就让我们从"平安卫士"李建荣的故事说起，请看大屏幕！

【李建荣VCR播放】

男：朋友们，下面有请荣获"平安卫士"荣誉奖的各位代表人物上台！

女：让我们来给大家介绍一下，他们是联防队员顾宏伟、联防队员顾新民、派出所民警李建荣、派出所民警戴春元、城管队员王惠刚、

男：城管队员王康春、交警周道龙、交警王敬国、民兵应急分队队员周北京、民兵应急分队队员骆洪中，让我们把掌声送给他们！

男：朋友们，这位大家已经认识了，就是刚刚VCR中的主人公李建荣。李警官做了29年的民警，处理的事情可能都是百姓小事，但是就是这成百上千件小事拉近了党和政府与群众的距离，他是我们平安胥口真正的守卫者，让我们用掌声再次感谢像李警

　　官这样的基层民警，谢谢你们！

女：朋友们，我身边的这位是城管队员王康春，您好！在您的工作中，一面是来自许多人对城管工作的责问，一面是你们就算负伤也在坚持工作，您有没有觉得委屈过？

女：谢谢王康春！朋友们，我想任何一个岗位都需要理解和支持，让我们把掌声送给他们！

男：接下来，宣读"平安卫士"颁奖词：他们或虎胆龙威，无惧危险、义无反顾地冲锋在前；或任凭雨打风吹，维护道路畅通，保障群众出行安全；或面对公众疑问与不解，依然奋战在维持城市秩序的第一线。无论是公安、交警、城管还是联防队员，他们都是平安胥口的"耕耘者"，为了平安胥口这个共同目标，他们默默奉献着自己的光和热。

女：请少先队员、志愿者为我们的平安卫士颁奖、献花！

男：感谢10位获奖人，请到台下就座，让我们再次把掌声送给他们！

女：朋友们，接下来我们要表彰的是勤廉奉公的代表。

男：首先宣读"勤廉奉公"颁奖词：有这么一群人，他们身份不同、岗位有别，却都不约而同地履行着服务群众、服务基层的庄严承诺，他们在各自平凡的岗位上，年复一年从事着平凡的工作，没有轰轰烈烈，不曾惊天动地，但正是这份坚持，这份执着，却让他们在平凡中折射出崇高，因为他们共同拥有着一个神圣而光荣的身份——中国共产党员。平凡的是工作岗位，不平凡的是他们作为共产党员对待工作的那一腔热情和每一个细节，替群众解难题，帮员工谋福利，为党员提士气，廉洁自律是他们一以贯之的工作作风，兢兢业业是他们始终如一的工作态度，在创先争优的过程中他们永不停步。

男：朋友们，让我们有请"勤廉奉公"的获奖者上台！

女：让我们来介绍一下，他们是合丰村潘林兴、环卫站陆小土、城管中队宋文彬、劳服中心张英、经管办郁惠英、

男：信访办叶雪华、文卫办王炳泉、三洋能源吴海泉、日立电线顾

建龙、皇家木结构王永兵，让我们把掌声送给他们！

女：特别为大家介绍一下，我身边的这位就是环卫站站长陆小土，您好！看到我们胥口的环境越来越好，您是不是也会感到骄傲，此刻有什么想跟大家说的呢？

女：谢谢您！相信在我们共同的努力与维护中，胥口将越来越美！

女：接下来，请少先队员、志愿者为勤廉奉公代表颁奖献花！

男：感谢10位获奖人，请到台下就座，让我们再次把掌声送给他们！

女：朋友们，让我们继续来认识一组好人，让我们首先了解邮递员沈建明的故事，请看大屏幕！

男：下面，让我们欢迎"服务之星"荣誉奖的获得者上台！

女：让我们给大家介绍，他们是供电所包逸庆、广播站顾雪珍、水利站石磊、邮电局沈建明、自来水厂汤海峰、

男：工商分局沈文楠、投资服务中心王奕伟、苏州银行夏倩、动物防疫站汤彩琴、交管所徐乐君，让我们把掌声送给他们！

女：朋友们，我身边的这位就是片中的人物沈建明，邮递员工作看似简单容易，但是不管刮风下雨，每天都要坚持，这就是这份工作最不容易的地方。感谢您十几年来对胥口镇的邮政事业做出的贡献！也祝愿所有为我们带来便利服务的工作者天天开心，平安幸福！

男：我要为大家介绍的这位是包逸庆先生，您好！据我所知，您在工作中不仅服务周到，还拾金不昧，而且数额还不小，现在有没有觉得自己的做法很"傻"？

男：谢谢您！我确信聪明的定义从来不是唯利是图，让我们把敬意送给这些可敬可爱的人！

女：下面宣读"服务之星"颁奖词：谦和是他们待人接物的形象素描，耐心是他们始终如一的工作态度，笑容是他们面对百姓情感的自然流露。作为奋战在胥口窗口服务行业一线的一个群体，他们是关乎老百姓衣食住行的身边人，他们是美丽胥口对外的一抹亮色，他们用一丝不苟的服务理念和精益求精的服务

品格，塑造着胥口亲商爱民的品牌形象。

男：请少先队员、志愿者为服务之星颁奖献花！

女：感谢10位获奖人，请各位台下就座，让我们再次把掌声送给他们！

男：为民服务，就是要有真诚地付出，因为人民就是我们的衣食父母。接下来，让我们一起传唱这首《我的衣食父母》！

【第三章《梦在心中》片头播放】

男：因为对美德的坚守，他们活出了精彩，因为对生活的热爱，他们自强不息，走出了新天地！

女：是的，在胥口就有这样一群人，他们让生命熠熠生辉，他们让梦想开了花！首先让我们了解让晚霞生辉的代表人物周官根的故事，讲述人华楚田。

男：朋友们，让我们欢迎荣获"晚霞生辉"荣誉奖的获奖人上台！

女：让我们来为大家介绍，他们是东欣村许根福、马舍村周官根、箭泾村黄国良、采香泾村闵梅珍、新峰村沈岐民、

男：合丰村赵火林、子胥社区陆瑞康、退职老干部金雪弟、退休老干部沈海洪、退休老干部丁静霞，让我们把掌声送给他们！

女：朋友们，这位就是刚刚我们听到故事的主人公周官根，他四十年如一日守护村民健康的事迹，在胥口可以说是家喻户晓，是百姓心目中人人爱戴的周医生，让我们祝愿他晚年快乐、健康！

男：朋友们，我们身边不乏好医生，同样也不乏好病人。我身边这位许根福先生就是其中一位，当医院工作失误，漏收他相当于他三个月工资的诊疗费的时候，他没有贪便宜，而是主动补交了费用。

在今天这样的社会，老许这样一个看似普通而平凡的举动，却体现了人性最光辉灿烂的一面！

男：谢谢您，老一辈为我们做出了光辉的榜样，让我们用掌声向他们致敬！

女：朋友们，让我们宣读"晚霞生辉"颁奖词：在胥口活跃着这样一群老人，他们或安守清贫，让平凡的人生闪耀起诚信的光芒；或倾尽所能，用自己的善举传递着社会的正能量。莫道桑榆晚，为霞尚满天。老人是家庭和社会不可多得的宝贵财富，在建设胥口明天更美好、更美丽的道路上，他们还将继续贡献力量、发挥余热！

男：请少先队员、志愿者为"晚霞生辉"获奖人颁奖献花！

女：感谢10位获奖人，请各位台下就座，让我们再次把掌声送给他们！

男：朋友们，接下来，让我们走进一组自强不息、用笑容面对坎坷命运的人，一起来看大屏幕柳小弟的事迹！

女：让我们欢迎"自强不息"荣誉获奖人上台！

男：给大家介绍一下，他们是采香泾村柳小弟、老年艺术团黄琴芳、箭泾村顾惠泉、中学蔡娴勤、个体经营户沙红英。

女：合丰村王金明、新峰村顾静静、东欣村马佳觅、马舍村赵国豪。还有一位由妇联推荐的李倩，此时她已经在南京大学开始了新的大学生活，让我们祝贺所有获奖者！

女：朋友们，这位就是VCR中的主人公柳小弟，晓春饭店现在的生意非常好，柳小弟现在正忙并快乐着，而这正是他品尝了这么多的困难、辛苦后人生的收获，让我们用掌声再次向他致敬！

女：谢谢您，自强不息拼搏奋斗的人生才是完美的！

男：朋友们，我要为大家介绍的这位获奖人李倩，因为已经入学没有来到我们的现场。这位我们吴中区今年的高考理科状元，有着许多同龄人没有的经历，自小父母离异，由做清洁工的奶奶养大。在贫困的环境中成长起来的李倩，懂得勤俭，更懂得自强不息。为了让奶奶少受累，十几岁的她就开始做家教。今年她以396分的优异成绩成功考取了南京大学。此刻，我们已经连线了李倩，让我们一起了解一下她现在的生活。

男：（电话连线）李倩，你好，这里是胥口镇首届身边好人表彰活动的现场，我是活动主持人。你被评为自强不息的代表人物，胥口的亲人们都很想念你，想知道你在大学生活怎么样，过得开心吗？现在有什么新的梦想吗？

男：我们都希望你顺利完成学业，实现自己的梦想，你在家乡不只有奶奶，我们都会支持你，加油！

女：下面宣读"自强不息"颁奖词：他们身残志坚，精神不颓，靠坚韧的毅力、超常的努力，自食其力，创造财富；　他们面对家庭变故，不消沉，不颓废，不抱怨，靠努力，　靠智慧，靠拼搏，掀开人生崭新篇章。磨难和逆境没有打垮他们，反而让他们更加坚韧，更加顽强，从他们身上，　你能感受到胥口人不屈不挠、砥砺向上的蓬勃精神。

男：请少先队员、志愿者为自强不息获奖人颁奖献花！

女：感谢获奖人，请各位台下就座，让我们再次把掌声送给他们！

男：朋友们，这些好人的故事让我们看到了精神的可贵，也看到了道德的魅力，就让我们祝福"好人好报"！

【第四章《爱满胥江》片头】

女：朋友们，一个家庭因为有爱才幸福，一个社会因为有爱才温暖。我们每一个人都奉献爱、传递爱，我们的胥口才会更美好！

男：接下来，让我们从身边好人胥家惠的故事里，看看胥口人的新形象！请看大屏幕！

女：朋友们，让我们欢迎荣获"新好市民"荣誉奖的获奖人上台！

男：让我们来介绍一下，他们是西郊花园康春凤、子胥社区薛桂英、群基精密胥家惠、明强塑料高传凤、三洋能源左都一、

女：东立电子胡银鹏、神王集团王春义、信音连接器吴私、实验小学陆建杰、箭泾村邵洪和，让我们把掌声送给他们！

男：朋友们，我身边的这位就是胥家惠，您好！您的事迹可以概括为四个字——"助人为乐"。帮助别人快乐自己，你从帮助别人中获得了什么呢？

男：谢谢您！我们都要向这些新好市民学习，文明互助，展现最好

的胥口人新形象！

女：下面宣读"新好市民"颁奖词：从陌生到熟悉，从熟悉到热爱，他们与胥口风雨同舟，从寻梦到追梦，从追梦到圆梦，他们与胥口携手并进。他们在这里发出第一声啼哭，他们在这里走进人生的课堂，他们在这里收获事业的成功，更收获幸福的家庭，他们还将在建设胥口明天更美丽、更美好的新征程中再立新功。

男：请少先队员、志愿者为"新好市民"获奖人颁奖、献花！

女：感谢获奖人，请各位台下就座，让我们再次把掌声送给他们！

男：朋友们，孝老爱亲是我们中华民族的传统美德，"老吾老以及人之老，幼吾幼以及人之幼"的古训，今天依然是我们倡导的行为准则！

女：接下来，让我们走进卞甫宝的关于不离不弃的感人故事，请看大屏幕！

男：让我们欢迎卞甫宝等荣获"孝老爱亲"荣誉奖的获奖人上台！

男：给大家介绍一下，他们是像呵护孩子一样照顾89岁高龄婆婆的许六保、照顾卧床的婆婆七年如一日的好儿媳钟金英、照顾患癌妻子十余年的退休老干部陈扣宝、无微不至照顾卧床老父亲的柴善芳、携手生病老伴不离不弃的卞甫宝、

女：用爱心身温暖身边人的顾建林、患重病却坚强地独自抚养儿子的蒯丽珍、瘫痪妻子赞不绝口的好丈夫张早男、待婆婆如自己亲娘的王菊花。还有无怨无悔照顾患有老年痴呆症婆婆的汪月媛，不幸的是今年7月汪月媛身患脑溢血病故，让我们把掌声送给他们！

男：下面宣读"孝老爱亲"颁奖词：俗话说得好：家和万事兴。一家人和和美美、团团圆圆，家庭才会和谐，社会才会和谐。敬爱无亲疏，天下高龄皆父母；老残不孤独，人间晚辈尽儿孙。他们用真心传递着握在手里那一脉盈盈的馨香，他们用真情堆砌起一砖一瓦爱的堡垒，他们用真爱点亮了人性深处血脉相随的锐光。

女：请少先队员、志愿者为孝老爱亲的好人们颁奖、献花！

男：感谢获奖人，请各位台下就座，让我们再次把掌声送给他们！

女：朋友们，近年来我们胥口的慈善事业取得了诸多发展成绩，胥口镇党委、政府重点重视困难群众的生产生活，同时联合爱心企业开展了"百企帮百家"慈善帮扶等活动，在活动中涌现出众多的爱心企业家。

男：接下来，我们将对这些"爱心大使"代表进行表彰，有请各位爱心大使上台！

女：让我们来介绍一下，他们是三洋能源高桥昌利、皇家木结构倪竣、天烨集团蒋云泉、飞华铝业张建元、环球集团黄伟达、

男：神王集团黄伟良、房产公司毕坤明、太上湖薛文炎、琦美模具吴隆田、可口可乐高怡杰，让我们把掌声送给这些为胥口慈善事业做出重要贡献的爱心大使！

女：朋友们，我身边的这位是三洋能源总经理高桥昌利。三洋能源积极热心社会公益事业，2008年汶川地震，公司员工积极捐款128.7万元进行抗震救灾。今年为响应吴中区"慈善手拉手、和谐在吴中"的募捐倡议，三洋能源第一时间捐款50万元。让我们用掌声向他们的善举表示敬意。

男：朋友们，我身边的这位是太上湖总经理薛文炎。薛先生长期关注教育事业，每年都投入大量资金帮助有贫困学生的低保户家庭。此刻，我想问一下薛先生，怎么想到要帮助困难学生的？

男：谢谢您！相信您的这份爱心一定会让孩子们的明天更加美好！

女：下面宣读"爱心大使"颁奖词：助人为乐、奉献爱心，是我们这个时代最动情、最温暖的一抹风景。他们用仁慈的爱心，帮助了那些贫弱孤病者，让他们感受到社会大家庭的温暖；你们用博爱的善举，引领了社会慈善事业的新发展，为和谐胥口注入正能量。他们宽厚的胸襟、博大的爱心，折射了人性本源的光辉，映衬了思想品格的高尚。

男：请少先队员、志愿者为爱心大使颁奖、献花！

女：感谢10位获奖人，让我们再次把掌声送给他们！

男：互助传递着温暖，关怀滋润着心田，这就是我们美丽的胥口，一个和谐的大家园；

女：手挽手，肩并肩，这就是我们团结友爱的胥口，一个和谐的大家园！请欣赏歌舞《和谐大家园》。

【结束语】

男：亲爱的朋友们，一个又一个美丽的身影，就是胥口最美的风景，让我们共同为美丽胥口代言！

女：一个又一个闪光的精神，就是胥口最宝贵的正能量，让我们共同为美丽胥口加油添彩！

男：请各位领导上台与我们百名好人合影留念！

男：朋友们，"百名好人耀胥江"——"美丽胥口·感动你我" 胥口镇首届身边好人表彰大会暨国庆群众文艺演出到此结束，再见！

女：再见！

不忘初心，砥砺前行

——上海市庆祝中华人民共和国成立70周年 暨上海解放70周年歌会

串联词

时间：2019年5月26日15:30
地点：黄浦公园人民英雄纪念塔广场

【出主持人画外音】

甲：女士们、先生们、朋友们，由上海警备区政治工作局、上海市退役军人事务局、上海市拥军优属基金会、上海市黄浦区人民政府和上海广播电视台主办，上海市双拥艺术团、东方卫视中心承办，上海银行协办的"上海市庆祝中华人民共和国成立70周年暨上海解放70周年歌会"马上就要开始了。

乙：现在请出席歌会的×××（领导嘉宾名单另附）入席。

甲：出席今天歌会的还有参加上海解放战役的老战士，革命先烈后代，中国人民解放军驻沪部队、武警部队官兵代表，市有关部门领导，上海各界人士代表。

乙：不忘初心，砥砺前行。"上海市庆祝中华人民共和国成立70周年暨上海解放70周年歌会"现在开始。

序

1．开场视频

配音：硝烟、战旗、军号、胜利。新时代的开启，始于旧时代的终结。中国革命的历史车轮滚滚向前，在中国共产党的领导下，人民解放军经过艰苦卓绝的浴血奋战，完胜辽沈、淮海、平津三大战役，基本消灭了国民党反动军队主力。党中央毛主席做出了"将革命进行到底"的战略决策。在百万雄师过长江，解放南京，挺进上海，乘胜解放全中国之际，毛泽东同志以胜利者的豪迈情怀，写下了气势磅礴的《七律·人民解放军占领南京》，由此拉开了70年前解放上海战役的序幕。

2．合唱《七律·人民解放军占领南京》

第一章　解放大上海

3．出主持人

甲：沙场点兵，岁月如歌。从"百万雄师过大江"占领南京，到"宜将剩勇追穷寇"解放上海，中国人民解放军以摧枯拉朽之势取得节节胜利，为解放战争历史写下了辉煌一页。

乙：1949年5月27日，胜利红旗插上了南京路永安大厦楼顶。我军经过16天的激战，共歼敌15万人，取得上海战役的重大胜利。

丙：新华社社论《祝上海解放》庄严宣告："上海的解放表示中国人民无论在军事上、政治上和经济上都已经打倒了自己的敌人国民党反动派。""上海是一个世界性的城市，所以上海的解放不但是中国人民的胜利，而且是国际和平民主阵营的世界性的胜利。"

丁：中国人民解放军接管的电台，也以上海人民广播电台的名义送出那让人热血沸腾的声音：上海天亮了，上海解放了。

4．情景表演《上海解放了》
【合唱《解放区的天》】
【合唱《中国人民解放军军歌》】
【陈毅讲话：出谷伟】

谷：同志们好，上海解放了。我们中国人民解放军取得了绝对的胜利！上海又回到了我们人民的手中。以前我们工作重心在农村，从今以后工作重心就转移到城市里来了。从进上海的第一天起，要把主要精力放在恢复和发展生产上，　这比拿枪打仗还要困难。过去我指挥过几十万的军队，不是吹牛还打过些胜仗哩！可我从来没指挥过上海城里几百万的老百姓，这个仗难打哩，所以这就要求我们谦虚、谨慎，要勤奋好学，要学生产、学技术、学管理、学科学，要学习有关城市生产建设的一切知识。我也要学，学不好到上海我就没的资格当上海的市长。还有啊，进入城市以后，不要以功臣自居，也不准私闯民宅，天王老子也不行。这是我们向上海人民交的第一份答卷。有人问，我们睡在哪里呢？天当房，地当床，统统睡在大马路上。我们要以军人的形象向世人宣示，我们不仅是打天下的英雄好汉，还是能改天换地的共产党人。

5．出主持人

甲：向历史致敬，向英雄致敬。今天，我们在黄浦江畔，在见证中华民族历史沧桑的黄浦公园，在人民英雄纪念塔下，　特别设置了致敬环节，以彰显为解放上海做出贡献的革命前辈的丰功伟绩。

乙：同时，深切缅怀为解放上海英勇献身的人民解放军和地下党的英烈们。请听著名表演艺术家丁建华、刘家祯为大家带来的讲述《英雄赞歌》。

6. 致敬环节之一：讲述《英雄赞歌》

7. 出主持人

丙：在解放上海的战役中，我军数十万攻城部队，在成千上万的上海地下党员、爱国民主人士、人民保安队员和广大市民的配合下，取得了辉煌战果。

丁：上海战役是军事仗，上海是人民解放军打下来的。上海战役是政治仗，进城的解放军指战员不住民房店铺，露宿马路街头，是给上海人民的见面礼，也震撼了全世界。

丙：上海战役是经济仗，我军将士宁可牺牲生命，也不用重武器；上海的工人阶级护厂护店，保全了中国最大的经济中心主要资源；党中央调集了大量物资，保证了供水、供电、供粮等城市功能运转正常，大都市完整回到了人民手中。

丁：为上海解放做出贡献的解放军官兵、地下共产党员、爱国民主人士、人民保安队员，都是上海解放的功臣，让我们向他们表示深深的敬意！

8. 致敬环节之二：出主持人

仪式嘉宾：参加上海解放战役的老革命和烈士后代代表

礼仪：武警上海市总队

鲜花：少先队员

甲：英雄赞歌，代代相传。现在让我们用最热烈的掌声请出参加上海解放战役的老革命和烈士后代代表（名单另附），接受我们的致敬。

【出老战士、革命烈士后人，接受致敬】

乙：现在请少先队员代表我们向解放上海的老战士代表、革命烈士后代代表献花。鲜花和掌声代表的是我们最崇高的敬意。

【少先队员献花】

丙：谢谢各位，请入座！祖国不会忘记你们，人民不会忘记你们。

丁：接下来，让我们共同唱响《祖国不会忘记》。

9．领唱、合唱《祖国不会忘记》

第二章 建设新上海

10．出主持人

甲：新生的上海，以前所未有的热情投身伟大的社会主义建设事业。军爱民，民拥军，军民共建的深入开展，为上海的经济建设和社会发展增添了无穷活力。军民之间生死相依、血肉相连，成为我们不断实现跨越走向胜利的根本所在。

乙：凤凰涅槃。无论是百废待兴的中国，还是蓄势待发的上海，社会主义革命和社会主义建设欣欣向荣、蓬勃发展。日新月异的上海，为世人瞩目。

11．歌曲联唱

出主持人画外音：身居闹市一尘不染，始终保持艰苦奋斗优良传统，让南京路上好八连成了我们的一面旗帜。

（1）队列表演唱《八连好》

出主持人画外音：获得解放的中国工人阶级，以前所未有的创造力，投身于伟大的社会主义建设之中。

（2）男声四重唱《咱们工人有力量》

出主持人画外音："向着胜利，勇敢前进，我们是共产主义接班人"的歌声，越唱越嘹亮。

（3）表演唱《我们是共产主义接班人》

出主持人画外音：从战争时期，到和平时代，人民军队与老百姓的鱼水深情永远不变。

（4）领唱、合唱《军队和老百姓》

出主持人画外音：象征革命的红旗，象征革命胜利的红旗，在亿万人民心中高高飘扬。

（5）领唱、合唱《红旗颂》

第三章　奋进新时代

12.出主持人

丙：奋进新时代。七十年春华秋实，见证的不仅仅是我们这个国家的繁荣富强，还有我们亿万人民为复兴中华，坚韧不拔所做出的历史性奉献。

丁：国要强，我们就要担当，听党指挥，能打胜仗，作风优良，战旗上写满铁血荣光。强军战歌，是人民解放军集结新时代奋进的号角。

13.男声独唱《强军战歌》
14.出主持人

甲：这是历史的选择，也是历史的必然，春天接受邀请，成了改革开放故事里当仁不让的主角，让站起来、强起来、富起来的共和国再次成为世界的一道亮丽风景线。

乙：军队强，祖国强。没有人民的军队，也就没有祖国的繁荣富强，没有人民的幸福安康。在梦想的田野上收获希望，是我们心中永远不落的歌唱。

15.领唱、合唱《在希望的田野上》
16.出主持人

丙：军民团结如一人，试看天下谁能敌？在上海，大到抢险救灾，世博会、进博会等重要安保，小到执勤站岗，服务社会，到处都能看到人民军队英勇将士的坚毅背影。

丁：拥军优属，拥政爱民，军地合力，军民同心，如同中流砥柱般成为我们上海建设发展的坚强力量。

17. 领唱、合唱《我们的上海》
18. 出主持人

甲：放歌新时代，开启新征程。今天我们正以海纳百川的胸襟、追求卓越的情怀、开明睿智的气质、大气谦和的气概，加快建设"五个中心"和具有世界影响力的社会主义现代化国际大都市。

乙：聚集了巨大经济能量的上海，开创军民团结、军政团结新局面，把握机遇，创新驱动，转型发展，走向复兴，迎来更加美好的未来。

19. 领唱、合唱《走向复兴》
20. 出主持人

丙：万水千山不忘来时路，鲜血浇灌出花开的国度。今天，我们重温人民解放军用生命和热血解放上海的光荣历史，在革命先辈的理想和信念的引领下砥砺前行。

丁：砥砺前行，举旗铸魂强政治，聚焦备战强本领，从严治军强作风，支持驻地强服务，不忘初心再出发，牢记使命勇向前。

21. 领唱、合唱《不忘初心》

尾　声

22. 出主持人

甲：庆祝上海解放70周年，我们激情豪迈；迎接新中国成立70周年，我们热情满怀。此时此刻的上海，成了歌的大海。

乙：在"上海市庆祝中华人民共和国成立70周年暨上海解放70 周年歌会"即将落下帷幕之际，我们一起为上海加油，为祖国喝彩。

丙：让我们紧密团结在党中央周围，在中共上海市委的领导下，在未来新一轮改革开放的大潮中继续勇当排头兵、敢为先行者，奋力创造新时代改革开放新的辉煌。

丁：最后让我们以一曲《歌唱祖国》，为今天的歌会画上一个圆满的句号。

23. 全场合唱《歌唱祖国》

赞歌颂军魂

——黄浦区军休干部庆祝建军90周年文艺展演

《军歌》（解放军军歌）音乐起，由强渐弱，男女主持人上。

女：90年前，南昌城头的一声炮响，
　　砸开了一座百年屈辱的城墙。
　　从此，中国共产党的旗帜下，
　　有了自己的武装力量。

男：这支高举锄头镰刀旗帜的工农武装，
　　会聚武昌，会聚湘江，会聚井冈，
　　鏖战赤水，突破乌江，雪山留忠魂，战地黄花香。

女：90年来，我英雄的人民解放军，把赤胆忠心、把英勇无畏、把一心为
　　国、把全心为民的足迹，刻在了共和国的版图上！
　　舞蹈《忠诚永驻》（串场音乐起，LED 大屏：播放主题画面）

男：各位领导，尊敬的各位老首长，"赞歌颂军魂——黄浦区军休干
　　部庆祝建军90周年文艺展演"刚才已经开始了。前面为我们表
　　演这段精彩舞蹈的是××××。

女：出席今天活动的领导有××××。
　　让我们表示热烈的欢迎和衷心的感谢！

男：现在让我们以热烈的掌声请出×××领导为活动致辞。

女：感谢领导热情洋溢的讲话和为我们带来的节日祝福。

忘不了那段烽火岁月，

忘不了那段绿色年华。

祖国啊，我曾雄赳赳气昂昂跨过鸭绿江，

祖国啊，我曾义无反顾舍生忘死冲锋在南疆沙场。

接下来为我们带来的是配乐诗朗诵《曾在军旅》。表演者

×××。

让我们掌声欢迎！

男：当你一身戎装行走在边防线上，

祖国便多了一道风景，

母亲也就添了一份自豪。

华夏的男儿女儿哟，

你看谁最帅？

我！当兵的最帅！

请欣赏舞蹈《当兵就是帅》。

女：真的，当兵就是帅！能不帅吗？你看，"我们都是神枪手，每一
颗子弹消灭一个敌人。我们都是飞行军，哪怕山高水又深"。
好，接下来请欣赏男生小组唱《游击队之歌》。

男：男神威武，女神柔情。男兵前方打仗，女同胞在后方给勇士们
献上爱心浆洗衣裳，军营有军营的浪漫。下面请欣赏舞蹈《洗
衣舞》。

女：看，小河水花飞溅，杵声如歌飞扬。多美啊！下面还有更美的
供你欣赏。请听葫芦丝独奏《赛江南》。

男：一把胡琴两根弦，

一根系着火热的军营，

一根拴着我那远方的家。

战士是钢铁，

战士也是肉身，

战士也会想爹想妈。

想家的战士常常会用一把二胡，在营房外、在窗台下，拉完
《骏马奔腾》，也会拉一曲《我的老家》。请听女生小组唱

《我用胡琴和你说话》。

女：下面这首歌，咱当兵的人和当过兵的人，都无不熟悉它的阳刚之气、铿锵之音。请欣赏男声独唱《咱当兵的人》。

男：干休所是我们温馨的家，温馨的家园里盛开着一朵朵幸福之花。看，在这个特殊的群体中，生活是多彩的，活动是多样的，日子是过得开心的。请看健身《筷子舞》表演。

女："三句半""快板书"这样轻松便捷的文艺形式，好像这些年离我们有些渐行渐远了。但它曾经还真是我们部队官兵喜欢的一种文艺形式。今天有人把它带来了。请听"三句半"《庆祝建军90年》。

男：唱我军歌，声自大江。威武之师，百炼成钢。脚踏祖国大地，背负人民希望，我们是人民的军队，我们永远忠于党。请听合唱《人民军队忠于党》。

男："打天下坐江山，一心为了老百姓的苦乐酸甜。谋幸福，送温暖，日夜不忘老百姓康宁团圆。"一曲委婉动听的《江山》，曾唱出咱老百姓的多少心声和渴望。也是咱共产党老一辈无产阶级革命家和多少将士抛头颅洒热血的初衷。今天我们的×××同志，又一次带着这种朴素的情感，献上一首女声独唱《江山》。

男、女主持人同上：

女：猎猎军旗，红自南昌，忠诚之旅，党指挥枪。这支由毛泽东等老一辈无产阶级革命家创建、为新中国的建立甘于流尽最后一滴血的英雄之师、文明之师，已经走过了90年的光荣岁月。

男：九十载，一路血雨腥风，不畏强敌，风雨兼程，用鲜血和忠诚书写了人民军队艰苦卓绝的光辉历程。

合：今天，莽莽铁军，现代战神，护我国度昌盛，护我13亿百姓，安康吉祥！

女：请全体起立，让我们共同高唱《歌唱祖国》！

好运2008

——黄浦区委宣传部2008年迎新春联欢会

全场本

【在《今天是个好日子》的欢快乐曲声中，三位主持人上台】

甲：春兰处处开口笑，
　　梅花朵朵分外娇。

乙：又是一年新春到，
　　又是一年新岁好。

丙：千家万户齐欢唱，
　　除旧迎新乐陶陶！

乙：不远处，我看到了我的鼠兄鼠弟们正欢欢喜喜蹦蹦跳跳满地
　　跑！

甲：尊敬的各位领导，

丙：尊敬的各位前辈，

乙：女士们、先生们，亲爱的同志们，

合：大家春节好！

甲：小王给您拜年了，

丙：小储给您拜年了，

乙：两个大学生加一个农民，两个靓妹加我这个半拉子老头，给大
　　家拜年了！

甲：好运北京，好运中国，好运2008！

丙：好运上海，好运黄浦，好运2008！

乙：大家好运，好运大家，好运2008！
　　联欢会现在开始，首先让我们以热烈的掌声，欢迎区委常委、
　　宣传部长×××同志为我们致新春贺词！

丙：感谢部长热情洋溢的新年致辞，接下来是文艺表演，首先请欣
　　赏《黄浦时报》党支部为我们带来的大合唱《行进在祖国的大
　　地上》，掌声欢迎！

乙：谢谢《黄浦时报》的同志们为我们带来这么铿锵有力、唱出民
　　族自豪感的歌声！现在部长室的另外几位领导，也为大家带来
　　了美好的祝福！（每人说一句祝福语）

丙：几位部领导用词有别，却共同表达了对大家的美好祝愿，说得
　　真好！

甲：说得好吧！在我们宣传部这个大家里，不仅有人说得好，还会
　　有人吹得好哩！不信你瞧！

乙：接下来请有线电视中心的同事们为我们表演葫芦丝独奏《月光
　　下的凤尾竹》，让我们美美欣赏吧！

甲：此音只应天上有，人间难得几回闻。一曲《月光下的凤尾
　　竹》，把我们带进了如诗如画的西双版纳。小王，你看咱们宣
　　传部这棵梧桐树大不大，就这几年飞来了好几只大凤凰，哎，
　　你就是其中的一只？

乙：何老师，你真会开玩笑，要和你们老一辈人比起来，论说舌头太

短，论写笔头太软，要论吃的盐巴走的路我们差得太远。

丙：好，那就一起来欣赏我们老一辈带来的精彩节目——戏曲联唱。

甲：两位老一辈的戏曲联唱还真是字正腔圆，有板有眼。现在我们请区委常委、宣传部部长×××，宣布2008年度机关工作先进个人和《黄浦时报》、有线电视中心先进个人表彰名单并颁发奖励证书。掌声有请！

乙：作为记者，我得现场采访一下三位模范人物——

丙：岁月悠悠成败得失，谈笑间樯橹灰飞烟灭，弹指一挥间，而历史将记下真正劳作者的耕耘足迹。

甲：是啊，俗话说"天道酬勤"！接下来请欣赏有线电视台党支部为我们带来的大合唱《感恩的心》，掌声欢迎！

甲：现在到了抽奖的时候了。首先抽取的是"牛劲冲天"奖，请三位同志为我们抽取6个三等奖。

甲：小储啊，你知道你何大叔为什么长得一副资源节约型的身段吗？

乙：为什么？

甲：出身不好，属老鼠的呗！

乙：那我就不明白了，你们老鼠不是在十二生肖中位置最大吗？

甲：可是天下成语一大堆，都是"鼠头鼠脑""鼠眉鼠眼""鼠目寸光""胆小如鼠"之类的，你有见过赞美我们老鼠兄弟的成语吗？

乙：哎哟！你可别专拣委屈的说，现在动物世界里的风光，全被你们鼠兄鼠弟占尽了。你看这迪士尼乐园里蹦的跳的唱的笑的玩的闹的，不都是你们兄弟；你再看现在所有的猫科动物都恨不得一个个过来讨好你叫你大哥大叔大爷了……这不，鼠年还没到，大街小巷、乡村田野，大人小孩，就开始不停地喊"金鼠年""金鼠年"了！金鼠啊，听听！

甲：还真是感谢改革开放，让我们鼠兄鼠弟鼠姐鼠妹得以翻身解放!

乙:岂止是翻身解放啊,还让你们大胆地相亲相爱咧!

甲:好!接下来请大家欣赏由《黄浦时报》党支部带来的小合唱《相亲相爱》。

甲:哎呀!精彩精彩真精彩呀!我知道跳西班牙舞的难度是很高的,却被我们的这些年轻人跳得如此生动,特别是我们的小龚同志如果不跳就太可惜了。那天我们小龚跟她爱人打电话,说晚上我们部里要排练跳舞,她爱人说,什么,你跳舞?你还是跳黄浦江好了。现在看来跳舞的姿势要比跳黄浦江好看多了。

乙:小朱,我们现在都说和谐社会,你说我们这个社会中,什么动物与人类最和谐?

甲:你在考我,我想再过几天就是"狗"年,你说的肯定是"狗"吧?

乙:小朱真聪明!有一句话叫"人穷犬相伴,猫向富贵攀""儿不嫌母丑,狗不嫌家贫",狗是人类的忠诚卫士。

甲:看来你对狗是情有独钟呀!那你知道我们宣传部有几位属狗的吗?

乙:我知道你们理论界就有一个顾红基属狗对吧?

甲:好,现在我们请宣传部所有属狗的同志走上台来,接受我们全体同志的祝福!

乙:好,请属狗的朋友上台。

(组织送纪念品、做游戏)

甲:同志们,今天第一轮的抽奖撞大运活动开始了,让我们一起来撞撞狗运吧!

乙:有请我们的三位老师上台抽取六个三等奖,掌声欢迎。

(抽奖、唱票、发奖、祝贺)

甲:小朱,狗年不能不说狗,我提一个人你肯定不陌生,法国大文豪——雨果。

乙：知道，我读过他的《悲惨世界》和《巴黎圣母院》

甲：但你知道他与他那条爱犬"男爵"的故事吗？

乙：这倒很新鲜，别卖关子了，快说来听听吧

甲：雨果的爱犬"男爵"，十分忠于主人，雨果爱之胜子。雨果好友法伦泰侯爵将出使俄国，向雨果借"男爵"做伴，雨果犹豫良久怕朋友失了面子伤了感情，忍痛将"男爵"相赠。时隔八个月的一天，雨果日夜思念的"男爵"竟然出现在他面前。但身体已经憔悴不堪，当看到自己的主人时，身子一软昏倒在地。要知道，从莫斯科到巴黎，历尽千辛万苦，跋山涉水，奔走几千公里啊！雨果看着倒在地上的忠实伙伴心都碎了。

乙：是啊，人类把狗引为伴侣，不仅仅是因为狗的勇敢、机智、勤勉和守职，主要还是它的忠诚，接下来让我们一起欣赏徐慧兰老师给我们带来一曲《××××××》，掌声欢迎。

甲：又到抽奖的时候了。下面进行二等奖抽奖，请两位领导为我们抽取四个二等奖。

乙：谢谢两位领导给四位同志带来好运气，也祝贺四位得奖的同志。

甲：早听说《黄浦时报》的小周是一才女，今天她给我们献上一曲《××××××》，有请周平。

乙：何老师，周平的歌唱得好吧？

甲：好！不过我想听你讲狗的故事。

乙：关于狗忠于主人的故事很多，不过也有让主人难堪的狗，我马上到西藏修公路去了，等回来再讲。

甲：女士们先生们，激动人心的时刻到了！现在请两位领导抽取两个一等奖。

丙：接下来请欣赏我部中老年队表演的藏族舞蹈《军民鱼水情》，

甲：……解放军同志，公路修好了。该给我们继续讲爱犬的故事了吧？

乙：你快别提爱犬了，我在川藏线上修公路，我那条爱犬和一位藏

族姑娘混熟了，结果不愿意跟我下山了。

甲：好了，今天我们事先安排的活动就基本结束了，接下来的时间是自由活动。

丙：各位领导，各位同志：

神犬哮天辞旧岁

国泰民安旺旺来

乙：人逢盛世精神爽

鸡欢犬舞国运昌

合：小何小朱再一次祝大家，在新的一年里好身体、好生活、好心情！

甲：祝大家的日子——一句话

乙：狗撵鸭子——

合：呱呱叫！

精致常熟　梦耀江南

——常熟市第七届体育运动会开幕式
暨全民体育健身文体展演

第一篇章　水·律动

【第一章片头播放，主持人上台】
【序　合唱《我和我的祖国》后，主持人上】

女：亲爱的朋友们，水，用儒雅的姿态，勾画着琴川的风雅，天人合一的风光里，满是岁岁常熟的安乐和幸福！

男：水，用进取的精神，孕育了常熟人的睿智，崇文尚和的气韵中，更有创新超越的脚步铿锵！

女：灵秀琴川，流水悠悠，让我们一起聆听水的律动，阅览一座古城的光辉……

1.《琴川悠长》幕外音

男：（诵）水润琴川，恩泽千载民富安康；弦歌旧里，代代传承至德风尚……

女：朋友们，琴川的湖、琴川的河，无不灵秀温润。她流动在大地上，于是有了这片沃土——天下的常熟；她流动在人们的血脉里，便有了这仁义善良的民风和闪耀在历史星河中的代代名贤！水与城相依，水与人相生，演绎了多少令人骄傲的传奇——现在在舞台上，为我们表演的是常熟市老年体育协会和常熟市木兰拳协会的朋友们，他们长期带领广大市民积极参与各项健身活动和各大赛事，取得了傲人的成绩，是我市体育工作的优秀团队代表。运动的生活更精彩，健康的生命更青春！

2.《剑门遗风》幕外音】

男：一舞剑器动四方！武术，强健体魄，磨炼品格，魅力无穷！江苏省非物质文化遗产江南船拳，兴起于吴越春秋之时，代表着吴地习武文化的悠久历史。如今每逢佳节，常熟水乡拳师齐登船头，习武练拳，积极弘扬中华武术精粹！

女：朋友们，台上的表演者恰是祖孙二人，爷爷王怀老先生是武术国家高级教练，培养出了众多武术冠军，小孙女自幼开始武术学习，祖孙俩正用他们的热爱与坚持，点燃人们习武的热情！

男：朋友们，现在我们看到的是由沙家浜镇船拳队、两仪势武术馆、游文小学武术队带来的精彩表演，让我们共同感受中华传统武术的智慧与神韵，坚定文化自信，发扬民族精神！

第二篇章　山·腾跃

【第二章片头播放，主持人上台】

男：朋友们，十里虞山间，一条绚丽的彩带正成为我市全民健身的美丽风景，这正是我市市委、市政府的实事惠民工程——虞山健身步道！

女：这条美丽的健身步道将全民健身的氛围从城市延伸到乡村，串联起绿色、运动、健康的理念，唯美地融入了群众生活，迅速带动了一个个家庭、千百万市民群众快乐地走出去、动起来！

男：体育惠民、健康常熟！习近平总书记强调体育代表着青春、健康、活力，关乎人民幸福，关乎民族未来。近年来，我市体育事业发展以提高人民健康水平为核心，不断提升公共体育服务水平，全民健身氛围更加浓郁，群众体育发展方兴未艾。

女：接下来，就让我们一起走进青山绿水间，走进活力都市里，感受常熟腾跃的活力姿态！

3. 健身操《奔跑吧，虞山》幕外音

男：（诵）每一个清晨与黄昏，在丝丝清风里，在花香鸟语间，运动的身影正在互相召唤，来吧，信步虞山！来吧，开启健康生活每一天！

女：现在我们看到的是常熟市健美操协会的朋友们的表演，协会的辅导站现已迅速发展到223个，在全市各镇建立了10个分会，开展了形式多样、内容丰富、体文结合的健身运动。此刻就让我们与风为伴，奔跑在健康阳光的路上，奔跑在青山绿水间的追梦路上！

4. 啦啦操《跃动绿茵》幕外音

男：朋友们，现在我们看到的是常熟市国际学校的同学们带来的啦啦操表演。该校在2016年常熟市首届啦啦操比赛中惊艳全场，赢得桂冠。本次受邀表演，队员们从零开始，训练组队，苦练技艺，这支全新的队伍再次让我们感受到了超越自我的青春能量！体育强国梦与中国梦息息相关，让我们继续鼓励孩子们加强锻炼，快乐健身，健康成长！

女：（微赛场）

此刻场上已经成为一个欢乐的微赛场，我们看到的是梅李小学同学们篮球赛。常熟是全国篮球城市，篮球运动氛围浓郁，篮

球赛事运行良好，极大地丰富了群众文体生活，梅李中心小学将篮球文化作为学校特色，校队多次获得省市比赛冠军！

男：现在我们看到的是红枫小学同学们的足球赛。该校努力加快发展青少年校园足球，将足球精神深入学生校园学习文化，推动了校园体育文化建设，在该校形成了热爱体育、积极锻炼的良好氛围！此刻让我们为孩子们的精彩表演点赞，为他们的未来加油！

5．体育舞蹈《绚丽年华》幕外音

女：朋友们，此刻我们看到的是由常熟市尚舞体育舞蹈培训中心的学员们表演的体育舞蹈。新颖的体育舞蹈让我们看到了常熟人民坚定自信的美好形象，以及通过体育锻炼创造健康生活的活力姿态！绚丽年华，运动有我，看我美丽常熟正青春！

6．健美操组合《时尚旋风》幕外音

男：朋友们，近年来，我市体育健身形式不断创新，多种多样的时尚健身方式正吸引着更多人加入到全民健身的行列。此刻，我们看到的是由常熟市英克拉健身俱乐部带来的健美操组合表演，让我们一起引领时尚运动生活，带给生活更多精彩！

第三篇章　城·圆梦

【第三章片头播放，主持人上台】

男：朋友们，深厚的历史文化底蕴和非凡的改革发展历程，无不展现着常熟这座城市的创新基因和创造活力。

女：在探索群众体育、竞技体育与体育产业协调发展的道路上，常熟找到了全民健身和全域旅游深度融合的发展新模式——"体育+旅游+文化"！

男：于是，我们看到了尚湖马拉松、铁人三项、赛龙舟等高端体育赛事与常熟旅游产业的互利增长，也看到了驱动常熟发展的创新动力！

女：常熟正以更加唯美开放的姿态和世界相拥，这里体育事业的蓬勃发展正为弘扬琴川文化、推动创新发展、建设"强富美"高新常熟注入强大正能量！

男：体育强市、圆梦常熟，让我们用奋力拼搏的体育精神，共筑更精彩、更非凡、更卓越的精致常熟！

7. 技巧与柔术《拥抱希望》幕外音

男：（诵）创新、超越是常熟的精神品格。人生能有几回搏？200万常熟儿女正在这片沃土上，以更好、更高、更快、更强的精神，创造常熟发展新高度，向着梦想，向着希望，向着更美好的未来！

8.球操与歌舞《梦耀江南》幕外音

女：青青虞山、悠悠琴川，在古韵今风的江南，常熟这颗明珠正在闪耀，她闪耀的是历史文化名城璀璨的人文之光，闪耀的是精致城市的创新发展之光，更是百万常熟儿女逐梦前行的梦想之光……

【结束语，主持人上台】

女：亲爱的朋友们，常熟市第七届体育运动会开幕式暨全民体育健身文体展演即将结束，让我们继续大力发展体育惠民事业，弘扬中华体育精神，奋力拼搏，共享共建"健康常熟"！

男：让我们继续创新超越，聚力创新，聚焦富民，打造精致城市，努力建设"强富美高"新常熟，以实干劲头和优异成绩喜迎党的十九大胜利召开！

女：祝福运动健儿赛出精彩，成就卓越！

男：祝福大家生活幸福，快乐健康！

女：亲爱的朋友们，

合：再见！

风雨铸剑写辉煌

——2004—2009庆祝山东瑞中医药有限公司五周年 辉煌庆典专场大型文艺晚会

主持词

男：五年坎坷风雨路，

女：瑞中医药写辉煌。

男：尊敬的各位领导、各位来宾，瑞中医药有限公司的职工朋友们……

女：济宁的父老乡亲们，大家——

合：晚上好！

男：很高兴和大家相会在这孔孟之乡、运河之都。

女：很高兴和大家相会在这古老文化气息与现代时尚元素交织的魅力之城济宁。

男：今天，我们古老而年轻的济宁，因为瑞中的辉煌绽放诱人的华彩。

女：今天，我们蓬勃发展的瑞中因为五年难得的聚首吸引了全国医药界关注的目光。

男：五年发展史书写了瑞中人拼搏奋进的壮歌。

女：五年磨一剑铸就了瑞中人诚信为本的品格。

男：今天，是瑞中五周岁的生日，我想回首五年的风雨历程，有一个人最能代表大家说出瑞众人的心声。我们首先有请山东瑞中医药有限公司董事长、总经理×××先生致欢迎词。

女：感谢董事长热情洋溢的讲话，我想此时此刻来自全国各地医药界的朋友们一定和我们瑞中人的心一样激动。

男：是啊，此时此刻现场每一颗跳动的心都在为瑞中祝福，让我们在欢快的歌舞声中为瑞中喝彩，为瑞中欢歌……

1. 开场舞《瑞中欢歌》

2. 亲爱的观众朋友们，瑞中是一个蓬勃向上的群体，是一个敢于创新的群体，每一个瑞中人正是牢固树立了"瑞中兴则我兴，瑞中衰则我衰"的企业主人翁意识，才使得瑞中能在短短的五年之内成为鲁西南地区最大的医药品牌。正像董事长所说，是无数瑞中人默默无闻的奉献才换来了瑞中的今天，是他们用平凡的自己铸就了瑞中的伟大。下面有请二炮歌舞团著名女高音歌唱家田小艺为大家带来这首动听的歌曲《伟大有多大》。

3. 刚才的开场歌舞和音乐快板都是我们瑞中舞蹈团的美女帅哥们为我们表演的，可见我们瑞中具有独特的企业文化，瑞中的企业文化也是企业发展的不竭动力。不仅是这些，五年来不论面临什么样的风险考验，瑞中人只要看到那墙上一个个醒目的大字，就能感受到一股股催人奋进的热流，那一句句格言，一段段企业的座右铭，也锻造了瑞中人独特的瑞中魂，请听音乐快板《瑞中魂》。

4. 瑞中发展创新的企业魅力、诚信为本的企业形象，吸引了全国医药界的朋友，美丽的济宁更因古老的孔孟文化和年轻的都市风尚吸引着世界的目光。今天，一位外国朋友也走进我们的济宁，来到我们的瑞中，为我们的瑞中喝彩。他就是央视《星光大道》的月冠军、来自贝宁共和国的黑人小伙子毛吕克，我们掌声有请。

5. 谢谢我们的非洲朋友毛吕克，接下来请欣赏充满独特民族特色的舞蹈《碧波孔雀》。

6. 在当今歌坛活跃着一个美女组合，她们就是爱乐公社美女组合，自出道以来，她们的专辑《冲动》畅销全国，尤其是她们甜美的歌声就像她们甜美的笑声一样给广大观众留下了深刻的印象。下面有请爱乐公社美女组合郭彤、田甜为大家带来歌曲《该不该放》。

7. 观众朋友们，喜欢看小品的观众对春晚的小品耳熟能详，每年春晚这位笑星的节目都是不可缺少的一道年夜饭。掌声有请著名小品表演艺术家黄宏老师为我们带来精彩的小品《下班以后早点回家》。

8. 观众朋友们，相信大家对电视连续剧《大宅门》并不陌生，《大宅门》那首主题曲更是让我们心潮激荡。下面有请《大宅门》主题曲的演唱者、著名女高音歌唱家胡晓晴为我们带来《大宅门》的主题曲《由来一声笑》。

9. 请欣赏由瑞中舞蹈团为我们带来的舞蹈《红叶》。

10. 今天是个美丽的夜晚，我忽然想起一首美丽的诗篇，是一首关于爱情的诗篇：亲爱的，当想你的时候，我总爱走过咖啡屋去怀念我们温馨的爱。细心的观众朋友会发现这短短的一两句诗包含了大家非常熟悉的三首歌曲的名字，（可请观众猜）对，下面我们就有请这三首歌的原唱、来自台湾的著名歌星千百惠小姐为我们带来她的《温馨的爱》。

11.朋友们，我们央视的《星光大道》是老百姓的舞台，也推出了不少的草根明星，像阿宝、杨光等等，可作为组合的模式出现，给人印象最深，现在最受广大观众欢迎的莫过于他们——凤凰传奇，让我们用瑞中人的热情欢迎他们，今夜现场为我们演绎他们的音乐传奇。

12.今晚可以说是大腕云集、精品荟萃。前不久刚刚随温家宝总理出访朝鲜并演出的女子玫瑰组合也来到了我们的现场，有请她们为我们带来一股新民乐的旋风。

13.下面出场的这位，可以说是一位综合实力很强的大腕，你看他在相声界电影拍得最好，在电影界相声说得最棒，每年春晚只要他一上台，一句特殊的问好"我想死你们了"，就让大家捧腹大笑，他是……对，冯巩，下面有请全国政协常委、中国广播艺术团艺术总监、著名的相声表演艺术家冯巩和他的黄金搭档李志强为我们带来相声《瑞中你好》。

14.朋友们，戏曲是我们的国粹，仅次于京剧的我国第二大剧种豫剧，就生长在和我们山东相连的河南，有很多豫剧表演艺术家大家都非常熟悉。在当今豫剧舞台，八十多岁高龄还能在舞台上演出的艺术家只有一位，他就是豫剧五大名旦之一，有"洛阳牡丹"之称的著名豫剧表演艺术家马金凤老师。今天他也来到了我们的现场，我们掌声有请马老师。

15.俗话说最好莫过兄弟，最亲莫过夫妻。在当今歌坛，夫妻联袂演绎金曲并久唱不衰的两口子歌手，莫过于付笛生和任静了。今天他们这对知心爱人依然要把《知心爱人》送给大家，来表达他们对大家的祝福，因为你是幸福的我就是快乐的。

16."歌坛常青树"这个称号他当之无愧，他的成名曲至今成为我们几代人的记忆，《西游记》的主题曲《敢问路在何方》《牡丹之歌》《在那桃花盛开的地方》，让我们记住了他的名字，让我们记住了他的声音，他就是著名歌唱家蒋大为老师。

17. 朋友们，接下来出场的，我不知该怎么为大家介绍，因为生活中他是一个十足阳刚的帅伙子，舞台上他是一个千娇百媚的杨贵妃，《星光大道》让他走进观众的视野，悉尼巡演他用反串之美征服了西方的观众，他就是有"现代梅兰芳"之称的李玉刚。

18. 朋友们，我们刚刚庆祝新中国的60华诞，前不久一部史诗经典电影《建国大业》再次让我们重温了那段波澜壮阔的历史画卷。今天，曾在多部影视剧中成功塑造我们伟大领袖毛主席的唐国强老师也来到了晚会的现场，让我们掌声有请他为我们带来诗朗诵《诗魂》。

19. 歌舞《瑞中精魂》

瑞中人用奋进拼搏创造了瑞中的辉煌，而今新的五年计划召唤着瑞中人向着新的梦想起航。我们期待瑞中，在科学发展观的引领下创造新的奇迹。我们祝福瑞中，在公司领导班子的带领下，再铸新的辉煌。五年我们为瑞中欢唱，十年我们期待瑞中再相逢，朋友们，再见！

辉煌创业路·美丽新征程

——吴中区经济技术开发区迎国庆群众文艺会演

主持词

【《辉煌创业路，美丽新征程》总片头】
1. 序 合唱《我和我的祖国》后，主持人上

女1：尊敬的各位领导、各位来宾，

男1：亲爱的吴中经济技术开发区的朋友们，

女2：亲爱的吴中经济技术开发区的父老乡亲们，

男2：女士们、先生们，大家——

合：晚上好！

男1：今晚，苏州城南的万家灯火分外璀璨，我们将在这里，为这美丽的新天地热舞欢歌；

女1：今晚，太湖之滨的魅力新城更显瑰丽，我们将在这里，喜迎国庆，开启美丽新征程！

男2：亲爱的朋友们，这里是"辉煌创业路·美丽新征程"吴中经济技术开发区迎国庆群众文艺会演现场，欢迎大家的到来！

女2：朋友们，值此隆重庆祝新中国64华诞和开发区成立20周年之际，我们开发区四个街道的广大群众和管委会机关的同志们创作编排了丰富多彩的文艺节目，共同表达我们心中的喜悦之情！

男1：是的，今晚，我们就精选了其中的优秀作品，用我们自己的歌、自己的舞，用我们的热情为新中国和开发区庆生！

男1：朋友们，下面让我们以热烈的掌声欢迎×××讲话！

　　　谢谢！

男1：朋友们，接下来，就让我们正式开启今晚会演的大幕！

第一章　辉煌新天地

2. 评弹《开发区展辉煌》

男1：从1993到2013，在苏州城南、东太湖之滨，崛起了吴中经济技术开发区，这座山水新城！

女1：短短20年，只是一个孩子长大的时间，而我们的开发区，实现的却是沧桑巨变的跨越。在我们眼前的这片新天地，已然是苏州城南最耀眼的明珠，并晋升为国家级开发区！

男2：20年前，我们脚下的土地还只是普普通通的农村乡镇，我们住的是古旧的屋舍，走的是泥泞的路，那时的我们很难想象出今天的这幅景象！

女2：乡村变都市，但山水依旧，开发区展辉煌，但我们乡音不改。朋友们，下面就让我们用传统评弹唱出我们心中的自豪。请欣赏由评弹艺术家——越溪人穆桂英、陆人民夫妇和郭巷、城南街道及管委会机关评弹爱好者共同表演的评弹演唱《开发区展辉煌》！

3．朗诵《我骄傲，我是开发区人》

男1：说到这20年的变化和成就，真的可以用"日新月异"来概括。不过，我想最有发言权的还是咱们地道的开发区人。

女1：生长在这里、生活在这里的开发区人，又有怎样的感受要与我们分享，就让我们一起来听一听！请欣赏由碧波中学的钱玉兰老师带来的朗诵《我骄傲，我是开发区人》！

4．音舞快板《沸腾的城南》

女2：谢谢钱老师，仿佛在我们面前展开了一幅生机勃勃的开发区美景。

男2：是的，今天的成就的确让每一位开发区人骄傲。你看城南建成区、越溪副中心、双湖新城区等城市板块已经颇具规模，可以说精彩纷呈、亮点迭出。

女2：接下来上场的，就是来自城南街道机关的同志们，让我们来看看他们自编自演的音舞快板，会讲述怎样一个沸腾的城南故事？请欣赏！

5．女声重唱《太湖，心中的眷恋》

男1：谢谢城南街道机关的朋友们，你们的激情表演，洋溢着开发区人奋发向上的精神风貌！沸腾的城南是开发区的一个缩影，而在吴中区大发展的大背景下，我们的开发区也是一个缩影。

女1：在全区奋力"走向太湖时代"的征程中，开发区就是勇敢的先锋，美丽的太湖新城，正如芙蓉出水般呈现在东太湖之滨。我们心中的眷恋——太湖，也将因此更加迷人、醉人！

男1：朋友们，下面让我们欢迎郭巷街道文化中心创作表演的女声四重唱《太湖，心中的眷恋》！

第二章　幸福新家园

6．少儿舞蹈《九月的鲜花》

女1：朋友们，我们每个人都有对幸福的定义，幸福指标也因此包括生活富裕水平、医疗保障水平、教育水平等方方面面。

男1：开发区发展的理念中，就是把这些关系着我们切身利益的民生之事，作为提升幸福感的出发点。

女2：正因如此，我们住上了新房、驾车奔驰在宽敞的大道上，老人们享受着健康幸福的晚年，孩子们在崭新的校园里学习成长，我们感受到了发展带来的实惠，幸福地充实着我们的生活！

男2：朋友们，这是幸福的新家园，让我们一起用鲜花装点它，用希望建设它。掌声欢迎来自碧波小学和东湖小学的学生们带来的舞蹈《九月的鲜花》！

7．舞蹈串烧《舞动的开发区》

男2：谢谢可爱的孩子们！朋友们，20岁是我们的花季，成长了20个年头的开发区也正是活力四射的好时候。充满激情，正是现在开发区的写照。

女2：接下来，就让我们跟随一组舞蹈串烧，一起来感受"舞动的开发区"！请欣赏由城南清风艺术团老阿姨表演的《自由飞翔》、横泾街道泾舟艺术团表演的《OH》、出口加工区表演的《激情拉丁》、开发区总公司表演的《白领爵士》，掌声有请！

8．小品《金邻缘》

女1：谢谢来自各街道和开发区总公司、出加区的朋友们。搬进新家，住进新楼，我们的日子是越来越美了，文明的社区、和谐的环境，让人欣喜不已。不过有这样几户人家，都是上下楼的邻居，却不知道为何闹矛盾了，让我们一起去看看。

9. 男声独唱《好汉歌》

女2：谢谢横泾街道艺术中心的演员们，原来只是一场误会啊！在生活中，沟通多了，误会就少了；误会少了，欢乐就多了。朋友们，下面将要出场的是我们开发区的平安与文明的守护者，让我们欢迎来自城南街道派出所和城管队的同志们带来的歌曲《好汉歌》！

颁发2013吴中经济技术开发区"十佳和谐家庭奖"

男1：谢谢城南的干警和城管队员们！
文明和谐是我们开发区倡导的社会风尚。

女1：为一方百姓谋福祉，是开发区各级党委和政府的根本宗旨。

男1：值此庆祝开发区建区20周年之际，吴中经济开发区管委会和苏州电视台联合举办了开发区"十佳和谐家庭"评选活动。

女1：和谐从每个家庭做起，让全区人民都能践行传统美德，树立和谐风尚！
请看大屏幕——

【播评选短片】

男1：接下来，我们就将在今天这个舞台上，颁发出2013吴中经济技术开发区"十佳和谐家庭奖"！

女1：让我们以热烈的掌声欢迎获奖的家庭上台！

男1：有请——上台，为"十佳和谐家庭"颁奖！
（颁奖）

10.家庭演唱《越来越好》

女1：（采访钱艳老师家庭）钱艳老师家庭，你们好！祝贺你们获得"十佳和谐家庭"称号！钱艳老师是我们越溪小学的教师，在场的观众认识钱老师的鼓鼓掌！哇，大家都认识呀，当个人民教师真荣耀！钱艳家庭被评选为才艺家庭。要不要钱老师家庭为我们展示一下才艺？

观众：要！

女1：掌声呢？钱老师，为大家表演什么呢？

钱老师：唱首歌——《越来越好》。

女1：为什么演唱这歌呢？

钱老师：越溪，以前是个普普通通江南小镇，现在有国家5A级美丽山村、规模宏大的教育园区，越溪已是城市的副中心，也成为美丽的现代化新城区，我们的生活越来越好，所以选唱这歌曲。

女1：说得好！掌声欢迎，家庭演唱《越来越好》，一起祝福我们的家园越来越好！

第三章　美丽新征程

11.鼓乐和舞蹈《为梦出发》

男2：朋友们，今年是开发区成立20周年，也是晋升为国家级开发区的开局之年，我们迈上了新的台阶，也迎来了更多的机遇与挑战！

女2：向着建设国内一流综合性开发区为总目标，我们踏上了新的征程。

男1：新的征程上，我们背负的是全区人民的富裕梦，经济发展的腾飞梦，也有让这山水新城更加美丽的梦！

女1：就让我们向梦远航，为梦出发，请欣赏鼓乐和舞蹈《为梦出发》！

12.微课堂《滴水成冰》

女2：谢谢横泾街道艺术中心的激情表演！朋友们，建设城科融合的新开发区，是我们在新的征程中的重要目标。

男2：是的，而走创新发展之路，以创新驱动发展，重视科技的带动作用，则成为实现这一目标的重要途径。

女2：接下来，就让我们跟随碧波中学的微课堂，一起体验科技创新带来的无限魅力！

13. 女声重唱《双湖扬帆》

男1：朋友们，以太湖新城为引领，我们开发区的新城市建设工程正在加快步伐，太湖新城、尹山湖独墅湖双湖新城等一批"绿色城市、智慧城市"正在崛起。

女1：既有江南水乡的意蕴，又有现代都市的风格，一个面向未来、走向世界的开发区正在这江南水乡美丽扬帆。

男1：下面让我们欢迎由横泾街道艺术中心创作的歌曲《双湖扬帆》！

14. 少儿船拳《壮志凌云》

女2：谢谢！美丽的歌声催人奋进，宏伟的蓝图也正一一实现。

男2：在更高水平的激烈竞争中，相信勤劳而聪慧的开发区人，一定能续写新的传奇。

女2：被列为苏州市非物质文化遗产名录的越溪船拳，近几年来在我们越溪小学普及得红红火火。下面让我们欢迎越溪小学的同学们带来精彩的船拳表演《壮志凌云》！

15. 尾声《阳光路上》

男1：谢谢越溪小学的同学们！20年成长磨砺了我们无惧挑战的意志，20年的收获也让我们对未来的发展充满信心！

女1：20年前我们带着梦想开辟新天地，20年后的今天，我们将怀揣着建设一流开发区的梦，阔步走在科学发展的大路上！

男1：这是吴中经济技术开发区的梦，更是每一个开发区人的梦。梦在心中，路在脚下，让我们携手走在阳光路上！

结束语

女2：亲爱的朋友们，山青水绿，一个更加美丽的开发区就在我们面

　　　前；

男2：生态和谐，一个更加文明的开发区正在孕育；

女1：宜居宜业，一个更加富裕的开发区正在崛起；

男2：产城融合，一个更加美好的开发区就在我们心中，让我们共同
　　　创造；

合：更美丽、更美好的明天！

女1：朋友们，"辉煌创业路·美丽新征程"吴中经济技术开发区迎
　　　国庆群众文艺会演到此结束，再见！

合：再见！

辉煌六十年

——第二军医大学庆祝建校60周年文艺晚会

串　词

序曲：开场锣鼓，校庆欢歌

开场白：

甲：尊敬的各位领导、

乙：各位来宾，

丙：亲爱的老师、同学们，

丁：大家——

合：晚上好！

甲：金秋十月，笑语欢歌，带着深深的祝福，我们刚刚送走新中国60
　　华诞，今天我们又怀着无比激动的心情迎来了学校建校60周年！

乙：六十年奋斗创业，一甲子春华秋实。60年前，学校伴随共和国

一起诞生；60年间，学校与共和国一起成长；60年后，学校与
共和国一起走向辉煌。

丙：60年的光荣与梦想，使二军大变成了一方沃土，孕育了累累硕
果，培育了万千人才，造就了无数栋梁。

丁：60年的奋斗与追求，使二军大成为洒满阳光的一片圣地，把希
望的种子播撒，把生命的激情酝酿！

甲：今天，曾把人生最美好的青春留在这片热土上的新老校友，穿越
60年的时光隧道，执手相望泪眼，促膝共话当年！

乙：当礼炮点燃庆典的火焰，我们自豪的二军大人以学子的赤诚、
忠心和庄严，向母校献上最诚挚的祝福！致以最崇高的敬礼！

丙：参加今天晚会的领导和嘉宾有……欢迎你们！

1.　甲：前行有声，岁月无言。

乙：无敌的军号，吹奏出青春的力量。

丙：秉承红军血脉、肩负时代使命的红十字方队，时刻听从党和人
民的召唤，

丁：我们的铿锵步伐永远

合：向前！向前！向前！

2.　甲：

当校庆的欢歌随着金秋的收获飞扬，母校啊，请允许我将激越
的音符镶在您幸福的脸庞！当校庆的笑语伴着金秋的成熟飘荡，母
校啊，请允许我用最纯最真最美的语言为您歌唱！（配乐诗朗诵《军
大六十年颂》）

3.　丙：

人民军队从井冈山走来，一路军歌嘹亮，集合的歌凝聚风霜，
行军的歌呼唤江河，军旗上始终飘扬着我们的歌。

4.　乙：

走过60年光辉历程，学校历尽艰辛凝练出"博雅、仁爱、笃行"的大学精神，涌现出一大批英模人物和时代典型，他们的崇高品质如同熊熊燃烧的火炬，照亮了军大人精神的星空，成为我们薪火相传的财富。接下来，由荣获"上海市十大笑星"称号的计一彪老师和他的搭档任群林老师表演相声《喜临门》，就是通过一件小事展现"模范医学专家"吴孟超院士的精神风貌。

5. 丁：

建校以来，二军大人始终牢记"救死扶伤，服务军民"的宗旨，在祖国和人民需要的时刻，他们以士兵的姿态冲锋在医疗救护第一线，犹如一群战地天使向我们走来！

乙、丙：

欣逢60年校庆盛典，学校许多不能亲自到场的老领导、老专家、老教授和老校友，也抑制不住激动的心情，纷纷以各种形式发来祝福，表达对母校的热爱之情和美好祝愿。请看大屏幕。

向进老校长视频，表达祝福（原声）。刘志红、韩雅玲播放画面，主持人讲出祝福的话：

我校86级研究生、中国工程院院士、南京军区南京总医院肾脏内科学专家刘志红教授说："新起点，新篇章，希望母校继往开来，奋勇向前！"

我校91级研究生、沈阳军区总医院副院长、心血管内科专家韩雅玲教授说："很荣幸我是二军大的学子，我为母校感到骄傲和自豪！愿母校明天更美好！愿我们的事业蒸蒸日上！"

【播放波士顿校友祝福母校录像（原声，主持人不念）。】

主持人：母校汇聚了我们的力量，凝聚了我们的希望，我们深信到建校100年的时候，年轻的军大学子将以新的光荣和功勋出现在祖国和军队的光荣榜上！

6. 丁：

60年来，不仅广大校友关注着学校的发展，社会各界也始终关注和支持二军大的建设。在这个甲子校庆的美好日子里，许多校外知名艺术家也赶来为学校祝福。今天著名黄梅戏艺术家马兰老师就来到了我们晚会现场，她将为我们献上她的代表作《夫妻双双把家还》。

7.　甲：

追逐多彩的梦，燃烧炽热的情，军大学子的心像火一样跳动。在这美好的夜晚，让我们把沸腾的热血、飞扬的青春都融入欢乐的海洋，和着小提琴动感的节拍，尽情起舞。请欣赏小提琴演奏。

8.　乙：

国家发出支持西部地区建设的号召后，我们学校积极响应，为西部地区提供了强大的医疗和科技支持，学校许多毕业学员也在边疆默默奉献。如今，一条神奇的天路架起了我们与藏区人民沟通的桥梁，引领我们走进那人间天堂，把二军大的温暖送到边疆。接下来，著名女高音歌唱家仝阿梅老师将为我们献上一曲《天路》，表达她的祝福。

9.　丙：

刚才，为我们激情演奏的是著名萨克斯演奏家詹华康老师，让我们再次感谢他的精彩表演。

10.　丁：

京剧是我们的"国粹"，被称为"东方歌剧"，具有古老的艺术魂力，我们每一个军大学子都有责任将这一优秀传统文化发扬光大。接下来，著名京剧表演艺术家王佩瑜老师将为喜爱京剧的师生带来《打虎上山》选段。

11.　外训留学生：刚才的京剧唱得太精彩了，中国文化太有魅力了，我喜欢京剧，我也会唱中国歌。"主持人：你会唱什么歌？外训留学生：今天是您的生日，我的中国！

12. 乙：

那年夏天，我们扯下红旗的一角点缀在肩头，如火的青春便在这片绿色的校园里飞扬！火热的军校生活，哺育我们茁壮成长，在这梦开始的地方，我们要扬帆远航！青春的记忆不会老去，学员日记记录我们的成长！

13. 丙：

母校在我们心中是神圣的，她是养育我们的沃土，是照耀我们的太阳。她用爱的火种静静燃烧自己，为的是托起明天的希望！请听著名男高音歌唱家魏松老师带来的《我的太阳》。

14. 丁：

魏老师，您的一曲《我的太阳》唱得太好了，唱出了军大学子的心声。今天是学校建校60周年的好日子，您对二军大还有什么祝福要表达？（魏松邀请仝阿梅、学校专家教授合唱团、少年儿童共同演唱《我和我的祖国》。）

甲：60年的光辉历程，
乙：60年的风雨沧桑，
丙：无论多少优美的歌曲，也唱不够我们对母校的衷肠！
丁：不管多么绚丽的诗行，也说不尽母校对我们的分量！
甲：今天我们欢聚一堂，纵情歌唱！
乙：明天我们振奋精神，凝聚力量！
丙：向前！向前！向前！第二军医大学，愿你从成功走向辉煌！
丁：向前！向前！向前！第二军医大学，愿你从胜利走向荣光！
甲：迎着新世纪初升的太阳，我们手挽手，豪情万丈！
乙：拥抱东方那绚丽的曙光，我们心连心，壮志飞翔！
丙：让我们团结一心，携手奋进，共同谱写第二军医大学"一体两

　　翼"展翅腾飞的鸿篇巨章！

丁：让我们众志成城，拼搏向上，共同实现建设国际知名高水平研
　　究型军医大学的光荣梦想！

甲：第二军医大学建校60周年文艺晚会

合：到此结束！

勇立潮头　筑梦杨浦

——杨浦区2020年劳模先进表彰会

第一篇章　心潮·致敬劳动者

【开场切光，十秒篇章标板】
【播放开场视频：《杨浦因你更美》】
【播放毕，亮灯光，出主持人】

男：尊敬的各位领导、各位来宾，
女：各位劳模先进、职工朋友们，
合：大家上午好！
男：11月24日，习近平总书记在全国劳动模范和先进工作者表彰大会上强调：光荣属于劳动者，幸福属于劳动者。劳动模范是民族的精英、人民的楷模，是共和国的功臣。
女：在上周召开的全市劳模表彰会上，市委书记李强指出：劳动铸就了我们这座城市的辉煌历史，也必将创造出新时代上海发展的新奇迹。
男：今天我们齐聚一堂，举行"勇立潮头　筑梦杨浦"杨浦区2020年劳模先进表彰会，正是牢记总书记嘱托、贯彻市委要求，将劳模精神、劳动精神、工匠精神内化于心、外化于行，让劳动托举梦想，用奋斗书写华章。本次会议精简纸质材料，各位领导和来宾朋友们只须"扫一扫"大屏中的二维码，即可获取电子版议程。

女：首先，请允许我介绍出席今天表彰会的各位领导，他们是×××。

男：出席今天表彰会的还有：杨浦区本届和历届劳模先进代表，相关委办局、各街道党组织负责人，以及基层工会干部、职工代表。欢迎大家的到来！同时，我们还为今天的表彰会开通在线直播，把场内的精彩和属于劳动者的荣光分享给更多职工朋友。

女：劳动是财富的源泉，也是幸福的源泉。杨浦这些年各项事业发展取得新进展，离不开各级领导的高度重视和大力支持，离不开全区广大职工群众的辛勤付出和共同努力。下面让我们用热烈掌声有请×××书记讲话。

【上场音乐起，礼仪引导领导至讲台】
【领导讲话毕，礼仪引导领导入座，出主持人】

男：感谢书记热情洋溢的讲话，为全区广大劳动者加油鼓劲，注入更多奋斗动力。在"践行人民城市重要理念，争做人民城市建设标杆"的新征程中，有这样一群劳动者，他们为了疫情防控和人民健康逆行出征，为了城市建设和人民事业攻坚克难，很好地发挥了榜样示范引领作用。

女：下面掌声有请区人大常委会副主任、总工会主席×××宣读《关于命名第三届杨浦区"最美劳动者"和"杨浦工匠"的决定》。

【上场音乐起，礼仪引导领导至讲台】
【领导宣读毕，礼仪引导领导入座，出主持人】

男：接下来，有请第三届杨浦区"最美劳动者"和"杨浦工匠"代表上台领奖。

【上场音乐起，礼仪引导领奖人员上台，站指定点位】

男：有请区委副书记×××为他们颁奖。

【礼仪引导领导上台】

女：请领导与获奖代表合影留念。
　　请领导和获奖代表入座。

【礼仪引导领导和获奖代表入座】

男：今年春节前，突如其来的新冠疫情打破了原有的年味儿。我们最可爱、最可敬的白衣天使们，与时间赛跑、与病毒抗争，为了人民群众的安危，白衣执甲、逆行出征、无怨无悔，充分展现了生命至上、举国同心、舍生忘死、尊重科学、命运与共的伟大抗疫精神。下面，请欣赏情景剧《圣心树下》，本剧中何紫娟、伍净净、倪成彦由区中心医院援鄂医疗队员本色出演。掌声有请！

【情景剧演员上场】
【情景剧演出毕】

第二篇章　浪潮·礼赞奋斗者

【切光，十秒篇章标板】

【亮灯光，出主持人】

男：黄浦江水奔流不息，劳模精神代代相传。在经济社会飞速发展的今天，总有那么一群劳动者，不忘初心，怀揣着梦想乘风破浪，不断创造着新的奇迹！

女：今天的杨浦人顺应时代变革，一往无前。他们深信，只有找准坐标、努力向前，才能扬帆起航！下面让我们一起聆听上海市劳动模范、优刻得科技股份有限公司首席执行官季昕华带来的TED演讲《创新杨浦的新"芯"力量》，掌声有请！

【上场音乐起，礼仪引导季昕华至舞台中央】
【演讲毕，出主持人】

男：感谢季总带来的精彩演讲，也祝愿优刻得一直能"通过云计算帮助梦想者推动人类进步"！如今来到杨浦滨江，这条"生活秀带"总能紧紧抓住人们的眼球。

女：在杨浦滨江开发、贯通、开放的进程中，广大一线建设者撸起袖子加油干，创造了一个又一个的标杆。下面有请全国劳动模范、经纬建筑规划设计研究院股份有限公司党总支书记、副院长张榜，上海市模范集体、滨江公共空间建设管理项目组代表、杨浦滨江投资开发有限公司董事长左卫东，一起来谈谈他们和团队是如何建设杨浦、奉献杨浦的。掌声有请！

【沙发道具搬上舞台，上场音乐起，礼仪引导张榜、左卫东至沙发位，出访谈背景：《杨浦的未来因你更美好》】
【访谈】

女：感谢张院长，感谢左董，杨浦的未来因为有你们这样的劳动模范和模范集体而更美好！

【访谈毕，礼仪引导张榜、左卫东入座】

女：城市的每一个角落都有劳动者奔波的身影，劳动者的双手如钢铁般厚实有力，撑起了人生的理想与信念。

男：下面，有请区领导为本届上海市劳动模范（先进工作者）颁奖。首先，有请第一批上海市劳模代表上台领奖，他们是×××。

【颁奖音乐起，礼仪引导第一批劳模代表共八人，依次上台挥手致意，背景大屏出每个人照片】

男：掌声有请区政协主席×××为他们颁奖。

【礼仪引导领导上台颁奖，提示领导为劳模戴奖牌】

女：请领导与劳模代表合影留念。
请领导和获奖代表入座。

【礼仪引导领导和第一批劳模代表入座】

女：下面有请第二批上海市劳模代表上台领奖，他们是×××。

【颁奖音乐起，礼仪引导第二批劳模代表共八人，依次上台挥手致意，背景大屏出每个人照片】

女：掌声有请区人大常委会主任×××为他们颁奖。

【礼仪引导领导上台颁奖，提示领导为劳模戴奖牌】

男：请领导与劳模代表合影留念。
请领导和获奖代表入座。

【礼仪引导领导和第二批劳模代表入座】

男：下面为本届上海市模范集体颁奖，他们是×××。
有请模范集体代表上台领奖。

【颁奖音乐起，礼仪引导模范集体代表共四人，依次上台挥手致意，背景大屏出每个集体名称】

男：掌声有请区委副书记、区长×××为他们颁奖。

【礼仪引导领导上台颁奖】

女：请领导与模范集体代表合影留念。
请领导和获奖代表入座。
女：下面为本届全国劳动模范颁奖。获得此项殊荣的是×××。

有请两位全国劳模上台领奖。

【颁奖音乐起，礼仪引导两位全国劳模依次上台挥手致意，背景大屏出每个人照片】

女：有请区委书记×××为他们颁奖。

【礼仪引导领导上台颁奖】

男：请领导与全国劳模合影留念。
　　请领导和获奖代表入座。

男：让我们再次用热烈的掌声向劳模和模范集体表示祝贺并向他们
　　致敬！

第三篇章　弄潮·讴歌追梦者

【切光，十秒篇章标板】
【出主持人】

男：身为杨浦人的我们，备感骄傲；身为杨浦人的我们，总有道不尽
　　的赞美，下面请欣赏诗朗诵《杨浦，我想对您说》。

【节目演出毕，合唱演员登台，《舞动新时代》背景音乐起】
【节目演出毕，出主持人】

男：沧海横流，方显英雄本色。昂首向前，传承红色基因。

女：时代掀起浪潮，勇立潮头的正是劳动者们无悔的誓言。

男：让我们大力弘扬劳模精神、劳动精神、工匠精神，让"劳动最光
　　荣、劳动最崇高、劳动最伟大、劳动最美丽"的观念蔚然成风。

女：让我们牢记总书记"人民城市"的重要理念，充分发挥"四大
　　优势"，努力建设"四高城区"，为上海迈向具有世界影响力
　　的社会主义现代化国际大都市、奋力创造新时代上海发展新奇

迹做出新贡献。

男：各位领导、各位来宾，"勇立潮头　筑梦杨浦"——杨浦区2020年劳模先进表彰会到此结束。

合：谢谢大家！

金锤与银镰拓展的华章

——黄浦区纪念中国共产党成立86周年音乐会

串联词

开场：（在《红旗颂》的音乐声中，男女主持人走到台前）

男：是谁捧来一本《共产党宣言》，用马克思主义真理，唤醒了一个沉睡百年的民族！是谁带头呐喊："起来，不愿做奴隶的人们，把我们的血肉筑成我们新的长城！"

女：86年前的今天，一个以金锤与银镰为标志，以解放生产力、发展生产力为己任，以代表最广大人民群众根本利益为宗旨的——中国共产党——就在我们脚下的这片热土上诞生了——

男：86年，你像一条奔腾不息的大河，血雨腥风，封锁打压也阻挡不了你前进的步伐！

女：今天龙的传人用86朵烛花，编织成一个金色的太阳；13亿神州托起一座雄伟永固、蓬勃崛起的——华厦！

（《红旗颂》尾声，音乐先强再停）

男：尊敬的各位领导，各位同志，女士们，先生们，大家——

合：晚上好！

女：贯彻市第九次党代会精神，迎接党的十七大胜利召开——黄浦区纪念中国共产党成立86周年大会，现在开始——

男：首先介绍出席今天活动的领导和来宾。出席今天活动的领导有×××、

女：×××。

男：出席今天活动的来宾有×××。

女：和谐之风荡漾在浦江两岸，科学发展，又好又快，黄浦今夜更加迷人璀璨。刚刚闭幕的市九次党代会，吹响了上海和黄浦新一轮发展的号角！

男：新的发展蓝图，新的征程起点。黄浦广大党员和60万人民欢欣鼓舞，精神振奋！

女：现在请中共上海市黄浦区委书记×××为大会致辞，有请！

【书记致辞】

男：谢谢书记！

推开100多年前那扇锈迹斑斑的历史之门，我们仿佛触摸到了黄浦江滔滔江水的悲鸣；穿越86年那艰难险阻、曲曲折折的时空隧道，我们清晰地听到了长江、黄河在为中国共产党人走过的艰辛历程讴歌。

请听大合唱《没有共产党就没有新中国》《东方红》等两首。

演出单位：×××。

女：豪迈的歌声把我们带进烽火连天的年代，正确的理论把我们引向美好的未来。接下来请欣赏民乐演奏（与建党有关的曲子）。演出单位上海市学生艺术团黄浦区青少年活动中心民乐团。

男：唢呐声声朝天放，党的执政方略暖心房。

"凝聚人心、推进发展、促进和谐"，黄浦区在加强基层党组织建设、创建党建工作特色中，年年有发展，年年迈大步。现在请出中共黄浦区委副书记、区长×××，宣读《2007年度黄浦

区创建党建特色工作先进基层党组织表彰决定》。

女：现在请获奖的先进基层党组织代表上台领奖（领奖人员站定），现在我们请出×××等领导为获奖者颁奖，掌声祝贺！

男：好，祝贺我们的先进，也感谢我们的颁奖领导！同志们，市九次党代会为我们描绘了一幅宏伟的蓝图，当你徐徐展开2010年上海城市发展的画卷，一抹抹耀眼的亮色，会让人难抑心中的喜悦与激动。

女：在世界飞速发展的巨轮中，五年后的上海，将是一个更受世人尊敬和关注的城市。咱们老百姓的日子也将会一天比一天更好。
接下来，黄浦区青少年活动中心舞蹈团，将为我们表演舞蹈《好日子》，掌声欢迎。

男：从石库门、从红船上燃烧起的星星之火——如今波澜壮阔、7000万的党员队伍行进在960万平方公里的土地上，扎根在13亿中国人的心坎里。——这就是中国共产党。接下来请欣赏女声小组唱《党啊，亲爱的妈妈》。表演者黄浦区文化馆。

女："党啊，亲爱的妈妈！"共产党员们这样呼唤，中国的老百姓们这样呼唤……今天黄浦的共产党员手拉手传递爱心，心贴心建设"经典黄浦"。

【大幕播放区委、区府领导走访困难户、捐赠画面】

男：下面举行党员"迎七一·献爱心"募捐款捐赠仪式。

【切换到大屏幕】

男：共产党员，一个无上光荣的称号，因为我们的根深扎在黄土地里，因为我们的血流淌在百姓的血管里。有了党的坚强领导，我们的人民才会高歌猛进，行进在祖国的大地上，屹立于世界强国之林中。请欣赏男声小组唱《行进在祖国的大地上》，由中共黄浦区委老干部局演出。掌声欢迎我们的老领导、老同志们！

女：同志们，大家知道，再过一千多天，上海这座美丽的城市就将迎来2010上海世博会的开幕。这是继2008奥运会后中国大地上的又一国际盛事。

请欣赏歌舞《童心向往2010》，演出单位上海市学生艺术团黄浦区青少年活动中心春天少儿合唱团，黄浦区青少年活动中心舞蹈团。看，"2010"向我们走来了！

男：谢谢小朋友们带给我们的精彩表演！的确，2010年举办的上海世博会，将完美演绎"城市，让生活更美好"的主题。延续着世博会创造的发展机遇和成果，上海将努力演绎世博后"城市更美丽、生活更美好"的灿烂篇章。接下来请欣赏歌舞《草原上升起不落的太阳》，表演者黄浦区文化馆。

女：共产党员，

一个无上光荣的称号；

共产党员，

一株株生生不息、永远挺拔在老百姓心中的大树。

权为民所用，

情为民所系，

利为民所谋，

这15个方框汉字，

诠释成一个政党向一个民族承诺的宣言。

现在我们举行：

新党员入党宣誓仪式，老党员重温入党誓词。

领誓人中共黄浦区委书记×××。

【大屏幕先满屏推出党旗，接着上滚入党誓词】

男：每一个共产党员，

当我们举起右手站在党旗下，

都会心潮澎湃；

每一个共产党员，

当我们每一次重温誓词，

我们心中都会卷起不辱使命、勇立潮头的波澜。

女：我们翘首今秋，党的十七大，

将为我们描绘更加宏伟的蓝图。

男：我们翘首今秋，党的十七大，

　　将为我们开辟更加科学的航道。

女：最后请欣赏歌舞《茉莉花》，由上海市学生艺术团黄浦区青少
　　年活动中心春天少儿合唱团、黄浦区青少年活动中心舞蹈团、
　　民乐团表演。

男：茉莉花开香飘万里，和谐春风吹拂着祖国大地！

女：让我们紧密地团结在以胡锦涛同志为总书记的党中央周围，按
　　照党中央对上海提出的更高要求，沿着市九次党代会制定的方
　　针，带领广大干部群众团结奋进干事业，努力开创黄浦经济社
　　会发展的新局面。

男：各位领导，各位来宾，今晚的活动到此结束。

女：祝大家晚安！

男：再见！

女：再见！

军民鱼水情　共筑中国梦

——2015年杨浦区军地文化圈活动文艺演出

主持稿

女：尊敬的各位领导，

男：尊敬的各位嘉宾，

女：同志们，

男：朋友们，

合：大家下午好！

女：金秋十月花果香，

男：军民同欢喜气洋，

女：鱼水情深永不离，

男：携手追梦向前方。

女：我是节目主持人×××。

男：我是节目主持人×××。

女：非常愉悦能主持今天如此隆重的军民大联欢活动！

男：非常激动能主持今天如此难忘的军地文化圈庆典！

女：伟大的军队神采奕奕，勇往直前；

男：人民的军队保家卫国，忠诚赤胆。

女：军民鱼水情、共筑中国梦，2015年杨浦区军地文化圈活动文艺演出，

合：现在开始！

男：首先，请允许我十分荣幸地介绍出席今天活动的有关领导和嘉宾，他们是×××，让我们对他们及在座所有朋友的光临表示诚挚的欢迎和衷心的感谢！

女：此刻，我们站在这绚丽的舞台，心潮激荡、感慨万千，因为杨浦曾经是不朽的抗日前沿，是具有三个百年文明的可爱家园。这里的文化底蕴是那么深厚，这里的人民大众是那么纯朴！

男：杨浦，上海都市的东方明珠，多年来双拥工作一直走在全国的前列，军队文化圈特色鲜明被人们广为传颂。2014年杨浦军地文化获上海市特色项目奖，当这喜讯传来，人们是那样欢欣鼓舞。

女：此刻将要呈现舞台的是江浦街道舞蹈队，她们以别具一格的舞姿，表达了人民军队捍卫祖国所带来的可喜变化。大山的天是那样蓝，大山的水是那样甜，大山的姑娘是那样美，大山的花是那样艳。让我们一起感受舞蹈《山花红红山歌美》的浓郁风韵。

【江浦街道舞蹈队表演舞蹈《山花红红山歌美》】

男：朋友们，素有"军中北大"美誉的南京政治学院是军队政治院校中的高等学府。作为南京政院上海分院的学员，置身于转型大变革中的杨浦城区，他们的精神是那么振奋，他们的歌声是那么嘹亮。现在让我们掌声欢迎南京政治学院上海分院的×××用吉他弹唱的形式，为我们高歌一曲《我爱你中国》。

【演唱《我爱你中国》】

女：军民心连心，官兵一家亲，我们不会忘却在那抗震救灾的日子里，人民战士用生命、用意志为人民托起一片安全蓝天。同样，作为我们的教官如何为战士扫除心理障碍，这又是一个

值得关注的话题。音乐情景剧《日记故事——女教官的美丽心灵》，为我们讲述了在那特定环境中我们的教官如何关心战士、爱护战士，与他们守望生命、众志成城。但愿这一故事能使您感动、共鸣。

【音乐情景剧《日记故事——女教官的美丽心灵》】

男：历史告诉我们，共产党人历来具有不畏强暴、敢于斗争的勇气，革命先辈为了人民的利益，大义凛然、视死如归，他们用生命和鲜血谱写了感天动地的壮丽诗篇，他们的崇高精神鼓舞我们从胜利走向胜利。此刻，来自杨浦区文化馆的×××老师将为大家演唱京剧《杜鹃山》选段《家住安源》。让我们掌声欢迎。

【京剧《杜鹃山》选段《家住安源》】

女：泱泱大中华，上下五千年，炎黄文化博大精深，犹如天上的流云穿越时空、源远流长。继承传统文化，光大传统艺术，深深体验古朴、典雅的中华诗韵，细细品味隽永、华贵的民族风情，这是多么令人心旷神怡的享受！请欣赏杨浦区文化馆舞蹈队带来的舞蹈《流云》。

【舞蹈《流云》】

男：当2015年9月3日天安门广场盛大的阅兵场景在我们眼前闪动，当军委主席习近平向全世界宣布中国将裁军30万的话语在我们耳边震荡，我们由衷感到这是中华民族强大军威的真正体现，是中国强军之梦的真实写照。跟着习近平为核心的党中央，我们的军队无敌天下；跟着伟大的中国共产党，我们的生活无比幸福。下面让我们掌声有请杨浦区文化馆×××为我们演唱一曲《跟你走》。

【歌曲《跟你走》】

女：朋友们，脍炙人口的经典乐曲《春江花月夜》以它深沉、婉约、优美、流畅的旋律深深打动人们的心灵。在这军队文化圈活动的难忘时刻，以琵琶弹奏《春江花月夜》再配以武术表演，这种艺术组合将会给人耳目一新的感觉。让我们掌声欢迎杨浦区文化馆×××和×××共同演绎的《春江花月夜》。

【琵琶与武术《春江花月夜》】

男：在军民同心共建美好家园的杨浦，活跃着一支部队艺术团，艺术团不仅在消防部队享有声誉，同样在上海城区成为美谈。它就是家喻户晓的金盾艺术团。金盾艺术团在杨浦军地文化和双拥工作中留下一串串闪光的足迹和一页页璀璨的篇章。下面，金盾艺术团将以小品《非诚勿扰》献给大家，让大家在欣赏中能感悟到生活带来的教益，能体会到"宁愿坐在宝马车里哭，不愿坐在自行车上笑"错误思潮所带来的烦恼。

【小品《非诚勿扰》】

女：巍巍中华，屹立东方，与月同辉，与日同光。全国军民团结一心，朝着实现伟大的中国梦愿景发愤图强。请欣赏男女声二重唱《共筑中国梦》。

【歌曲《共筑中国梦》】

【演唱结束，主持人同上】

男：同志们，

女：朋友们，

男：看！祖国大地处处涌动军民共建的春潮，

女：创新杨浦时时呈现军地文化的魅力。

男：让我们在以习近平总书记为首的党中央的领导下，

女：振奋精神、坚定不移，为实现中华民族伟大复兴的强军之梦而谱写更加辉煌的篇章。

男：军民鱼水情，共筑中国梦，2015年杨浦区军地文化圈活动文艺
　　演出，

合：到此结束！

女：祝大家身体健康！生活快乐！再见！

合：再见！

旗帜在飞扬

——黄浦区卫计系统纪念红军长征胜利80周年
暨国庆67周年文艺会演

串联词

《长征组歌》开场，歌毕，切灯，闭大幕。

【大幕徐徐启，《红旗颂》前奏起，由强变弱，追灯起，主持人上】

女：长征是宣言书，长征是宣传队，长征是播种机；

男：长征是中国历史记录上的第一次壮举，长征是改革创新的一面伟大而永远的旗帜。

女：红军不怕远征难，万水千山只等闲。秋风秋雨忆长征，秋高气爽颂国庆。尊敬的各位领导、各位来宾，

合：大家下午好！

男：旗帜在飞扬——黄浦区卫生计生系统纪念红军长征胜利80周年暨国庆67周年文艺会演，现在开始！

女：首先请允许我介绍出席今天活动的领导，他们是×××。

男：参加今天活动的，还有各街道分管领导，委机关各科室负责人，委属各基层单位党政领导，工会、团组织负责人、职工代表和离退休老同志代表，掌声欢迎你们！

女：现在，让我们以热烈的掌声请黄浦区卫生计生委党工委书记×××讲话。

【书记讲话】

男：在这稻浪翻卷、丹桂飘香的金秋时节，我们迎来了红军长征胜利80周年的纪念日，同时我们迎来了新中国67岁华诞！

女：刚才开场那高亢激昂的歌声，是黄浦区医工艺术合唱团为我们带来的《长征组歌》，建议大家再一次以热烈的掌声表示感谢！

男：为了民族独立，你种下希望；为了民族富强，你穿越征途茫茫；为了中国梦，你把使命扛在肩上。祝福你，光荣的中国共产党！祝福你，我的祖国母亲！接下来为我们表演的是：上海市第二人民医院带来的舞蹈《祝福》！掌声欢迎。

女：战争年代，她机智勇敢；面对强敌，她沉着冷静。她的故事承载着人们对峥嵘岁月的记忆、对革命先贤的缅怀、对崇高理想的希冀。
请欣赏黄浦区第二牙病防治所带来的革命现代京剧《沙家浜》选段《智斗》！看，阿庆嫂来了……

男：多少英雄儿女，为了大家舍小家；多少革命爱情，历经战火洗礼更加璀璨夺目。《红色年轮》就是他们用热血和忠诚为祖国谱写的一曲爱情赞歌！
掌声欢迎打浦桥街道和豫园街道社区卫生服务中心为我们带来的革命历史剧《红色年轮》！

女：共产党人能够为人民打下天下，也能够为人民坐好江山。共产党人把百姓的冷暖记挂心间，把百姓的事看得比天大，把百姓的恩情看得比海深。请欣赏瑞金医院卢湾分院为我们带来的歌舞《江山》！

男：李白是我国著名的爱国主义诗人，也是屈原之后最具个性特色、最伟大的浪漫主义诗人，有"诗仙"之美誉。他蔑视权贵，心系民间疾苦；他豪放不羁，思维奔放，以诗言志，用自己特定的方式表达对祖国山河的热爱。
接下来，请欣赏黄浦区疾病预防控制中心表演的诗朗诵《将进酒》！

女：五十六个民族五十六朵花，五十六族兄弟姐妹是一家。在迎来中华民族伟大复兴的好日子里，各族人民也载歌载舞欢庆新中国生日的到来。请欣赏黄浦区妇幼保健院表演的舞蹈《西域风情》，大家欢迎！

男：青春，让我们选择人生航向；青春，让我们奋斗如战场；虽然风雨兼程，但让我们创造自己的绚烂辉煌。
请欣赏由黄浦区顺昌医院和瑞金二路街道社区卫生服务中心联袂出演的音乐情景剧《致青春》！

女：曾经有一首歌，红艳艳的花红艳艳的情，它唱在爷爷奶奶的心坎里，它唱在爸爸妈妈的记忆里，如今映山红又开了，今天当她再一次唱响，一定会回荡在我们深情的回忆里！
请欣赏由小东门街道和老西门街道社区卫生服务中心带来的舞蹈《映山红》，掌声欢迎！

男：上海，是维新派民主派活动的基地；上海，是五四火炬的擎起地；上海，是马克思主义火种的植入和传播地；上海，是中国共产党的诞生地……
配乐诗朗诵《爱你上海，爱你中国》。表演者：淮海中路街道社区卫生服务中心和黄浦区卫生科学研究所。请欣赏！

女：今天，我们相聚在这里，共同享受祖国和平发展带来的环境；今天，我们相聚在这里，共同沐浴祖国民族统一政策的阳光；今天，我们相聚在这里，共同为了祖国更美好的明天放声高歌。
请欣赏黄浦区肿瘤防治院和黄浦区香山中医医院共同出演的《民族舞韵》，掌声欢迎！

男：如果说医院是一个生与死较量的战场，那么急诊医务人员就是这场战争的先头部队，急诊室就是战场的最前线。但如果这个急诊室的位置在三万英尺的高空呢？
小品《三万英尺的急救》！表演者：黄浦精神卫生中心。

女：青春是绿色的，像坦荡的草原，充满无限生机和活力；青春是红色的，像初升的太阳，朝气蓬勃，充满希望，愿把光和温暖无私地奉献；青春是彩色的，拥有它，便拥有了七彩人生。请欣赏外滩和南京东路街道共同出演的舞蹈《最亮的星》，大家欢迎！

男：医疗安全与每一个人息息相关，他们用坚持守卫着人民的健康；用坚定维护公共卫生的责任；在卫生监督这片没有硝烟的特殊战场上，他们用自己最朴实的行动，践行着对党和人民的庄严承诺。
下面请欣赏黄浦区卫生计生委卫生监督所为我们带来的小品《执法卫士》。

女：大医精诚，把心血化作春雨，把绝望的愁容变成笑颜，把痛苦的呻吟变为谢语。
请欣赏小品《真爱》，表演单位：半淞园路街道社区卫生服务中心！

男：祖国是太阳，人民是向日葵，人民齐心聚力拧成一股绳，一心向着金色的太阳，中国就有希望，民族就有希望！
接下来，请欣赏黄浦区东南医院带来的舞蹈《希望》！

女：回首过去80年，万里长征，历经沧桑，风雨如磐；
男：纵观建国67载，红旗飘飘，与时俱进，千锤百炼。

女：下面进行颁奖仪式，首先宣布最佳表演奖：（略）
女：欢聚的时刻总是太短，无论多少优美的歌曲，也唱不够我们对党和祖国的挚爱；喜悦的今宵总是难忘，不管多么绚丽的舞姿，也表达不尽我们对党和祖国的情怀！

男：今天，我们激情澎湃、纵情歌唱；明天，我们提振信心、凝聚力量。愿伟大的党和祖国，更加光辉灿烂；愿美好的黄浦事业，再铸辉煌。让我们黄浦区卫生计生委在党的正确领导下，与全区各界一道，携手并进，同力同心，共创美好的未来，共谱辉煌的篇章！

合：旗帜在飞扬——黄浦区卫生计生系统纪念红军长征胜利80周年暨国庆67周年文艺会演到此结束！朋友们再见！

人民的幸福

——庆祝中国共产党百年华诞文艺演出

全场本

开场:领唱合唱《妈妈教我一首歌》。

【童声引领将合唱队慢慢带入舞台。合唱尾声，大幕徐徐拉上。追光灯起】

女： 《没有共产党就没有新中国》，
　　 这是妈妈教我的一支歌。
　　 这支歌从几代人的心头飞出，
　　 这支歌伴随着中华儿女走过大江大河。

男： 唱着妈妈教我的这支歌，
　　 《没有共产党就没有新中国》。
　　 这支歌固我河山华夏，
　　 这支歌壮我儿女骨骼，
　　 这支歌带领我们从血泊中站起，

这支歌让四万万同胞昂起了头——

女：唱着妈妈教的这首歌，

　　《没有共产党就没有新中国》。

　　这支歌从你我的心灵飞出，

　　这支歌鼓舞着亿万人民，

　　建设一个美丽的新中国。

男：各位领导、各位来宾，女士们，先生们，大家上午好！人民的幸
福——庆祝中国共产党百年华诞文艺演出，现在开始！

女：出席今天活动的领导有×××。

男：出席今天活动的还有永葆共产党员和革命战士本色的老英雄、
优秀共产党员×××。

女：现在请我们的优秀党务工作者、优秀共产党员、英雄模范人物
代表上台，接受大家的敬意！

【英模上台，领导接见，少先队员献花，合影】

男：现在让我们以热烈的掌声，欢迎领导讲话。

女：一个有希望的民族不能没有英雄，一个有前途的国家不能没有
先锋。我们的中国共产党为什么历经百年风雨而依然生机勃
勃，正是一代接一代的优秀共产党员不忘初心，挺立在前，用
一颗全心全意为人民服务的丹心，发扬孺子牛的精神，躬耕不
止，奋发图强！

男：因为你肩扛着驱除鞑虏的使命，因为你背负着人民希望的职
责，中国共产党，你从黑暗中一步步艰难跋涉，你从光明中不
断创新，一年年走来，走出今天的百年辉煌……

第一章　不屈的信念

**1．朗诵《共产党宣言》片段（由4—8名黄浦区最美退役军人朗诵）
（合唱队慢慢涌向舞台与朗诵者一同）**

合唱《国际歌》

【背景：一个灾难深重的中国国体，人民流离失所，乌云笼罩……一群船夫背负着一条重重的大船在爬行……主持人上】

男：沉舟侧畔千帆过，病树前头万木春。当中华民族到了最危急的关头，就在我们黄浦这片土地上的望志路106号那座石库门里亮起了一盏灯火。

女：就在中华民族到了最危难的时候，这片土地上聚起了这样一群探路人。

【情景剧《听爷爷讲党史》。主讲者：秦来来（原上海广播电台著名主持人、"金话筒"获得者，形象酷似爷爷，声音及演讲风格俱佳）】

2. 情景剧：《听爷爷讲党史》

【由祖孙三代若干人围观，追光灯……大幕背景：从望志路106号到嘉兴红船，一大人物剪影。上海龙华烈士陵园中的恽雨堂和李文烈士，这对年轻的革命伴侣拖着沉重脚镣，向着敌人的刀丛，迈着坚定的步伐，走向刑场。恽雨堂的妻子李文抚着腹中胎儿，紧紧依偎丈夫，手挽手向着夜色中的龙华塔前行，从容就义……背景音乐《红旗颂》】

（情景剧剧本另附）

主讲者上场开讲：

【课闭，演员下，舞台及场灯逐起】

3. 双人舞《花儿朵朵报春来》

【视频导入电影《刑场上的婚礼》画面背景：电影《刑场上的婚礼》周文雍、陈铁军携手走向刑场及恽雨堂和李文刑场英勇就义、四一二反革命政变中汪寿华、陈延年、赵世炎等英勇牺牲的图片资料画面。舞蹈闭，主持人上。】

男：　"龙华千古仰高风，壮士身亡志未穷。墙外桃花墙里血，一般
　　　鲜艳一般红。"正是这些志不可摧、慷慨赴死的共产党员的铮
　　　铮铁骨，才使得我们的革命火种越燃越旺，燎原全中国……

女：　此刻，仿佛还听到一个声音在我们的耳旁震荡："敌人只能砍
　　　下我们的头颅，决不能动摇我们的信仰！"这就是无产阶级战
　　　士方志敏走向刑场时，从胸膛发出的声音！这就是千百个方志
　　　敏式的革命先辈共产党人的钢铁意志！

男：　共产党人是用特殊材料制成的！就在蒋介石将屠刀向一个个共产
　　　党员砍过来的白色恐怖之下，一个声音"枪杆子里面出政权"，
　　　像一道闪电划过共产党人的心间。南昌起义、秋收起义、广州起
　　　义……一簇簇正义的火把燃烧起来！

女：　这些火把在八百里井冈形成了一条巨龙。"支部建在连上"、
　　　《井冈山的斗争》《中国的红色政权为什么能够存在》、"农村
　　　包围城市，武装夺取政权"、《论持久战》……中国的"马克思
　　　主义"理论，从中国的山沟沟里，从井冈山那座八角楼的灯光
　　　下，从延安窑洞里，诞生——

男：　从星星之火可以燎原到一城一池夺取全国解放，这段路，中国
　　　共产党人走了28年。这28年的历史就是一段血雨腥风、艰苦卓
　　　绝的长征路。

4．领唱合唱《七律·长征》

　　　【背景画面：四渡赤水、血战湘江、爬雪山过草地……】

第二章　永远的忠诚

【男女主持人上】

女：　"亲爱的党，我愿把一切献给你"，这是代表9191.4万中国共
　　　产党员发出的心声！中国共产党是以人民为中心的，而在中国

共产党绝对领导下的人民解放军，则是以全心全意为人民服务为宗旨的。于是，军爱民，民拥军，铸就起一道摧不垮、炸不烂的钢铁长城。

5. 舞蹈《沂蒙颂》

【借用舞台剧《沂蒙颂》中的主题曲《愿亲人早日养好伤》做背景】

男：还记得陈毅元帅在淮海战役胜利时这样说："我们的胜利是人民用独轮车推出来的，我们的军队，是人民用小米喂大的！"《沂蒙颂》所反映的就是当年沂蒙山人民模范支前，与军队血浓于水的感人故事。黄浦区是中国共产党的诞生地，是"好八连"的命名之地，有着"拥军优属，拥政爱民"的光荣传统，并荣获"双拥模范城"九连冠。

女：在革命老区瑞金，有个《杨家八子》的故事，家喻户晓。说的是88年前，一位母亲为了追随共产党，为了光明的新中国，将自己的八个儿子一个一个送上战场，浴血奋战，前仆后继，最后全部壮烈牺牲，连同他们的父亲，一家九个烈士，满门忠烈。

男：当我们的志愿军战士为了祖国、为了人民、为了胜利，宁愿自己冻死、饿死、烧死和用自己的胸膛去堵敌人的枪眼时，远在国内功德林战俘营里的国民党高官们闻讯，也无不动容。他们动情地说："我们现在终于明白国民党会失败、共产党会胜利的真正原因了！"

女：还记得"八女投江"吗？还记得"狼牙山五壮士"吗？此时此刻，江姐、赵一曼、杨靖宇……一个个忠贞不屈的先烈，仿佛就在眼前。正是有了你们永远忠诚的铁骨，中国共产党才有了消灭美日和一切外侵之敌、打败蒋家王朝的胜利之本。

6. 钢琴独奏《保卫黄河》

【借用LED《黄河大合唱》画面，增加伴奏、混响与视觉效果】

男：中国人民解放军因为忠诚于党、忠诚于人民、忠诚于自己的祖国，于是敢于浴血奋战，视死如归，所向披靡！也因此赢得了人民的拥护与爱戴！这是人民的幸福！

7. 女声独唱《我的祖国》

【领唱合唱，以电影《上甘岭》和人民解放军在雪域高原、在对越对印等战场为大屏幕背景，建议穿插朗诵部分歌词】

第三章　时代的赞歌

男：沧海桑田，千帆竞发。百年历史，百年征程。伟大的中国共产党为了探索真理而来，为了解放全人类而来。一路穿云破雾，一路披荆斩棘。在探索中前进，在挫折中奋起。

女：中国的国情，中国人的事情，要有中国"马克思"的理论。今天，我们在"中国特色社会主义理论"的旗帜下，播种中国新的希望。

8. 乐器合奏《春天的故事》

【邓小平南方讲话，浦东开发开放，世博会、自由贸易试验区、进口博览会等画面做背景】

男：今年2月19日，我官媒首次披露中印边境冲突现场。我们的当代年轻战士为了守住每一寸国土，不惜用身体当盾牌，与侵略者殊死搏斗，献出年轻的生命！请记住：侵略者一刻也没有放弃闯进我国国门的梦想。（中印冲突画面，美、日、印等多边在我南海及周边联合演习的画面）。

女：今天的人们，可能对在42年前发生在祖国西南边陲的那场战争，知之不多。42年前的硝烟早已远去，逝者早已淡出人们的记忆。然而，正是当年数万战士的鲜血，给我们带来了40年改革开放的安宁环境。让我们一起来听听一位战士给一名烈士军嫂的来信吧——

9. 音配画散文朗诵《一封寄给玉秀嫂子的信》

【背景画面《高山下的花环》，改革开放后，在中国土地上发生日新月异的变化；背景音乐《血染的风采》《生死相依我苦恋着你》《祖国啊，我永远热爱你》，建议把书信手稿（硬笔或软笔书法）拍摄画面逐行播放】

【一中年退役老兵，穿七八式军装，坐着轮椅，胸前佩戴"自卫还击保卫边疆"纪念章和军功章上场，面对远方，目光深邃，无限深情地……】

【电影《高山下的花环》，退伍、伤残军人自主创业，改革开放新变化的画面做背景】

10. 女声独唱《如你所愿》

第四章　人民的幸福

女：因为共产党人以守土有责为己任，哪怕是在自己十分羸弱的情况下，也要将自己的身躯投入到抗击一切敌人的最前沿。因为我们的每一名党员每一名战士都决意要把自己献给党，献给祖国，献给人民。这是一个政党的立根之本、立根之基。因为你的服务宗旨是"全心全意为人民服务"，于是赢得了民心。

男："人民对美好生活的向往，就是我们共产党人奋斗的目标。"我们还清晰地记得，就在习近平同志就任总书记的第一天，就这样向全世界庄严宣告。不到十年时间，就在中国土地上消灭了绝对贫困。"脱贫攻坚，小康路上一个也不能少！"哪一个国家、哪一个政党有这样的胆略与气魄！这是中国人民的幸福！

11. 表演唱《为人民服务》

【背景画面：毛泽东在给烧炭牺牲的战士张思德致悼词："人固有一死，或重于泰山，或轻于鸿毛。为人民的利益而死，就比泰山还重。"非典、汶川大地震、武汉新冠抗疫战人物画面，重点在2020新冠病毒战疫和全心全意为人民服务的共产党员楷模】

女：中国有五千年的文明史，中国人受儒家文化的浸润很深。中国共产党和中国军队是中国人民养大的，中国人民今天的幸福生活是中国共产党人带领人民创造出来的。中国人和中国共产党人都是懂得感恩的。

男：昨天流血流汗，今天或许还会流汗流泪。但我们的退役军人拥有大海一般的胸怀，有对党无限的忠诚与钢铁般的意志。于是，忠诚面前，所有的屈辱，一切的苦难，都被钢铁的意志踩在脚下……

12．女生独唱《我们是黄河泰山》

男：中国共产党人为了不负人民的众望，始终不忘总结经验，努力克服前进中的问题与困难，不断强调"立党、兴党、强党"的思想，要让党徽、党旗在人民心中高高飘扬，永远飘扬。

13．群口配乐诗朗诵《金锤与银镰拓展的华章》

【建议根据诗歌内容，按历史阶段截取中国革命历史影视资料画面，配乐《国际歌》《过雪山草地》《红旗颂》《春天的故事》《走进新时代》等】

【诗朗诵尾声连着领唱与合唱《再一次出发》的前奏音乐】

14．领唱与合唱《再一次出发》（背景：党的十八大以来取得辉煌成绩的画面）

男：百年征程波澜壮阔，百年初心历久弥坚。从上海石库门到嘉兴南湖，一艘小小红船承载着人民的重托、民族的希望，越过急流险滩，穿过惊涛骇浪，成为领航中国行稳致远的巍巍巨轮。正是这艘巨轮，将中国人民载向幸福的彼岸！

女：征途漫漫，唯有奋斗。站在"两个一百年"的历史交汇点上，全面建设社会主义现代化强国新征程已经开启，让我们从石库门前再一次出发。

男：新征程，再出发。让我们团结在以习近平同志为核心的党中央周围，乘风破浪，扬帆远航，继续奋斗，勇往直前，秉持以人民为中心，永葆初心，牢记使命——

合：去建设一个伟大复兴的新中华。

【随即《没有共产党就没有新中国》的前奏音乐起】

15. 大合唱《没有共产党就没有新中国》合唱队唱第一段，全体演员入场，全体起立，指挥台上台下一同高唱（全场同时拍掌和声，增添喜庆气氛）。

【中国共产党党旗、国家飞速发展、人民幸福生活的喜人景象做背景】

演出到此结束——

【观众散场：背景音乐李娜的《为人民服务》循环播放……】

人民军队向前进

——上海市军民共庆建军90周年广场音乐会

主持词

时间：2017年7月17日18:30

地点：上海音乐厅广场

【片头】

甲：尊敬的各位领导、各位来宾，

乙：亲爱的战友们，

合：大家好！

甲：我是上海广播电视台主持人××。

乙：我是南京政治学院××。

甲：龙腾虎跃、气象万千。我们即将迎来中国人民解放军建军90周年的喜庆日子。

乙：在这美好的时刻，我们向老一辈革命军人，向驻沪部队官兵，向光荣的军烈属和关心支持部队建设，为军队和国防事业做出巨大贡献的上海各级领导和人民群众，合：致以节日的问候和崇高的敬意！

甲：1927年8月1日凌晨，南昌城头的那一声枪响，宣告了人民军队的诞生。从此，中国革命的历史掀开了崭新的一页。

乙：90年里，人民军队在中国共产党的领导下，从小到大、从弱到强，艰难曲折却步履铿锵，用一次次伟大的胜利，展示着无敌的力量。

甲：这是一段矢志不渝、不懈奋斗的伟大历程，无数革命先烈前仆后继、勇往直前，让古老的中华大地天翻地覆，万里河山焕然一新。

乙：这是一段奋进开拓、走向胜利的伟大历程，中国共产党自强不息、与时俱进，带领中华民族取得了革命、建设、改革的伟大胜利，书写着永载史册的光辉篇章。

甲：岁月的年轮无法沉淀斑驳的痕迹，历史记忆的回声也从不会淡然消失。

乙：在新时期新阶段，在强军兴军的号角声中，人民军队接受大考，向改革纵深挺进，又一次呈现出令人鼓舞的崭新面貌。

甲：今天，上海市拥军优属基金会、上海市双拥办、上海广播电视台和黄浦区双拥工作领导小组在上海音乐厅广场举办军民共庆建军90周年广场音乐会，和大家一起回顾那段艰难而又伟大的岁月，一起走进新的光辉篇章！

乙：出席今天音乐会的领导和代表有×××，

甲：部分老领导，驻沪部队负责同志和官兵代表，老革命军人代表，优抚对象代表，为本市双拥工作做出贡献企业代表。

乙：军民共庆建军90周年广场音乐会——

合：现在开始！

甲：首先，请欣赏由战士合唱团和上海爱乐交响合唱团带来的歌曲《人民军队忠于党》，掌声有请。

1. 开场大合唱《人民军队忠于党》

甲：滔滔赣江，巍巍井冈。在这片红色土地上，以毛泽东同志为代表的中国共产党人点燃了革命的星星之火，为中国革命开辟出一条成功之路，培育出薪火相传的井冈山精神。井冈山的山间小路，通往民族复兴的康庄大道；八角楼的灯光，映照共产党人的奋斗征程。行程万里，不忘初心。今天的我们，更应当弘扬和传承井冈山精神，不忘峥嵘岁月，铭记先烈功勋。让我们有请著名歌唱家迟立明先生和上海爱乐交响合唱团为我们带来歌曲《西江月·井冈山》。

2. 领唱、合唱《西江月·井冈山》

甲：为了民族的解放和进步，千千万万英勇的工农红军，同仇敌忾，慷慨赴难，踏上了向死而生的铁血征程。他们的血与肉，融入到中华大地、山河原野，他们英勇不屈的精神，铸就成为中华民族史上的壮丽史诗和不朽的画卷。

乙：我们这座英雄的城市生活着很多革命老前辈、老红军，赵戈老同志就是其中的一位。他1936年5月参加革命，曾参加著名的"一二·九"救亡运动。抗战中担任过晋绥军区战斗报社随军记者，刘胡兰壮烈牺牲的消息就是他在文水前线通过军用电台发出的。适逢建军90周年的大日子，今年已经97岁的赵老也有很多心里话，要与现场和电视机前的观众分享。

【大屏幕播放赵戈采访】

甲：赵老对于年青一代殷切的嘱托，给予我们力量，我们永远不能忘记先辈们的光荣传统和精神，接下来，让我们掌声有请上海民乐团著名二胡演奏家段皑皑带来二胡协奏曲《十送红军》。

3. 二胡协奏曲《十送红军》（5分钟）

乙：1938年4月初，日军向晋东南地区进攻，企图摧毁和消灭八路军主力。在毛泽东同志游击战光辉思想的指导下，八路军129师避其锋芒，将日军截为数段围而歼之。这场战役彻底粉碎了敌人的围攻，收复了18座县城，为建立以太行山为依托的抗日根据地奠定了坚实的基础。抗日的烽火在这里熊熊燃起，中华儿女不屈的灵魂在这里筑起了铜墙铁壁。接下来，有请流行美声组合"力量之声"和上海爱乐交响合唱团带来歌曲《在太行山上》。

4. 领唱、合唱与交响乐《在太行山上》

甲：1949年4月20日，国民党反动派拒绝在和平协定上签字。21日，毛泽东主席和朱德总司令发出《向全国进军的命令》，当夜，人民解放军兵分三路飞渡长江天堑，以摧枯拉朽的气势占领并解放了南京。南京的解放宣告了国民党统治的彻底覆灭，在中国革命史上具有划时代的意义。毛主席写下了气势恢宏、铿锵有力的《人民解放军占领南京》，表达了解放全中国的必胜信念！让我们有请国家一级演员佟瑞欣朗诵这首《七律·人民解放军占领南京》， 掌声欢迎。

5. 交响乐朗诵《七律·人民解放军占领南京》

乙：有这样一群人，他们头枕边关的冷月，身披着雪雨风霜， 为了国家的安宁，为了人民的安全，舍小家为大家，奋战在保家卫国的最前线。城市的喧嚣与繁华远离他们，边疆的清冷与孤寂陪伴他们。刺刀上闪耀着他们的赤诚，红旗上寄托着他们对亲人的思念。他们是祖国的钢铁城墙，更是中华民族的坚挺脊梁。请欣赏由军旅歌手和战士合唱团带来的歌曲《咱当兵的人》。

6. 领唱、合唱《咱当兵的人》

甲：军人，从来都不只是男子汉的特权，在我军漫长的历史中，还有这样一群巾帼英雄，她们，是峭壁上盛开的野花、风雪里跋涉的火焰，她们在血雨中洗净铅华，在战火中熠熠生辉，为伟大祖国的复兴与繁荣挥洒着自己的青春和热血。请欣赏交响乐《女兵进行曲》。

7. 交响乐《女兵进行曲》

乙：党的十八大以来，以习近平同志为核心的党中央把脱贫攻坚作为关乎党和国家政治方向、根本制度和发展道路的大事，扶贫开发成为实现全面小康社会的底线目标。

甲：2016年2月2日农历小年，习近平总书记亲临井冈山茅坪乡看望神山村的百姓们，同村民一起打糍粑。神山村地理位置偏僻，基础设施落后，贫困村民较多。在这里，总书记曾对基层党政干部和乡亲们说："在扶贫的路上，不能落下一个贫困家庭，丢下一个贫困群众。"他指出，扶贫、脱贫的措施和工作一定要精准，要因户施策、因人施策，扶到点上、扶到根上，不能大而化之。

乙：为贯彻落实习主席指示，上海市拥军优属基金会拥军不忘初心，支持上海警备区将井冈山茅坪地区扶贫项目列为重要工作。基金会商请旭辉集团公司出资300万元帮扶神山村。如今的神山村面貌焕然一新，黄桃基地、茶叶基地业已建成。2016年，全村人均收入已达7760元，神山村和井冈山地区一起脱贫，正健步走在奔小康的路上。

甲：本市黄浦区也全力助推江西革命老区脱贫致富，不久前，黄浦区区委书记率领区四套班子领导及区部分双拥成员单位负责人，专程来到江西省永新县三湾乡开展帮扶调研活动，合力抓好项目落地，同永新县三湾乡人民齐心协力，共同打好脱贫攻坚战。黄浦各界向三湾乡捐赠帮抚资金1500万元。

【大屏幕同步播放上海市拥军优属基金会在江西井冈山茅坪地区、黄浦区在江西三湾扶贫项目的相关图片】

乙：上海人民从1949年解放军进城那天开始，就对人民军队关怀有加，拥军优属已经成为上海人民和企业家常做的事。

甲：上海市拥军优属基金会把拥军优属工作，作为事关国家民族利益的大事，关心支持国防和军队建设，为驻沪海陆空、武警部队的建设倾注一腔热血，为维护社会稳定、构建和谐社会做出了显著贡献。请欣赏由著名歌手刘恋为我们带来的歌曲《托起心中的长城》。

8．双拥歌曲《托起心中的长城》

甲：总有一种激情让我们感动，总有一种旋律让我们难忘，总有一种力量让我们奋进，总有一种精神让我们昂扬。人民军队和人民群众唇齿相依、鱼水情深，一路走来一路歌， 携手并进，共筑崭新的丰碑。请欣赏交响乐双拥民歌联奏《沂蒙山小调》《拥军花鼓》《南泥湾》《九九艳阳天》《军民团结一家亲》。

9．交响乐双拥民歌联奏《沂蒙山小调》《拥军花鼓》《南泥湾》《九九艳阳天》《军民团结一家亲》

乙：上海的双拥热潮，历风雨而澎湃，经岁月而升腾。上海积极贯彻军民融合深度发展战略，推动经济建设和国防建设融合发展，努力形成全要素、多领域、高效益的军民融合深度发展格局。新形势下的上海双拥工作一直走在全国的前列。在上海市委、市政府的坚强领导下，认真落实习近平总书记关于深入做好新形势下双拥工作重要指示精神，弘扬传统、开拓进取，共筑坚如磐石的军政军民关系，沿着实现中国梦、强军梦的道路奋勇前进！让我们掌声有请上海歌剧院著名女高音歌唱家石光燕带来歌曲《军民是一家》。

10．军民融合新创作歌曲《军民是一家》

甲：我们都说军人是最可爱的人，而军嫂应该是最伟大的人。当一个女人选择成为一名军嫂的时候，也意味着她选择了与艰苦相携、与寂寞为伴。但也正是在这艰苦和孤独中，古往今来的军嫂们演绎了一幕幕支援国防、甘愿奉献的感人壮举。我身边的这一位是全国爱国拥军模范王钰，她就是一名军嫂。结婚16年来，她无怨无悔地一个人撑起家庭的重担，全力支持丈夫的部队工作，默默付出，毫无怨言。

军嫂故事讲述采访（双拥办提供人选及事迹）

（采访要点：仅供参考）

（1）提问：据悉，两人结婚16年来，相聚的时间加起来不到1 年。对此，会不会觉得寂寞？

回答参考：有时候也会觉得寂寞，但我能理解他对部队的热爱、对国防事业的执着和追求。作为他的妻子，我应该支持他的理想，每次看到他捧回一份份荣誉证书和一枚枚军功章，我就会为他感到自豪和骄傲。

（2）提问：丈夫的工作注定了他不能陪在你的身边，孩子生病打吊针、母亲做肿瘤手术的时候只有你一个人陪护，你自己做手术的时候他也没能陪在你身边。对此，你有没有觉得委屈，有没有埋怨过他？

回答参考：我既然选择嫁给军人就做好了牺牲奉献的准备。有付出才有收获，我牺牲了温馨舒适的家庭生活，换来他的安心工作，我觉得很值得，没什么需要抱怨的。

（3）提问：从2011年开始，你主动担任了你丈夫所在团的家属委员会副主任职务，逢年过节的时候都会组织家属们到部队开展为兵服务活动，为基层官兵服务活动。我们想知道，是什么原因促使你做出了这样的决定呢？

回答参考：我是军嫂，我的丈夫就是军人，我对军人有种特殊的情感在内，我知道他们有多么辛苦和不容易，我只是希望能够尽我自己的一份力，带给他们温暖和快乐，让他们知道祖国不会忘记他们，人民更不会忘记他们。

乙：谢谢您和我们分享的故事，让我们再一次把热烈的掌声献给王钰，同时也献给所有伟大的军嫂。有人曾做过这样的比喻：如果人民军队是长城，那么军嫂就是稳固连接长城的垛口。对于军人来说，妻子就是最温柔的春风、最温馨的港湾。正是因为有了军嫂在他们背后默默的付出和支持，军人的理想和豪情才能在辽阔的蓝天下自由放飞。让我们欢迎青年女高音歌唱家吴睿睿带来歌曲《妻子》。

11. 歌曲《妻子》

乙：军人仗剑杀敌为使命而生，他们在日复一日的磨砺中锻造骨气、血气、英雄气，为荣誉而战，为胜利而战。当战争来临之际，他们必将召之即来，来之能战，战之必胜。有请金盾艺术团著名军旅歌手仝阿梅、李泽为我们带来歌曲《当那一天来临》。

12. 歌曲《当那一天来临》

甲：强军号角唤醒了血性官兵的光荣与梦想。强军战歌激荡着忠勇将士的豪情和雄壮。为建设世界一流的军队，人民军队听党指挥，能打胜仗，我们的队伍永远闪耀着强军兴军之光。请欣赏交响乐《强军战歌》。

13. 交响乐《强军战歌》

甲：为共庆建军90周年，推动军民深度融合发展，以文化引领军营新风尚，活跃和丰富官兵的精神文化生活，值此建军90周年即将来临之际，以市双拥艺术团为主，组建了五支文艺小分队，分别赶赴海军驻佘山岛部队、"南京路上好八连"所在部队、空军驻沪部队、武警上海市总队九支队和静安区大宁街道进行慰问演出，把文艺节目送到了第一线，演出现场气氛空前热烈，受到了广大官兵和人民群众的欢迎和喜爱。（五路文艺小分队演出VCR）

乙：革命军人是祖国的城墙，更是民族的脊梁，军人是最值得敬佩的人，伟大祖国不会忘记军人们的无私付出，人民群众更不会忘记军人的默默奉献。让我们有请著名歌唱家廖昌永带来歌曲《祖国不会忘记》。

14. 独唱《祖国不会忘记》

甲：90年岁月，历经风雨，饱经沧桑；

乙：90年岁月，艰苦卓绝，荣耀辉煌。

甲：穿过厚重的历史，站在新的起点上，我们感慨万千。

乙：90年风雨兼程，曾经的辉煌已化作了新时代愈加蓬勃的力量。

甲：富国才能强兵，强兵才能卫国。坚如磐石的军政军民关系，是我们不断从胜利走向胜利的重要法宝。

乙：军民融合发展的国家战略，既是兴国之举，也是强军之策，更是新形势下双拥工作的大篇文章。

甲：在这篇文章里，大上海举足轻重，我们要以强烈的责任担当，书写好让党中央放心的上海篇。

乙：让我们紧密团结在以习近平同志为核心的党中央周围，以高昂的政治热情和开拓创新的崭新姿态，不断谱写和齐声高唱军民鱼水情的时代旋律。

甲：团结一致，携手共进，

合：走向更加光辉灿烂的明天！

乙：最后让我们全场高唱《中国人民解放军军歌》。

15. 交响全场合唱：《中国人民解放军军歌》

甲：各位领导，各位来宾，各位战友，军民共庆建军90周年广场音乐会到此结束，感谢您的参与！

合：再见！

我与共和国同岁

——黄浦区军休老干部
庆祝中华人民共和国成立70周年文艺演出

全场本

演出铃响过之后,全场闭灯。

画外音:

【片头】

> 我——是淮海战役那咿咿呀呀的独轮车声中孕育的腹中儿;
> 我——是百万雄师过大江时那隆隆炮火声中诞下的女婴;
> 我——是伴随五星红旗升起时发出第一声啼哭的那名男婴;
> 我——是伴随蓝天里《东方红》乐曲声长大的那个"红领巾";
> 我——是春天的故事里那位勤奋执着的耕耘者;
> 我——是追梦新时代中那位开拓创新、勇往直前的奔跑人!

男:共和国,我与您同岁!

女:共和国,我与您同岁!

合:共和国,我与您同岁!

大屏幕开启，上海外滩钟楼钟声（东方红乐声、报时声5、4、3、2、1），轻轻推开一扇窗，南京路、外滩街头躺满解放军战士……画外音："解放啰——"

背景画面（毛泽东的声音：中华人民共和国中央人民政府今天成立了！国歌声、婴儿啼哭声、鼓乐声响成一片，五星红旗迎风招展）推出——

开场舞蹈《万山红遍》。

随着开场舞接近尾声——男、女主持同上。

女：各位领导，各位来宾，

男：亲爱的各位老首长——

合：大家好！

女：我与共和国同岁——黄浦区军休老干部庆祝中华人民共和国成立70周年文艺演出，现在开始。

男：出席今天活动的领导有××××。

女：演出正式开始。

第一篇章　激情燃烧的岁月

男：从苦难中走来，
　　从血泊中走来，
　　从一穷二白中走来，
　　从帝国主义的封锁打压下走来，
　　我们走来了，我们获得了新生。

女：然而，就在五星红旗升起的那一刻，我们还有许多的革命同志，却惨死在顽酷残敌的屠刀下，倒在了血泊中！他们用钢铁的意志和不死的精神，鼓舞着红旗下的一代代新人！请欣赏表演唱《绣红旗》。

男：谢谢表演者为我们奉献精彩的表演。接下来请欣赏歌舞《我的祖国》。

女："朋友来了有好酒,豺狼来了有猎枪!这是我们美丽的祖国,这是我们伟大的祖国!"是的,作为祖国的儿女,不仅心中装着祖国,更是随时为祖国奉献一切。这是我们军休所的老军人、老首长们所发出的誓言,也是永葆的初心,一辈子坚守的诺言!接下来请欣赏歌曲联唱:《志愿军战歌》《我是一个兵》《毛主席的战士最听党的话》《我们走在大路上》。

男:似乎又一次走近鸭绿江畔,似乎又一次看到罗布泊上空那团蘑菇云的升腾,似乎又一次走进边关的雪月风花……刚才的这组歌曲联唱,仿佛把我们带进了那个激情燃烧的岁月!接下来的节目更会让你联想到那个年月的更多更多。请欣赏口琴与萨克斯演奏:《小小少年》《莫斯科郊外的晚上》《红莓花儿开》。

第二篇章　春天的故事

男、女主持同上:

背景音乐《春天的故事》——

男:解放思想,实事求是,团结一致向前看……(十一届三中全会报告标题)。

女:1978年12月18日,一声春雷从中南海爆响,来年的秋日,凤阳花鼓里扭出了丰收的模样(小岗村联产承包责任制,第二年喜获丰收,代表中国农村改革开放的开始)。

男:南窗风正徐徐吹来,人民共和国又一次迎来了一个新的春天……

女:请欣赏沪歌演唱《春满浦江》。

男:共和国走过了70年。我们也走过了70年。今天我们回首往事,觉得共和国的大厦里,有我们添加的一砖一瓦,有我们流下的一滴滴汗水结出的硕果,我们无比骄傲和自豪!
请欣赏情景诗朗诵表演《那年、那月》。

女:我看到了,那座石库门的门头是红色的。那是我们出发的地方!之后,我们走着走着,红殷殷的鲜血,流进了赣江,流进了湘江，流进了乌河、大渡河！之后，这鲜血染红了八一军旗，染红了五星红旗，染红了共和国江山960万平方公里！于是，我爱恋，我爱恋这鲜艳的红色！那是我们长城的根，那是我们民族的魂……请欣赏舞蹈《红色之恋》。

男：今天是你的生日，我的中国。是你的生日，也是我们每个中华儿女的生日。因为你的祥和，因为你的美丽，因为你的强大，祖国海内外的儿女，才能像今天这样扬眉吐气，挺直脊梁。请欣赏男声独唱《今天是你的生日》。

【随着歌曲接近尾声，共和国同龄人代表上台】

主持人上台将话筒依次递给共和国同龄人。

代表甲："我骄傲，我是共和国的同龄人！"

代表乙："我自豪，我是共和国的同龄人！"

代表众合："我幸福，我们都是共和国的儿女！"

女：谢谢×××为我们带来的男声独唱。谢谢我们共和国的同龄人，祝愿你们身体健康，祝福祖国繁荣昌盛！

　　新中国70年，祖国变化翻天覆地；新中国70年，人民生活全面小康。因为有共产党的坚强领导，新中国的这艘航船才能扬帆起航、乘风破浪，取得一个个辉煌！接下来，请欣赏京剧演唱《没有共产党就没有新中国》。演唱者——

第三篇章　筑梦新时代

男、女主持人同上：

背景音乐《天耀中华》——

男："人民对幸福美好生活的向往，就是我们共产党人的奋斗目标和追求！"（习近平在十八大记者见面会上的讲话）

女：2012年11月8日，党的十八大胜利召开，习近平同志成为我们党的举旗人。

男：从此，我们党又一次开启了新的航程，走进一个更加坚实、更加自信的新时代。

女：黄浦区军休所的干部和工作人员在区各级领导的关心指导下，紧紧围绕习近平总书记新时期中国特色社会主义思想，勇于创新，积极进取，主动靠前，把尊崇军人荣誉、维护军人权益，尽心尽责为军休干部服务和争创一流军休所作为自己的工作标准。今天，他们从北京人民大会堂，从党和国家领导人手中捧回了"全国退役军人工作模范单位"的光荣奖牌……

男：党旗刻在我心里，军装是我终身的爱恋！这就是一个老军人的情怀！请欣赏音乐快板《老兵永远忠于党》。

【随着音乐快板表演者退进后台，大屏幕上一支大笔蘸满墨汁，用力画过一横，水墨慢慢渗过整个屏幕……（同时伴随轻音乐《高山流水》）——琴舞画《水墨年华》表演开始】

女：刚才为我们带来精彩表演的是琴舞画《水墨年华》。在我们军休干部中，可谓人才济济，他们能歌善舞，文武兼备。接下来为我们表演的是舞蹈《晚风吹过哨卡》。

男：壮丽七十年，奋斗新时代！不忘初心，牢记使命。老骥伏枥，壮心不已。在新的征程、新的时代里，让我们继续奋发有为。最后请欣赏歌舞《共筑中国梦》。

【歌舞结束演员留在舞台，所有演员上场，男、女主持人同上】

女：请全场起立，齐唱《歌唱祖国》。
男：七十年风雨兼程，七十载谱就辉煌篇章。
女：如今，我们带着中华民族伟大复兴的中国梦，踏上新的长征路，携手同心再出发！
男：各位领导，各位老首长，各位来宾，同志们，今天的演出到此结束！
合：再见！

援疆凯旋，决战世博

——上海市公安局援疆维稳工作表彰大会及 文艺演出

主持词

【管乐团吹奏迎宾曲】
【领导入场，入席】
【主持人上】

主 持 人：各位领导，各位战友，大家上午好！"援疆凯旋，决战世博——上海市公安局援疆维稳工作表彰大会"马上就要开始了，首先向同志们介绍出席今天表彰大会的各位领导，他们是×××。
让我们用热烈的掌声欢迎市局领导。
现在我们请市局特警总队党委书记、总队长×××主持表彰大会。

【表彰大会】

主持人：亲爱的战友们，在演出正式开始之前，我们代表世博安保慰问演出团全体同志，向在援疆维稳工作中立功受奖的特警战友们表示由衷的祝贺，并致以崇高的敬意！

世博安保工作，是党和人民与祖国交给我们的一项艰巨而光荣的任务。战友们援疆凯旋，立即投入世博安保工作，在这里，我们真诚地向你们道一声：战友们，你们辛苦了！

今天，我们世博安保慰问演出团全体同志带来一台小节目，共同为世博安保再鼓干劲，同时，也向战友们表示亲切的慰问。

首先为大家演出的是上海警官乐团。上海警官乐团的乐手全部是来自公安一线的民警。他们在完成所担负的工作之余，用手中的乐器丰富警营文化。他们曾荣获上海之春国际音乐节管乐比赛金奖；曾在中国第一、第二届非职业优秀管乐团队比赛中获（社会组）金奖；也曾赴日本参加第十三届世界警察音乐会，在活跃警营文化中荣立过集体二等功、三等功和嘉奖。今天，他们将为大家演奏詹姆斯·巴恩斯的《阿尔维玛序曲》，乐曲表达了对美好生活的憧憬和向往。此曲也是上海警官乐团荣获金奖的演奏曲目。现在有请中国管乐协会副秘书长、上海管乐协会副会长、乐团常任指挥俞敏，指挥警官乐团演奏。

主持人：下面由消防总队文工团青年歌手马冰冰为大家演唱《江山》。下面为大家演唱的是市局警官合唱团男声合唱《练为战》，此曲以明快的节奏反映了上海公安民警的战斗意志，请欣赏！

【配乐朗诵《以一个母亲的名义》，紧接女声独唱《妻子》（按慰

问演出的串联词报幕）】

主持人：下面请市局警官合唱团卜鸿林，为大家演唱男声独唱《爱在心底》，伴唱：警官合唱团。

在座的各位特警都曾经有过援疆的难忘经历，大家一定还记得，今年在新疆驻地举行的援疆特警队春节小年团拜会上，大家和小马经理及买买提一起跳起新疆舞的情景。现在，消防总队文工团舞蹈队为大家表演舞蹈《花儿》，希望能给我们带来援疆维稳时的美好回忆。

上海警官合唱团是一支业余合唱团，团员均来自基层一线民警，他们用歌声展示了上海公安文化建设成果。合唱团成立十年来，曾荣获过中国合唱节合唱比赛银奖；也曾应邀赴德国参加中德警方文化交流；并荣立过集体二等功和嘉奖。今天，他们为大家演唱歌曲《今天我不回家》，歌曲诠释了日夜奋战在世博安保一线民警的敬业和执着的精神。

现在有请中国合唱协会理事、上海音乐家协会合唱专业委员会副主任、上海警官合唱团常任指挥何剑平，指挥警官合唱团演唱。

演出到此结束……（世博安保慰问演出结束语）

祝你平安

——上海市贯彻消防法专场文艺演出

主持词

时间：2009年4月30日下午
地点：友谊会堂

1. 歌舞《祝福平安》

主持人：
女：祝福平安，平安到永远；
　　祝福平安，春色满人间；
　　祝福平安，岁月多温暖；
　　祝福平安，挚爱在今天！
男：一方金盾牌，平安保家园；
　　一派好前程，平安多灿烂；
　　一部消防法，平安永相伴；

　　一位守护神，巍然如泰山！

女：认真贯彻执行消防法，防祸于未然，保护人身、财产安全，维护公共安全，回击火灾的任何挑战！

男：富裕的社会、小康的生活，不能让消防意识陷入理念的"贫困"，如果疏忽一星半点，火神就会替代财神，不幸就会突然叩响门环。请听计翼彪、任群林表演的相声《自食其"火"》，这里有许多可笑又可气、令人深思的真情实感！

2．相声《自食其"火"》，表演者：计翼彪、任群林

女：公安消防队、专职消防队是火灾扑救和应急救援中起骨干作用的专业力量。消防战士不是耀眼的明星，却同样获得了人们由衷的喝彩；他们虽不是显赫的将军，却同样为祖国建立了不朽的功勋。

男：他们是火中的凤凰、无畏的勇士，为了百姓的幸福安康，每每在关键时分挺身而出，奏响英雄儿女的最强音；他们要用生命无可辩驳地印证——什么是真正的永恒，什么是青春的希望，什么是希望的青春！

女：请听男声独唱《我希望》！

男：这是一位消防战士的心声……

3．男声独唱《我希望》

男：防火在每时每分每秒，防火也在每家每户每人。只有在日常生活中提高消防安全意识、增强社会防控火灾的能力，才能拒火灾隐患于千里之外，让幸福和安康与你我的生活同在。

女：别小看柴米油盐酱醋茶，"买汰烧"里蕴含了大学问、大奥秘，那就是一切不忘消防、消防保障一切！

男：是的，只有活得明白，才能活得精彩！看，一群快快乐乐的"买汰烧"来了，请听他们的切身体会！

4．表演唱《买汰烧》

女：在去年的"119消防日"活动中，有10位广受上海市民欢迎的演艺界明星，成为上海消防志愿者队伍中的光荣一员。明星的参与，有益于提高全民消防安全素质；热心公益消防，也使明星的光芒愈加璀璨夺目。今天，有几位明星消防志愿者自告奋勇地赶来参加这次演出，我们用掌声表示热烈欢迎！

5．明星消防志愿者节目

女：曾经有那么几段声音，深深地留在了黄浦江的滚滚波涛中。涛走云飞，潮涨潮落，它们糅进了几代上海市民自防自救的足迹声，也浸染了几代人对理想生活的憧憬。让我们共同聆听情景音诗《岁月留声》，一起打开一扇上海家庭不曾关闭的记忆之门……

6．情景音诗《岁月留声》

女：鲜活的春风，澎湃的潮头，都市欢快地舞动青春的节奏。一个现代化的大都市正在加快实现"四个率先"，加快建设"四个中心"，重新书写城市史册的春秋。消防为营造平安生活举起了一面坚不可摧的金盾，为现代化的进程守护、鼓劲和加油！请欣赏舞蹈《都市节奏》！

7．舞蹈《都市节奏》

男：当发生重大灾害事故和其他以抢救人员生命为主的扑救和应急救援工作时，消防官兵总是挺身而出，战斗在第一线。应急救援，为的是让共和国拥有每天的安宁。它意味着搏击火海、万般艰辛；也意味着付出火红的青春，甚至付出年轻的生命。

女："应急救援"四个大字高高飘扬在消防战士的旗帜上，也牢牢刻在消防战士的心中。它源自对祖国、对人民的爱的激情。只因为爱在心间，站出来一次又一次忠心耿耿；只因为爱在心间，融化了心里的冰层，提升着人与人之间的体温……请听女声独唱《爱在心间》！

8．女声独唱《爱在心间》

男：正如一首歌所揭示的——"人"字的结构就是相互支撑。同一
建筑物的单位更需要明确各自承担的责任。只有泾渭分明、遥
相呼应、统一管理、众志成城，才能营造一个平安、祥和、睦
邻、温馨的社会主义大家庭！

女：是的，只有各司其责，同路人才能成为同心人！请欣赏小品
《各司其责》！

9．小品《各司其责》

女：60年创业铺展了民族的辉煌，30载探索重塑了中国的风貌。在
我们的周围发生了越来越多的变化。谁不说生活已经变得越来
越好，神州回荡着春天的歌谣……

男：改革开放树立了一块光照人间的丰碑。消防工作就是丰碑的一
块砖瓦基石。
谁不赞颂消防战线激情闪耀，捍卫了共和国每个分分秒秒，守护
了千家万户生活的欢笑！请听马冰冰的女声独唱《越来越好》！

10．女声独唱《越来越好》，演唱者：马冰冰

男：今天，上海世博会开幕倒计时整整一年，再过365天，举世瞩
目的盛典即将来到我们身边。蒙特卡洛点燃的焰火，将怒放在
黄浦江畔，一个遥远的世博梦，即将在上海圆满！"人人学消
防，平安迎世博"，已经成为申城上下1900万人民共同的志向
和心愿！

女：因为，这是我的世博，这是我的盛会，这是我的城市，这是我
的美好生活，这是我的2010！

男：请听歌曲《我的2010》！

11．歌曲《我的2010》

女：消防，与建设和谐社会的脉搏同步共振；

男：消防，是人民生活美好家园的守护神！

女：贯彻消防法，唱响最强音；落实消防法，上海在前进！

男：上海市贯彻消防法专场文艺演出到此结束，谢谢领导、嘉宾的光临，谢谢在座的各位！

合：再见！

军号声声斗志昂，军歌嘹亮情飞扬。铁骨铮铮铁血热，钢铁长城万年长。这是一个特殊的绿色方阵，因此这个群体所展现出的文艺形式与语言，也是特殊的。

《军营天地》一章，主要选编了作者在27年军旅生涯中，为各级军队文艺团体创作的全场本和主持词。

作者与舞台有着不解之缘。从在连队为战士教唱歌曲，到部队文化干事分管文化工作，再到团政治主官依然坚持执笔为舞台创作，一直是部队的文艺骨干。作者曾率某部演出队参加军区文艺会演夺得团队第一名、个人创作一等奖。

军营天地

第四辑

"活着的王成"报告会

【活动预热，播放歌曲《血染的风采》（或电影《英雄儿女》中的主题曲）。活动开始，欢迎英雄入场。

英雄入座后，全场静谧，关灯，播放视频。】

【视频解说】这是进入新时期后，发生在我国西南边陲的一场较大规模的战争。

每一场战争，都是由野心家与魔鬼导演强加给人民的灾难。军人则为和平而战，为和平而生。

为了祖国领土的完整，为了祖国母亲的安宁，为了"和平鸽"翱翔蓝天，我们的许多边防战士在这场战争中付出了宝贵的鲜血和生命。【推出韦昌进画面】韦昌进同志，就是当年参加这场战争浴血奋战的一员。

"我可以死，但阵地不能丢！"37年前的7月19日这天，战士韦昌进和他同班的战友在西南边陲某部6号哨所阵地上，为了守住脚下的国土，英勇阻击敌人，并引导炮兵先后打退敌人11次疯狂进攻。就在左眼眼球被炮弹炸出、右胸被弹片穿透、全身22处中弹负伤的情况下，为了祖国不失一寸土地，战士韦昌进毅然拿起报话机，用尽全力向指挥所呼叫："为了祖国，为了胜利，向我开炮！向我开炮！"

阵地守住了，韦昌进却倒在血泊中，昏迷七天七夜，先后11次手术，至今体内还残留着4块弹片。战后，韦昌进被中央军委授予"战斗英雄"荣誉称号，并荣立一等功。

2017年八一前夕，韦昌进被授予"八一荣誉勋章"。

战争是残酷的！但是这场战争，却为共和国改革开放赢得40年和平环境。

或许我们每个人都渴望河清海晏、歌舞升平的和平环境。但和平绝不是向强权与强盗乞求得来的。军人为和平而生、为和平而战，是战士的铁血与胸膛，换来了母亲的和平与安详。

我们看到，在英雄的身上有铮铮铁骨，也有满腹柔肠。走下战场、走出硝烟的韦昌进，没有躺在功劳簿上。他自强不息，身残志刚，用一颗深爱祖国、深爱人民的心和青春热血与智慧，书写出一曲又一曲多彩人生的青春壮歌。他任连队指导员时，带出享誉军区的"标兵连队"；他任军校教员时，培育出了一大批优秀军事指挥员；他在任山东枣庄军分区政治委员时，带领枣庄老区人民脱贫攻坚，开辟出一条条致富之路。

因为爱，因为家国情怀，韦昌进同志始终固本色、守初心，在坚守一个党员一个战士的阵地上，不断前行，永不止步！1991年，韦昌进被表彰为"全国自强模范"……

【视频毕，主持人上】

主持人：

各位首长、各位战友、各位学员，刚才这段视频，让我们了解到20世纪70年代末80年代初发生在我国西南部的一场惨烈战争，也让我们结识了这场战争中一位浴火重生的"王成式"英雄韦昌进。

今天我们荣幸地邀请到了上海警备区副政委、"八一勋章"获得者、"活着的王成"韦昌进将军。

有请韦政委！

【韦昌进政委上台，全场起立鼓掌，学员献花】

　　下面就请韦昌进政委为我们做报告。

【韦昌进做报告，报告毕，主持人上。】

主持人：

　　谢谢韦政委精彩的报告（鼓掌）。

　　"上马扫贼寇，下马保家国。"刚才韦政委40分钟的报告，既为我们带来了37年前那场战争中"但使龙城飞将在，不教胡马度阴山"的军人铁血豪气，也为我们讲述了走下战场的韦政委不居功不自傲，身残志坚，将"战争幸存视为新生" 来励志，从而勤学苦练，躬心钻研军队思想政治工作，言传身教，率先垂范，带出一批批能打仗打胜仗的新时期部队指挥员、战斗员。从韦政委身上，我们领略到我军新一代指挥人员的琴心剑胆与智慧谋略；同时，在韦政委的报告中又无处不体现出一个革命军人的心中，对祖国、对人民、对母亲和对战友的无限深情与挚爱！这些精神，都是值得我们新一代革命军人永远学习的！

　　建议大家再以热烈掌声对韦政委精彩的报告深表感谢！

【接下去是互动环节。之后，主持人结束语】

主持人：

　　"熠熠神州，经十万阵雨骤风狂；

　　莽莽铁军，护十四亿百姓安康。"

　　军旗猎猎，军徽闪亮。

　　万里长城永远刚强。

　　（刚才的互动环节中，我们……）

　　今天的人民共和国从站起来、富起来到强起来，已经矗立在世界东方。然而放眼寰宇，烽烟未息，台海孤悬，反华势力依然亡我痴心不死。此刻，我们更应该以韦昌进将军爱党、爱国、爱军的家国情怀为榜样，以文化人，用理论凝聚力量，用信念铸就坚强。永固红色江山，打造绿色家园。耀我军徽，护我国民，雄兵百万，秣马整装，只要狼烟不熄，我们就握紧钢枪……

2015，我们出发

——某军校毕业学员联欢会主持词

串联词

序《毕业仪式》

【军乐队站立于舞台台阶上，三军仪仗队置于中央。小号手吹响集结号，毕业学员方队（80人）持枪在操场跑道处集结，跑步带入舞台，同时播放脚步声效音乐。声音由远及近、由弱到强。毕业方队到达舞台后，院长伴随仪式进行曲走上舞台，指挥员整队报告。】

指挥员：院长同志，2015届毕业学员集合完毕，请指示！
院　长：稍息！
指挥员：是。
院　长：同学们，20年前，我和你们一样，从这里毕业，从这里出发。如今作为院长，也作为你们的校友，由衷地希望你们永不停歇前进的脚步，把学习当作毕生的职业，把成才当

作永恒的追求，把母校当作坚强的后盾，献身国防，建功
立业，为军旗添辉，为母校增光！

指挥员：向军旗敬礼！

【全场观众起立。舞台背景缓缓升起一面巨幅军旗。台上学员
敬礼，毕业学员方队伴随军乐变换为以三军仪仗队为前导的三角队
形，呼口号"忠诚使命、以身作则，——二——三——四"】

【在院歌变奏音乐中，男女主持人从上台口走出，台上学员做
背景】

男：尊敬的各位领导、专家，亲爱的同学们——

合：大家好！

女：又是一年芳草绿，又是一载离别时。三十多个春夏秋冬，记不
清洒下多少汗水悉心呵护破土的幼苗，更数不清栽下多少桃李
撑起绿色长城。但我们知道，一代代学子从这里远航，延伸着
梦想与希望。一批批队伍从这里出发，开启新的征程。

男：看到这一张张熟悉的面孔，依稀记得他们刚刚入学时的模样。
四载春秋，朝夕相伴，难以忘却，他们课堂里专注的眼神，操
场上矫健的身影，也更记得，节日中的祝福声声。铁打的营盘
流水的兵，弹指一挥，他们即将走上新的征程，师生之谊，在
此化作依依不舍之情。

女：是啊，和他们一样，我也到了该和母校说再见的时候了。熟悉
的一教楼、难忘的三号院、成荫的梧桐树、九月的桂花香。日
记里的书签化成了记忆中的永恒。慢慢合上回忆的扉页，让我
们静静地回首，成长的足迹仿佛就在昨天。

1. 表演唱《我们的十八岁》

【画外音，伴随鸟叫背景声】

今天是入学的第八天，我到现在都还有点不敢相信，自己竟然
真的成了一名军人！三号院的生活很苦，不过同学们都很坚强。短
短几天，感觉自己一下子长大了好多！今天的训练中我表现不错，
得到了班长的表扬，说我有兵的样子，我挺激动的，因为这是入伍

以来的第一次表扬，对一个兵的表扬。

2．音乐说唱《军校第一课》

【画外音，伴随雷雨背景声】

明天就要拉练了，有很多准备工作要做，收拾东西的时候有点手忙脚乱，就想起了妈妈。妈妈对部队的印象就是一个字，"苦"。可您知道吗，儿子不怕苦，因为军装承载着我的梦想，军营是我无悔的选择。

3．歌曲《战士和母亲》

【画外音，伴随操练背景声】

起床、出操、上课、下课、训练、自习，军校的生活紧张而又充实。在这里，我当上了班长，发表了论文，运动会拿了名次，还评上了优秀学员。每一点进步，都见证着自己的努力与付出。我会用坚实的步伐，走好军旅人生的每一步，和着嘹亮的"一二三四"。

4．踢踏歌舞《军队节奏》

女：每年的六月，校园里总是洋溢着浓浓的感恩与不舍。朝夕相处的往昔，交织成难忘的师生情谊，也勾勒出美丽的成长足迹。下面，有请×××表演诗朗诵《我想对你说》。

5．诗朗诵《我想对你说》

【教员与学员朗诵，朗诵时8个小提琴演员伴奏。】

【《相逢是首歌》第二段间奏音乐起，10名女学员从舞台各个方向上台演唱。】

6．女生小合唱《相逢是首歌》

男：学生时代的生活总是那么纯洁而又亲近。朝夕相处的往昔又是那么真切而又不舍。昨天的故事会成为明天最美的回忆。不舍的情缘更平添了一份牵挂、一份信赖。

女：我们相信，任何风雨都无法阻挡你们前行的脚步，母校和老师们始终在期待着你们、关注着你们。

7．方阵互动《时刻准备着》

指　挥：战友们，刚才的节目好不好？

全　场：好！

指　挥：咱们互动要不要？

全　场：要！

指　挥：学院人，个个棒，看看谁的口号响，比比谁的斗志强！

指　挥：基础部来一个！

基础部：扎扎实实打基础，勤勤恳恳练技能！

指　挥：进修系来一个！

进修系：天南地北南政人，"生命线"上铸军魂！

指　挥：理论一系来一个！

一　系：一系学员到一线，铸魂播火把功建！

指　挥：理论二系来一个！

二　系：二系学员本领强，文韬武略美名扬！

指　挥：新闻系来一个！

新闻系：博学精武献基层，新闻学子写忠诚 ！

指　挥：进修大队来一个！

进修大队：加钢淬火在学院，任职岗位立新功！

合　唱：准备好了吗，士兵兄弟们？当那一天真的来临，放心吧，祖国！放心吧，亲人！为了胜利我要勇敢前进！

指　挥：从军校到部队，建功立业再相会！

全　场：从军校到部队，建功立业再相会！嘿！

女：谢谢！各方阵的口号真是让我们热血沸腾。从红牌到大校，从机关到部队，不同的年龄、不同的身份、不同的经历，同样的信仰、同样的责任、同样的使命，正是这太多的同与不同构成了多姿多彩的和谐校园。

8. 情景歌曲组唱《多彩的校园》

女：建院三十多年来，我们学院已经培养了五万多名政工人才。他们当中有很多已经成为军队建设的骨干力量。

男：每年的这个时候，学院都会邀请优秀毕业学员代表回到母校为即将毕业的学弟、学妹传授经验、祝福鼓劲。今天，他们也来到了我们晚会的现场，有请！

　　【代表上台，学员献花】

女：借此机会请他们给我们即将毕业的学员讲几句话。

　　【优秀学员代表讲话】

男：谢谢！谢谢二位优秀学员！我们也相信将会有更多的学子追随你们的足迹，在阳光路上为母校争取更大荣光！

女：有请×××演唱《阳光路上》。

9. 歌舞《阳光路上》

女：阳光路上，我们前行的脚步日夜兼程。阳光路上，我们出发的行囊满载希望。亲爱的母校，离别之际，请听你的学子们对你说——

　　【毕业学员方队伴随音乐手举五角星走向舞台，合唱歌曲《满天星》。毕业学员方队以集合队形在舞台不动。各单位毕业学员代表从台上方队中向前一步，各讲一句毕业感言。】

男：今天，我们彼此留下约定，相约再次重逢，畅饮岁月的琼浆，分享成功的喜悦。

女：今天，我们共同许下承诺，要让恩师的笑容更灿烂，要让母校的历史更辉煌。

男：为了约定，让我们出发！

女：为了承诺，让我们出发！

男：2015——

合：我们出发！

　　【小号手吹冲锋号，全场合唱《院歌》。】

不忘老前辈

——2010年中央军委慰问驻京部队老干部 迎新春文艺晚会

主持词

甲：尊敬的胡主席，

乙：尊敬的军委领导，

丙：尊敬的各位老首长，

合：春节好！

甲：锦绣中华喜庆辉煌盛典，春风万里再扬奋进征帆！

乙：在全党、全军、全国各族人民深入学习贯彻党的十七大和十七
　　届四中全会精神，在新的起点上继续推进中国特色社会主义事
　　业的伟大进程中，我们迎来了2010年新春佳节！

丙：今天，中央军委在这里隆重举行慰问驻京部队老干部迎新春文
　　艺演出。胡主席和军委领导与老首长们欢聚一堂，共贺新春！

甲：我们怀着无比激动和喜悦的心情，向为建立、保卫和建设新中
　　国，向为国防和军队现代化建设做出卓越贡献的老功臣、老前

辈们，致以崇高的敬意和亲切的慰问！

乙：衷心祝愿各位领导，各位老首长，新春快乐，万事如意！

丙：2010年中央军委慰问驻京部队老干部迎新春文艺演出，

合：现在开始！

1. 歌舞《虎跃龙腾迎新春》

【歌舞中，参加庆祝新中国成立60周年国庆首都阅兵部队代表
拜年。】

我们是参加庆祝新中国成立60周年首都阅兵部队步兵方队代表，

我们是海军方队代表，

我们是空军方队代表，

我们是第二炮兵方队代表，

我们是武警方队代表，

我们是三军女兵方队代表，

我们是女民兵方队代表。

一位代表：今天，我们代表受阅部队和全军广大官兵向胡主席

合 ：拜年！

一位代表：向军委首长

合 ：拜年！

一位代表：向各位老首长

合 ：拜年！

一位代表：衷心祝愿全国各族人民，

合 ：幸福安康！

一位代表：祝我们伟大的祖国，

合 ：繁荣富强！（敬礼）

2. 男女声表演唱《江山锦绣春光好》
3. 杂技与舞蹈《流光溢彩》

甲：在硝烟弥漫的战场上，在浴血奋战的堑壕里，父辈们崇高的精
神，气壮山河，巍然屹立。

乙：在改革开放的征途中，在民族崛起的奋斗里，鲜红鲜红的国旗
　　啊，迎风飘扬，映红天地。

4．舞蹈《父辈》
5．男女声二重唱《国旗升起》

丙：刀光剑影，沙场砺兵。龙争虎斗，气势如虹。军事变革谋打
　　赢，未来战场展雄风！

6．舞蹈《沙场砺兵》

甲：在庆祝新中国60华诞的礼炮声中，我们阔步走过天安门广场，
　　接受党和祖国的庄严检阅。钢铁的方阵，坚定的步伐，我们意
　　气风发，斗志昂扬！

7．男声独唱《阅兵之歌》

乙：神州大地春风化雨，和谐家园欣欣向荣。巍巍泰山，是谁在春
　　雨中踏歌起舞，把如画的风光定格在了人们的心中。

八、音画歌舞《泰山春雨》

丙：当年，他们脱下军装，走进荒漠，屯垦守边防。如今，沙海变
　　绿洲，旧貌换新颜。
甲：好一片蓬蓬勃勃的绿荫啊，那是60年的成就和奉献，那是对党
　　永远不变的忠诚信念。

9．小品《沙海绿荫》
10．领唱与合唱《信念》

乙：用56种颜色，描绘最美丽的画卷；
丙：用13亿个祝福，谱写最深情的颂歌。中华儿女捧出心中最真挚
　　的爱，祝福你啊，
合：亲爱的祖国！

11. 歌舞《祝福祖国》

甲：科学发展江山多锦绣，

乙：春风拂面时代谱新篇。

丙：让我们更加紧密地团结在以胡锦涛同志为总书记的党中央周围，高举中国特色社会主义伟大旗帜，以邓小平理论和"三个代表"重要思想为指导，深入贯彻落实科学发展观，

甲：有效履行新世纪新阶段我军历史使命，努力开创国防和军队现代化建设新局面。

乙：演出到此结束。祝各位领导、各位老首长，

丙：新春快乐！

甲：身体健康！

合：阖家幸福！再见！

风展军旗如画

——某学院迎接党的十七大召开歌咏比赛主题活动

主持词

女：尊敬的各位首长，

男：亲爱的战友们，

合：晚上好！

女：八十年风雨兼程，八一军旗美如画；

男：十七届开拓创新，伟大理论指航程。

女：为认真贯彻落实总政指示精神，深入开展好 "赞颂新成就，履行新使命，建设新南政，迎接十七大"主题教育活动， 纪念建军80周年，并热烈祝贺学院第二次党代会的胜利召开，我院隆重举行了"风展军旗如画"系列文化活动。今晚，我们将在这里举行"风展军旗如画"歌咏比赛的决赛。

男：出席今天晚会的领导有××××××，让我们以热烈的掌声对各位领导的到来表示欢迎！

女：学院"风展军旗如画"系列文化活动从5月初开始，相继举办了黑板报现场制作比赛和征文比赛，歌咏比赛是此项系列活动的最后一项赛事。15个参赛队经过初赛，共有10支参赛队进入了今晚的决赛。

男：今晚的比赛由评委现场打分，评选出一等奖1名、二等奖2名、三等奖3名、优秀奖4名。比赛采用10分制，去掉一个最高分，去掉一个最低分，累计平均分为参赛代表队的最后得分。为了让评委公正综合考查参赛代表队的演唱水平，前三个演唱单位在演唱结束后统一报分。

女：担任今晚比赛的评委是：××××××。

男：本次比赛将有乐队现场伴奏，下面向大家介绍一下我们乐队的成员：担任乐队配器和鼓手的是警勤连指导员×××、担任键盘手的是2队学员×××，小号手是干部科干事×××，长号手×××老师，担任贝司手的是2队学员×××，吉他手是10队学员×××。

女：首长和同志们，"风展军旗如画"歌咏比赛现在开始。

男：首先上场的参赛队是基础系2队。他们演唱的两首曲目是《青春万岁》《祖国不会忘记》，指挥：马骥。

女：下面上场的参赛队是××系1队。他们参赛的两首曲目是《共和国之恋》《当祖国召唤的时候》，指挥：骆云枫。

男：瞄准实战练精兵，真装实备谋打赢；只争朝夕练精兵，个个练成合格兵。下面的参赛队伍是心战系9队，学员都是来自全军各基层单位的政治指导员，是基层部队文化工作的具体组织者。今晚他们的参赛曲目是《练为战》《难忘的岁月》，指挥：孟磊。

男：请评委为三个参赛队打分。请听××系6队为我们带来的参赛曲目《时刻准备着》《红旗颂》，指挥：菅惠敏。

女：下面即将出场的参赛队是××系 7 队。他们参赛的两首曲目是《祖国不会忘记》《等我凯旋》，指挥：唐晓。

男：《当你的秀发拂过我的钢枪》这首歌，大家一定都非常熟悉，但我相信有许多人不知道这首歌的诞生地就在我们院，创作原型也正是当年那批地方委培女学员。歌曲词作者王磊当年在我院××系15队学习时，看到地方委培女学员走过门岗时，秀发被风吹起，而我们的哨兵却手握钢枪，目不斜视。这一美丽的瞬间立刻在他心中定格，后来便有了这首浪漫的军歌。下面××系15队将为我们动情演唱这首歌曲。他们的演唱曲目是《听妈妈讲那过去的故事》《当你的秀发拂过我的钢枪》，指挥：袁程。

女：下面上场的参赛队是××大队17队，这是由2006级硕士研究生组成的队伍。他们为我们带来的两首曲目是《我和我的祖国》《送你一枚小弹壳》，指挥：刘海虹。

女：下面即将为我们演唱的是我们警勤连的战士们。他们的演唱曲目是电视连续剧《亮剑》的主题曲《中国军魂》和一首战斗精神歌曲《响当当的连队，呱呱叫的兵》，指挥：马骥。

男：和平时代也有激荡的风云，作为一名军人，我们要时刻准备着为祖国、为人民贡献我们的青春、智慧和忠诚。当那一天来临，我们将义无反顾地踏上出征的战车！请听学员12队演唱《红旗飘飘》《当那一天来临》，指挥：吴彬。

男：沥冰淬火铸利剑，扎根基层建奇功。学员11队是为适应新军事变革、实现我军现代化建设跨越式发展而组成的一支××××专业学员队。今晚他们的参赛曲目正表达了学员们不畏艰险、渴望接受磨炼的坚定决心。请听《飞跃大渡河》《来吧，来吧，雨和风》，指挥：朱进。

女：今晚10个代表队的演唱已经结束了，我们的工作人员正在紧张地统计分数，稍后我们将宣布获奖名次。首长和同志们，我们的人民军队从八一城头走来，80年的征程步履豪迈，这80年的征程就像一幅壮美的画卷，伫立在这幅巨作前，我们仿佛看到了先辈们艰难中挺拔的身影，听到了他们黑暗中追赶太阳的心声。利用这个时间，让我们一同欣赏学员们为纪念建军80周年而准备的两个精彩节目。

男：下面我们向大家宣布本次歌咏比赛的获奖名单。荣获一等奖的单位是××××，荣获二等奖的单位有××××，荣获三等奖的单位有××××，荣获优秀奖的单位有××××。

女：接下来我们将隆重举行"风展军旗如画"歌咏比赛的颁奖仪式！请××××领导为以上获奖单位颁奖。

男：风采军旗如画美，卫我江山万年春。

女：让我们在学院党委的正确领导下，按照学院第二次党代会确定的目标，以科学发展观为指导，以祖国建设的新成就为动力，忠诚履行新使命，齐心建设新南政，以优异的成绩向党的十七大献礼！

男：演出到此结束，祝首长和同志们——

合：晚安！

高举旗帜向未来

——军校春节迎新春晚会

男：尊敬的各位领导、各位老师，

女：亲爱的同学们、战友们，

合：大家晚上好！

男：在举国上下深入学习贯彻党的十九大精神，为实现伟大的中国梦而团结奋斗的时候，新年的钟声开启了充满希望的2018。

女：高举旗帜，我们一起经历了辉煌的2017。全体学院人在党的十九大精神的指引下，和千千万万勤劳勇敢的华夏儿女一起，见证着伟大祖国走上复兴之路。

男：高举旗帜，我们一起走过了精彩的2017。全体学院人紧密团结在院党委周围，用科学精神、创造激情和务实作风勾勒一幅"全面发展、特色转型"的壮丽长卷。

女：开启记忆的大门，2017的收获与感动，都已成为幸福的坐标，温暖着我们跋涉的脚步。

男：站在岁月的肩头，2018的祝福与期望，早已融入我们共同的梦想，吹响奋勇前行的号角。

女：今夜，我们在此相聚，温暖的目光里映出春天的气息。

男：今夜，我们在此相聚，跃动的脉搏里迸发希望的强音。

女：×××学院"高举旗帜向未来"迎新春晚会，

合：现在开始！

男：请欣赏开场歌舞《盛世欢歌》。

1．开场歌舞　《盛世欢歌》

女：刚刚过去的一年，是党和国家事业发展进程中极其重要的一年。党的十八大胜利召开，实现了中国特色社会主义伟大事业承前启后、继往开来。

男：科学发展引航中国，鲜红的旗帜高高飘扬。复兴梦想点燃奋进激情，前进的步伐始终铿锵。请欣赏歌曲《祖国万岁》。

2．男女声二重唱《祖国万岁》

男：回首过去，雄关漫道真如铁；感悟今朝，人间正道是沧桑；展望未来，长风破浪会有时。习总书记在参观《复兴之路》时的讲话引发了全体中国人的强烈共鸣。

女："中国梦"这个饱含着期望与祝愿、自信与自豪的词汇，让一代代中国人怀揣报国理想，谱写出一曲曲感天动地的复兴赞歌。请欣赏诗朗诵《复兴之梦》。

3．诗朗诵《复兴之梦》

女：有一段旋律带着浓浓的"中国风"传唱五湖四海，有段记忆伴着淡淡的茉莉香芬芳大江南北。好一朵美丽的茉莉花，歌声里我们不仅闻到了故乡泥土的气息，更感受到了对"美丽中国"的向往与追求。下面请欣赏女子舞蹈《茉莉飘香》。

4．女子舞蹈《茉莉飘香》
5．单口相声

女：这些天来，我们全院师生都在被话剧《生命宣言》深深感动着。在严老师离开我们的第二个冬天，《生命宣言》回家了，严教授回家了。每逢佳节倍思亲，在这样一个辞旧迎新的时刻，就让我们共同用心灵聆听那首歌曲，一起缅怀严老师可亲可敬的音容笑貌，一起感受真理的力量和信仰的光芒。请欣赏女声独唱《老师我想你》。

6. 女声独唱《老师我想你》

男：在学院三十多年的办学历程中，近两年的建设发展足以留下闪耀光辉的印记。

女：的确，从教育教学改革到编制体制调整，从人才培养质量显著提高到营区面貌焕然一新，作为学院跨越式发展的见证者和参与者，说起这两年我们身边的大事喜事，相信每个人都会如数家珍。

女：请欣赏摇滚快板《科学发展谱新篇》。

7. 摇滚快板《科学发展谱新篇》

男：今宵团圆夜，守岁亲情浓。学院是一个温暖的大家庭，作为这个大家庭里的新成员，大一新生们一定有着特别的感受。

女：是的，这一届新生和往届不同，他们的第一学期全部是在三号院度过的。虽然那里的生活环境相对艰苦，但这份经历对他们的蜕变和成长却是一笔宝贵的人生财富。

男：下面的这个节目就是我们为大一新生准备的新年礼物。祝福他们的军校生活能像三号院大门上写的那样，"进来是铁，出去是钢"。请欣赏哑剧《第一次射击》。

8. 哑剧《第一次射击》

女：近年来，学院大力弘扬"军魂"文化，努力用先进军事文化办学育人。我们欣喜地看到，一批校园文化骨干活跃在大大小小的舞台上。正在加紧筹建的南政艺术团更为广大文艺人才提供了成长的沃土，下面这个节目就是艺术团骨干成员自编自演的器乐表演，让我们一起欣赏《胜利》。

9. 器乐表演《胜利》

男： "能打仗、打胜仗"，这是党中央对全军官兵的重要指示和深情期待。为"能打仗、打胜仗"提供坚强的政治保证是政工干部的神圣使命。在深化任职教育转型的进程中，我们时刻瞄准军事斗争准备最前沿，今天的南政课堂连着明天的硝烟战场。请欣赏男子集体舞《学为战》。

10. 男子集体舞《学为战》

女： 作为政治院校，学习研究宣传党的创新理论是学院的神圣职责。回首2017，我们把迎接和学习贯彻党的十九大作为贯穿全年的首要政治任务。下面这个小品就反映了几名普通学员在学习活动中的小故事。请欣赏小品《知识竞赛》。

11. 小品《知识竞赛》

男： 几位同学的精彩表演，让我们感受到了学院学子学习研究党的十九大的浓厚热情。正是因为一代代学院人自觉把忠诚传播、模范践行党的创新理论作为自己的崇高追求，我们才能够在推进马克思主义中国化、时代化、大众化的道路上一路引吭高歌、踏歌起舞。请欣赏歌舞《让我们舞起来》。

12. 歌舞《让我们舞起来》

男： 尊敬的各位领导、亲爱的战友们，难忘今宵，今宵难忘，在欢声笑语中，我们度过了一个美好的夜晚。

女： 我们赞美收获，更热爱创造。我们回首过去，更憧憬未来。

男： 新起点催生新动力、新使命引领新征程。

女： 让我们高举中国特色社会主义伟大旗帜，在十九大精神的指引下，高奏时代的凯歌，实现复兴的梦想。

男： 让我们踏着一代代学院人的坚实足迹，在学院党委的正确领导下，吹响奋进的号角，谱写明天的辉煌。

女：晚会到此结束，祝首长和同志们

合：新年快乐，身体健康，合家幸福！

范文：

某军校"我们从这里出发"迎新春晚会主持词

女：首长同志们，

男：战友们，

合：晚上好！

女：时光的脚步悄然无声地从我们身边走过，不知不觉又一年。

男：这一年，对于学院来说，是团结凝聚的一年，是开拓奋进的一年，是创新发展的一年。

女：这一年，在学院领导的带领下，通过贯彻落实军委总部一系列指示和全院人员艰苦卓绝的努力，全面建设又上了新的台阶。

男：当我们回首过去难忘的日子，和即将到来的新的一年，掐指数数也将到了告别母校的时刻，我们百感交集，思绪万千。

女：是啊，我们将从这里出发，奔赴祖国的大江南北。我突然想到这样一副对联，献给今天这个晚会，那就是：

合：欢歌辞旧抒豪迈，飞花迎春竞风流。

1．**歌舞《飞花迎春竞风流》**
2．**音舞快板《八面来风唱辉煌》（不报幕）**

女：时代在发展，人类在进步，人的传统思维定式被打破。政治思想工作和管理模式也必然遇到新的难题。

男：人们发现，人与人的心灵，在种种矛盾中，无形中存在着一张网。

女：对于这张网，是视而不见，还是主动接触它；是回避躲开，还是迎难而上理顺它，化解它？

男：小品《网》，给我们做了这样的回答。

3. 小品《网》

女：周末是军校烂漫的时光，青春旋转出欢乐的乐章。

男：来吧，让笑意荡漾在你的脸上，让歌声飘荡在我的身旁。

4. 舞蹈《我们的军校年华》

女：用琴弦说话，用音符说话，用生命的激情说话。说的是理想、信念、真诚。

男：在这优美的乐曲中，让我们感受青春的旋律在跳动，旺盛的战斗精神在跳动，火热的心在跳动。

5. 器乐《火热的心》

女：从来也不张扬自己，从来像阳光那样默默地照亮别人，这就是我们的军校老师。

男：虽然他们没有把自己的名字刻在丰碑上，然而，我们却把老师的名字刻在自己心上。

女：每当我们唱起《无名颂》的时候，亲爱的军校老师，你知道吗，这是我们献给你最美的歌？

6. 女声独唱《无名颂》

男：人人都有自己美好的理想，人人都有自己美丽的愿望。新招的军校大学生美丽的愿望是什么呢？

女：他们站在军旗下，面对着党旗，面对着为之奋斗的明天，以真挚的感情诉说心声，用音符的语言唱出了美丽的愿望。

7. 表演唱《美丽的愿望》

女：军校的生活丰富多彩，紧张的学习、工作、训练之余，也有舒缓的小夜曲。

男：有时意想不到的喜剧性情结也会走进他们的生活，《无心插柳》给我们讲了这样一个无心插柳柳成荫的故事。

8. 小品《无心插柳》

女：送郎参军，这在战争岁月是常有的事，在和平年代也屡见不鲜。

男：时空的距离，让相爱的人天各一方，彼此间少不了那种感情上的思念、牵挂。

女：梦幻般的回忆，又把他们带进离开家乡的日子，那洁白的芦花又仿佛飘摇在他们的眼前。

9. 女声独唱《芦花》

女：人海茫茫，我是都市里移动的绿树；行色匆匆，我是繁华中流动的音符。也许你不曾留意身边走过的脚步，但霓虹灯下也是我坚守的热土。

男：军人对祖国的热爱，对祖国的恋情，对祖国的献身精神， 是无法用言语表达的。

女：当他们捧出灵魂亲吻祖国，只有用生命才能感悟出这种美丽、这种崇高。

10. 舞蹈《士兵与都市舞曲》
11. 歌舞《亲吻祖国》

男：即将离开母校的时刻，老师和同学们的心情都失去了往日的宁静。

女：沉思与依恋，感慨与缠绵，期盼与寄托，回顾与展望，随同毕业证装进行囊，显得过于沉重。

男：走出感情柔软的沼泽地，我们从这里出发，将青春誓言的标牌，立在中国特色新军事变革的前沿阵地！

合：立作风云变幻的世界制高点！

12. 诗剧《青春誓言》

男：我们从这里出发，以挺进的迷彩方阵听从党的指挥，接受祖国的检阅，走向大地海洋天空。

女：我们从这里出发，以高昂的战斗精神，严阵以待，随时服从组织调遣，把自己的青春和热血献给祖国，并回报培育我们的母校。

13. 情景主题歌《我们从这里出发》
14. 合唱与舞蹈《请祖国检阅》（不报幕）

女：晚会到此结束，祝首长和同志们新年快乐，

男：身体健康，

合：万事如意！再见！

固本强基·逐梦强军

——驻沪某部文艺会演

主持词

甲：尊敬的各位首长、各位来宾，

乙：亲爱的战友们，

合：大家晚上好！

丙：隆隆鼓声敲出丰收的喜悦，我们欢聚一堂，共享"强基固本"新成果。

丁：阵阵节拍合着舞动的金龙，我们豪情满怀，书写逐梦强军新篇章。

甲：开年以来，在上级首长的关怀和×××党委的悉心指导下，我们紧跟"强基固本"东风大势，以着眼长远的前瞻思维、同心勠力的实干作风，积极进取、主动作为，全盘带动部队建设发展提质增效、优质高效，为厚实基层基础、跃升实战能力创造了良好条件，奠定了坚实基础。

乙：开年以来，我们始终注重悟透"强基固本"精髓实质，强化"四个坚持扭住"抓基层行动自觉，把"软硬并重、软件优先、系统抓建"的抓建原则在思想上立起来、行动中落下去。

丙：开年以来，我们明显感受到，"强基固本"工程项目的展开，在推动硬件建设改头换面、软件建设换挡升级的同时，更开阔了基层单位抓建思路和眼界，为基层建设发展带来了显著变化。

丁：开年以来，我们始终心想一处、力聚一方，广泛开展集中教育、群众性大讨论统一思想，使各级聚焦"四个一流"目标思路更加明晰，激发了打造全面过硬部队的信心和干劲。

甲：今日，我们欢聚一堂，用歌声与舞蹈、掌声与欢笑，表达我们对未来新的期待、新的希望。现在，我宣布，"固本强基·逐梦强军"文艺会演

合：现在开始！

甲：首先，请允许我为大家介绍莅临本次晚会的首长和嘉宾，他们是×××。

乙：让我们以热烈的掌声，对各位首长和嘉宾的到来表示诚挚的欢迎和衷心的感谢！（掌声）下面首先请大家观看"强基固本"宣传片。

丙：阵地方舱，网络是他们坚守的战位；数字战场，代码是他们上膛的子弹。

丁：光电传情，帧幅中承载着梦想；创新超越，指尖下绽放着汗花，这就是我们的情报精兵。

丙：下面请欣赏歌曲《脊梁》和《保卫黄河》。

甲：前不久，部队组织了十九大知识竞赛，再次掀起了学习十九大精神的热潮。××，我考考你啊，你知道十九大报告一共分为几个部分吗？

乙：这可难不倒我，十九大报告原文我从头到尾至少通读了三遍，一共有13个部分。

甲：嗯，看来学得是很认真，很走心啊！我听说啊，我们有几名同志学习十九大精神都学出境界了。

乙：哦？能学出什么境界？

甲：他们啊，把学习十九大报告融入日常工作生活中，还结合单位实际，提炼出了《十九大三字经》，朗朗上口，通俗易懂，很受大家欢迎啊。

乙：那让我们来看看他们到底学得怎么样吧，请欣赏群口相声《我心中的十九大》。

丙：党员是什么？是人民的好公仆。党员是什么？是百姓的主心骨。

丁：作为新时代的革命军人，更要处处以党员的标准严格要求自己，热爱党的事业，听党话，跟党走，维护核心，永不叛党。

丙：下面请欣赏歌曲《入党申请书》和《我宣誓》。

甲：有一种舞蹈它自然随性、充满活力，

乙：有一种舞蹈它年轻时尚、激情四射。

甲：它就是时下最流行的街舞，当震撼的节奏响起，热血与激情涌动，且看官兵如何用动感的舞姿与激昂的青春诠释他们心中的强军梦。

乙：下面请欣赏街舞表演《我是子弹》。

丙：在我们这片美丽富饶的土地上，时刻弘扬着当年游击队"民拥军、军爱民"的光荣传统，时刻演绎着"军民鱼水一家亲"的动人时代赞歌。

丁：下面请欣赏歌伴舞《水乡冲锋号》，大家掌声欢迎。

甲：中华文化源远流长，中华武术博大精深！文字是中华民族的灵魂，书法更是我们这个民族最经典的标志符号。

乙：书法和武术在一起会碰撞出什么样的火花呢？下面请欣赏表演《墨韵武道》。

丙：一双双粗糙的手，托举着战友生命和国家财产；一张张坚毅的脸，镌刻着赤诚信念和使命担当。

丁：甘为天梯扶骄子，忠诚放飞为打赢。一代代机务官兵，用汗水书写军旅篇章，用坚守绘就逐梦航迹。

丙：下面请欣赏表演《青春放飞》。

甲：场站里有这样一群人，他们与钢枪为伴，鹰一般锐利的眼睛扫视着垂垂星野里的风吹草动；他们与困难同行，山一般坚强的意志支撑起霞光满天时的安全屏障。

乙：战鹰需要他们忠诚的守护，营区需要他们细致的警戒；他们把脚印留在数九寒冬的雪地上；把汗水洒在炎炎夏日的机场上。

甲：这就是我们的警卫官兵，这就是我们的血性男儿。下面请欣赏由警卫连带来的表演《铁血忠魂》。

丙：曼妙的舞姿总是令人赏心悦目，年轻的魅力总是让人无法抵挡。

乙：下面请欣赏古典舞蹈《且吟春语》，大家掌声有请。

甲：精心维修护战鹰，极端负责筑安全。机务官兵多才艺，天梯路上奏凯歌。

乙：下面请欣赏歌曲《我们不一样》和《放飞梦想》。

丙：我们始终聚焦打仗、心向打赢，无论任务多么艰巨，都始终发扬"一不怕苦、二不怕死"的精神，坚决做到闻令而动、闻战则喜，敢战能战、联战胜战。

丁：全体官兵始终艰苦实干、实战实训，坚持以服务战备、服务飞行、服务官兵为己任，时刻面向战场、面向部队、面向基层，为制胜空天提供可靠保障和有力支撑。

丙：下面请欣赏歌曲《我的中国心》和《假如战争今天爆发》。

甲：铸就铁血忠魂，

乙：担当强军重任！

丙：告别今天，我们将站在新的起点，

丁：展望明天，我们将用奋斗塑造更加壮美的七彩画卷。

甲：让我们在上级首长和×××党委的带领下，继续巩固"强基固本"现有成果，瞄准一流目标，再续新的辉煌！

乙：让我们在习近平新时代强军思想的引领下，以强烈的使命感和责任感，守卫祖国的蓝天，为实现中国梦、强军梦而不懈奋斗！

丙：我们用铿锵的誓言，用拼搏的精神，让×××师乘风飞翔。

丁：我们用炽热的豪情，用不懈的努力，让神州大地凯歌嘹亮。

甲："固本强基·逐梦强军"文艺会演到此结束。

乙：祝首长和同志们，

合：身体健康，万事如意！

好歌好舞颂连队

——基层连队慰问演出

主持词

男：尊敬的各位领导，

女：亲爱的战友们，

合：大家好！

男：又是一个蜂飞蝶舞、艳阳高照的季节，

女：又是一派龙腾虎跃、前程似锦的景象。

男：我们演出队是一支年轻的文艺轻骑兵，几年来我们一直坚持为基层官兵服务的宗旨，发扬"兵写兵、兵演兵、兵唱兵"的优良传统，创作并排练了一大批优秀节目，取得了丰硕的成果。

女：遵照首长的指示，为了给正在刻苦训练中的官兵加油鼓劲，今天，我们精心准备了这台文艺节目，来到×××进行慰问演出，愿我们的演出能在这炎热的夏季为您送来一丝丝清凉的慰藉。

男：慰问演出

合：现在开始。

首先请欣赏舞蹈《小溪边》。

男：部里有参谋，机关里有参谋，系里也有参谋，可您知道这位参谋从哪里来吗？请听相声《爱情参谋》。

女：我们演出队青年歌手×××曾在全国×××大赛中获得通俗唱法第一名，下面就请欣赏他为我们带来的歌曲《为今天喝彩》《嫂子颂》。

男：我们从五湖四海相聚到军营，不同的生活习惯以及不同的方言往往会闹出像下面这样的笑话。请欣赏小品《传口令》。

女：优美的旋律，委婉的深情，吹奏出对美好生活的向往和期盼。下面请欣赏萨克斯独奏《回家》。

男：军人的职位有分工，武器装备有各自的作用，一种武器是一个有机的整体，一个团队要密切协同。请欣赏群口相声《炮场夜话》。

女：豫剧是我国戏曲百花园中一朵靓丽的奇葩，深受广大观众的喜爱。下面就请欣赏豫剧《谁说女子不如男》和《洼洼地里好庄稼》。

男：网络这一新鲜事物悄然走进了军营，也走进了学员们的日常生活，在他带给我们丰富知识的同时，也给学员们提出了许多新问题、新挑战。下面请欣赏快板剧《触网》。

女：谁不眷恋家的温馨，可作为军人的我们却不得不舍小家顾大家，用我们的青春年华谱写一曲新的赞歌。请听男生独唱《想家的时候》。

男：绿色的军营，处处洋溢着青春的气息，飘扬着优美的旋律。请欣赏器乐演奏《赛马》。

女：军人，神圣的职业；军营，火热的熔炉；它锻造的是勇敢和坚毅，它铸就的是忠诚和高尚，请欣赏小品《借条》。

男：五湖四海到一起，咱们都是亲弟兄，官兵友爱心相映，军营处处充满温暖的阳光，请听女生独唱《东西南北兵》。

女：长风破浪会有时，
男：直挂云帆济沧海。
女：让我们积极准备，紧紧围绕"打得赢、不变质"两个历史性课题，在科技强军的征途上勇立潮头。
男：让我们立足本职岗位，做好本职工作，为部队的全面建设贡献自己的一份力量。
女：慰问演出到此结束，祝全体官兵圆满完成训练任务。
男：祝大家身体健康，工作顺利，
合：万事如意！

和平使命2005

——欢迎中俄联合军演官兵凯旋文艺演出

主持词

女：尊敬的参加"2005和平使命"中俄联合军演的各位首长、机关领导、亲爱的战友们，

合：你们好！

女：披一身硝烟，染一身阳光，满载中国军人的豪情与荣誉，你们回来了；

男：沙场秋点兵，泉城庆凯旋，踏着军歌和捷报铺成的红地毯，你们回来了！

女：你们出色完成了军委赋予的光荣任务，将胜利之花盛开在世界军事强国逐鹿的疆场；

男：你们以艰苦的努力和优异的表现，为国旗增了光，为军旗添了彩，为军区争得了荣誉！

女：此刻，请允许我们代表司令部机关和直属队全体官兵，向你们道一声——辛苦了！

男：我们向你们致以最亲切的问候和最崇高的敬意！

女：曾把美酒壮行色，再将歌舞洗征尘。今天，司令部直属队文艺骨干和军区文工团一起，献上一台文艺节目，诉欢迎之情，表祝捷之意。

男：欢迎中俄联合军演官兵凯旋文艺演出

合：现在开始！

接《威风锣鼓》《战士就该上战场》《夸英模》

女：雄壮的军歌荡气回肠，大快板再现了联合军演中我军官兵的威武英姿。今天，来自幼儿园的孩子们也把一个充满战斗精神的舞蹈献给刚从战场归来的英雄们。请欣赏舞蹈《长大我也当英雄》。

男：中俄联合军演是多年来我军首次和外军协同演练，我们非常珍视两军官兵在演习中结下的战斗友谊。请欣赏著名的苏联歌曲《喀秋莎》。

女：八月潍北骄阳似火，军演官兵心比火热，多么希望有一阵小雨从天外飘来，把硝烟带进这深情的土地，滋养出千万束美丽的花朵。

接女通俗组唱《听雨》，后接山东快书《暗战》

男：为什么大地一派蓬勃春色，因为军人用青春浇灌着和平的花朵；为了春天永驻美丽的家园，我们愿意在祖国需要的时候赴汤蹈火！

舞蹈《我爱你，中国》，接独唱《这就是我的祖国》
表演唱《好男儿》

女：联合军演提示我们，要以更大的努力钻研高科技，掌握一切现代战争的作战形态和作战手段，以确保打则必胜！

接表演唱《网上练兵忙》

男：军演官兵的出色表现，来源于对祖国、对人民的无比忠诚。忠诚，这是军人所向无敌的根本原因。那么在生活中，有时候忠诚也会引起一些小小的误会。下面的这个小品，名字就叫作《忠诚》。

小品后接女声独唱《共产党员》

女：我们把誓言写在军演区域的浪花和泥土之间，诉说军人的忠诚永不改变；

男：我们把誓言写在伟大祖国的陆海空天，维护中国与世界和平，我们勇往直前。

女：让我们更加认真地学习领会党中央、中央军委一系列指示精神，加紧推进军事斗争准备，加强部队全面建设；

男：总结联合军演中的成功经验，发扬联合军演中体现出的良好作风，进一步促进我区部队全面建设，

合：再上新台阶，再攀新高峰，再创新辉煌！

接《战斗歌曲联唱》

女：演出到此结束，

男：我们衷心祝愿首长和战友们，

合：身体健康，工作顺利，万事如意！

惊天动地铸军魂

——2008四川抗震救灾部队成都祝捷晚会

主持词

由抗震救灾联合指挥部有关首长主持，全场人员默哀一分钟。

1. 开场《天崩地裂》（视频播出）

内容提要：暗场。时钟秒针的嘀嗒声。大屏幕俯瞰急推，太空，地球，亚欧大陆……时钟秒针的嘀嗒声化为电脑键盘敲击声，一行触目惊心的汉字急切地跳出字幕："公元2008年5月12日14时28分，中国四川汶川发生里氏8.0级特大地震……"一声巨响，字幕震颤，化为碎片。时间定格：2008年5月12日14时28分。烟尘和废墟中一片呼救。灯光幻化中，激昂的音乐从天而降，同时快速表现灾难的场面……

2. 大合唱《突击，突击》（联合演出）

内容提要：陆军、空军、海军、武警、第二炮兵及民兵预备役部队向灾区突击。间奏中各路指挥员在不同地方向上级报告的情景，显示出"灾情就是命令，时间就是生命"的思想张力：陆航军官——报告联指：我是陆航团、我是陆航团！我们已经拿到汶川地震的第一手材料！｜武警军官——报告联指：我是武警部队突击师参谋长，我们已经到达汶川！｜陆军军官——报告联指：我们陆军某集团军已经到达震中映秀！到达映秀！！｜空军军官——报告联指：空降军A师、B师全部登机，全部登机！！｜海军军官——报告联指：海军陆战旅、海军陆战旅已经到达绵竹！｜预备役军官——报告联指：我们民兵预备役部队已经全部出动！全部出动！！……

3．四位主持人讲述

甲：当地球的一根血管怦然断裂，

乙："5·12"——这个黑色的日子连同巨大的灾难突然降临汶川！

丙：一时间，全世界的目光齐聚中国；

丁：中国的目光齐聚四川，齐聚四川的汶川！

甲：这是新中国成立以来最大的一次地震灾难啊！哪一个中国人的眼里不在流泪，心里不在流血？

乙：此刻，再也没有比我们的党、我们的国家更为关注震区灾情，关心震区人民的了。

丙：胡锦涛总书记，在第一时间就部署举全国之力进行抗震救灾；

丁：温家宝总理，在震灾发生二十多分钟后，就飞奔灾区。

甲：三军统帅一声号令啊，英勇的陆、海、空三军和武警将士、民兵预备役部队，

乙：闻风而动，全面出击，一场空前艰难的抗震救灾的硬仗打响了！

　　【视频制作：胡主席在地震发生后第一次电视讲话及同期声】

　　【视频制作：温总理在地震发生后飞赴灾区途中讲话及同期声】

4．音乐舞蹈诗画《废墟中的坚强》（联合演出）

内容提要：废墟中母与女的对话。解放军战士解救了她，并让

小女孩对未来充满信心。

5．独唱《情系人民》

甲：从地震发生后，党中央、胡主席就指出，抗震救灾要以人为本，

乙：始终把抢救人民生命财产放在第一位。

甲：尊重人的尊严，抢救个体生命，是党和人民赋予我军的第一任务。

乙：祖国的召唤，是战士的使命，人民的利益，高于战士的一切。

【演唱中视频同步展示：成都军区抗震救灾联合指挥部首长和官兵全力抢救受灾群众的真实感人画面……】

6．器乐合奏《千里大机动》

丙：平时苦练本领，枕戈待旦；

丁：战时一显身手，动若风发。

丙：从河南到四川，

丁：1200公里的军旅大机动呀，

丙：23个小时之后，他们就对灾区的父老乡亲大喊：

丁："我们是叶挺独立团！""铁军来啦！"

丙：由济南军区文工团演出的器乐合奏《千里大机动》，展现的正是这一幅壮美图画。

7．四位主持人讲述

甲：无情的灾难给了我们巨大的损害，

乙：灾难也成就了一个造就英雄的伟大时代。

丙：13万官兵英勇奋战，三军部队英雄辈出。

丁：从汶川到青川，从映秀到北川，

甲：从安县到江油，从什邡到绵竹，

乙：多少官兵用双手，从废墟下刨出了成千上万名受伤群众，刨出了英雄的深情；

丙：多少官兵用脊梁，把受伤的老乡背出死亡线，背出了英雄的豪迈；

丁：多少官兵用双脚，踏出了一条条生命通道，踏出英雄的丰采！

甲：我们用对党和人民的忠诚，创造了多少个抗震中人命关天的"第一"和军史上壮美的"第一"！

乙：英雄部队出英雄，英雄就在我们13万战友中间。

丙：陆军某集团军军长许勇，被誉为"乌蒙铁军"之称某炮兵团团长周洪许，

丁：强忍痛失爱妻和10个月大的儿子的陈宏，等等，就是我们中间的代表！

甲：下面我们请出四川省军区副司令员李亚洲、（请军区确定）武警某师参谋长王毅和被群众誉为钢铁战士的严情勇与大家见面。

8. 英模人物现场访谈互动（一）

【大屏幕插片，片中人物定格，请出现场英模人物互动】

（1）主持人与王毅的访谈

主持人：让我们请出31小时生死挺进震中汶川的武警某师参谋长王毅。

【王毅上台】

主持人："5·12"特大地震发生后，震中汶川的电力、交通、通信完全中断，十多万群众生死不明。党中央万分焦急，全国人民万分焦急，全世界的目光也聚焦到这个大山里的小城。胡主席、温总理指示，要采取一切办法，不惜一切代价进入汶川。王参谋长，你是临危受命啊！

王　毅：5月12日16时，武警总部命令我们，紧急救援汶川。半小时后，我带领600名官兵，从距汶川255公里的马尔康驻训点出发，向汶川开进。

主持人：你率领200人的突击队徒步强行挺进汶川的故事早已家喻户晓了，做出这样的决定，部队中有人退缩吗？

王　毅：听说要组织突击队，所有人都争着要上，10名女兵一听没有她们，就跟我急了，说：参谋长，女兵就不是兵吗？受伤的群众更需要我们医护人员！

主持人：真是强将手下无弱兵！

王　毅：我对突击队说："关键时刻、危难关头，要豁得出来，冲

得上去。就是爬，也要爬到汶川；就是倒下，头也要朝着汶川的方向！"

主持人：这才是真正掷地有声的英雄壮歌。你觉得完成这次任务给你留下最深的感受是什么？

王　毅：我永远也忘不了踏入汶川县城的那一刻，黑暗和寂静中，到处都是露宿街头的群众。由于极度的恐惧、悲伤和疲惫，他们已经发不出欢呼声了，但还是站着、坐着，用力地鼓掌。这是我一生中听到的最难忘的掌声。这一刻，我更加深切地理解了什么是军人、什么是军人的责任！

（2）主持人与袁世聪的访谈

主持人：地震中的每一处废墟上，鲜红的党旗为什么能够高高飘扬？共产党人的臂膀为什么能够力挽抗争？那是因为中国共产党有着永远和人民在一起的坚强信念。让我们请出青川县人武部部长袁世聪。

【袁世聪上台】

主持人：青川县人武部部长袁世聪，在地震发生不到20分钟，就带领全城第一支救援队伍出现在废墟救人。当他得知自己的母亲和侄女被埋家中后，三次路过她们被埋现场，听到了她们的呼救，却都因为紧急任务无法停留。袁部长，虽然这是你心中很难抹去的伤痛，我们还是想知道，为什么当时做出了这样的选择？

袁世聪：当时县城仅有两台救命的挖掘机，我是有权调配使用的。

主持人：想过先救自己的亲人吗？

袁世聪：脑子里闪过这种念头，但是这两台挖掘机正在另外两个更为严重的坍塌点救助伤员，我不能这样做。最终她们都在地震中去世了……我对不起她们。

主持人：这就是我们的人武干部，这就是我们的共产党人，他们以坚强的党性、崇高的品质，诠释着舍生忘死的共产主义精神和不畏艰险的革命英雄主义精神，以对党的无限忠诚，

书写下无愧历史的合格答卷。这就是我们的民族脊梁！

9．情景诗朗诵《生命大营救》

内容提要：表现统一指挥、协同作战，以空军部队和成都军区炮兵18团在清平乡联合实施7000多名灾区人民大转移战役为素材，展示生命大营救中的感人事迹。

【朗诵同时，同步配以众多战士构成的舞台造型】

10．合唱《脊梁》
11．舞蹈《生命之舟》
12．歌曲《兵》
13．主持人讲述（视频配合）

甲：抗震救灾是一部壮丽的史诗，

乙：它把一个个感人的瞬间写进历史的记忆，

丙：这位士兵被媒体称为最牛的战士，他抬着伤员一路大喝：让路，让路！却不知道在前面的正是亲临灾区的共和国总理；

丁：这位叫盛于峰的小战士，怀抱从废墟下抢救出来的婴儿，不经意间流露出的笑容，被网友们称为最柔情的微笑，他以无言的生命对话，感动了整个世界；

甲：全中国在一刻时间，几乎都认识了这个三岁的小朋友郎铮，称他为"敬礼娃娃"，因为他用最年轻的敬礼表达了我们所有感恩的心；

乙：这一天恰巧是她的生日，空军战士把她从废墟里抢救出来，并且送上了生日的祝福，对于女孩，对于所有人，这都是最难忘的生日；

丙：六年级小学生李月，半年前，她跟着舞蹈老师学起了芭蕾舞，学习一直很刻苦。然而，这场突如其来的灾难毁掉了她的梦想。

丁：但是，她表现出了令人吃惊的坚强，宁愿截肢也要顽强活着。

甲：藏族小姑娘嘎里波，把她的童心画作献给解放军叔叔，她的画被称是世界上最真情的画作……

14．女声独唱《藏羌感恩歌》

15．情景诗朗诵《长空出击》

内容提要：表现空军部队的专机、运输机、直升机以"生死时速"的出动，创下我军航空史单日出动飞机最多、飞行架次最多、投送兵力最多的纪录，及世界空投史上没有先例的下半夜准确空投的奇迹。视频背景：大空运、大空投、大空管相关画面及数据统计。

16．舞蹈《天使与新生》

内容提要：主要表现各军兵种派遣的医疗队，在前线抗震救灾、救死扶伤的战斗情景。内穿迷彩服，头戴迷彩盔，身穿白大褂的女军人，抬着系有红丝带的担架，往来运送伤员。最后他们救出一位临盆的产妇，以担架为战地手术室，一声婴啼感天动地，白衣战士高举褓襁，以生命的名义向天地宣告：中华民族生生不息，不可战胜。

17．小品《英雄》

18．歌曲《国旗　士兵　百姓家》

19．英模人物现场访谈互动（二）

主　持　人：让我们有请空军十五勇士的代表上场。

【勇士代表上场与主持互动】

主　持　人：5月14日11时47分，一架大型运输机飞临特大地震重灾区茂县上空。11时47分，第一个从4999米高空跳出机舱，紧接着14名空降兵迅速实施伞降。这就是人们熟悉的空中勇士创造的奇迹：生死一跳！李大校，是这样吗？

勇士代表：这是空军第一次在高原复杂地域，无地面指挥引导，无地面标志，无气象资料条件下，用伞降方式参加抗震救灾。平时训练中只须在数百米高度跳伞的空降兵，要在近5000米高空实施伞降，的确充满危险。

主　持　人：让我们记住他们的名字：王军伟、李志宝、殷远、郭龙帅、李亚军、赵海东、赵四方、雷志胜、刘文辉、王磊、余亚宾、任涛、李玉山、向海波。

主 持 人：15名勇士高空伞降那一刻，茂县已与外界失去联系两天，当被困群众发现了空中的伞花，眼含泪花，欢呼雀跃："救星来了，神兵来了！"后来我们知道，我们的十五勇士执行任务之前，都写下了最后的留言，大有"壮士一去"的英雄气概，能给我们说说写了些什么吗？

【现场说出战友具有代表性的一句话（联系收集、整理）】

主 持 人：这就是我们的空中英雄，正像他们中的殷远在"请战书"中写的那样："作为一名军人，在祖国最需要的时候，我有决心、有信心完成组织交给的任务，哪怕流血牺牲！"

20．人物戏剧片断《我们在一起》

内容提要：灾后临时安置的帐篷城，各种人员来来往往。

（1）李琦扮演的老支书，在废墟中挂起党支部的牌子，突出"党组织在，生活的希望就在"的主题。

（2）郭三娃的光荣花，讲述一个18岁的青年在妈妈的鼓励下，成为救人英雄的故事。

（3）邵峰扮演的灾区群众讲述北川人武部政委的故事，突出"不忘人民养育恩，我为人民敢献身"的主题。

（4）赵亮扮演的群众，讲述自己给胡主席写信为排长牛玉新请功的故事，突出"看到迷彩服，群众就有了主心骨"的主题。

主持人：让我们请出这个故事中的主人公——排长牛玉新。

21．歌曲《报答》（战旗文工团）

内容提要：以解放军战士和灾区人民的身份，表达相互的感恩和报答之心。

22．四位主持人讲述

甲：抗震救灾出英雄，惊天动地铸军魂。

乙：成都军区英雄陆航团第一时间送中央领导进入灾区；超强以飞行救伤员、投物资；单轮悬停唐家山堰塞湖送专家； 为了人民血洒蓝天。

丙：济南军区"铁军"部队战士武文斌光荣牺牲在救灾一线。

丁：我们坚决听党指挥，忠实执行使命；

甲：牢记我军宗旨，视人民的利益高于一切；

丙：我们冲锋在前，勇挑重担，顽强拼搏；

丁：我们不怕艰险，不怕牺牲，敢于挑战极限。

23. 舞蹈《忠诚写在蓝天上》

24. 四位主持人讲述

甲：抗震救灾，众志成城！

乙：我军从急驰震区到抢险救人，取得阶段性胜利之后，马上又转入到防止次生灾害，防止重大疫情，帮助灾区人民重建家园的准备阶段。

丙：我们成功地排除了唐家山堰塞湖重大险情，擦去了死神留给我们的一滴苦泪后，数百万绵阳人民脸上绽放出幸福的笑容。

丁：人们不会忘记堰塞湖上最后撤走的四将军；

甲：不会忘记日夜操劳的人民警察；

乙：也不会忘记千千万万没有留下姓名的志愿者。

丙：他们从心底里爆发出由衷的感谢：

甲："一谢共产党！

乙：二谢解放军！

丙：三谢十三亿

合：中国同胞！"

【视频同步展示：灾后重建、堰塞湖排险，四将军的风采和战士们的刚毅。】

25. 歌曲《长空英雄》

内容提要：空中杂技绸吊，地面人员伴舞，视频同步播出陆航二团抗震救灾现场画面。

26．英模人物现场访谈互动（三）

【陆航团政委张晓峰和武文斌的连指导员和亲属（待定）同上】

主持人：每当危难时刻，责任和使命就会在战士心中涌动起一股荡气回肠的豪情，铁军战士武文斌和成都军区英雄陆航团，正是这样，不怕艰难险阻，不怕流血牺牲，谱写了新时代的英雄壮歌。张政委，是这样吧？

张晓峰：得知我们陆航团特别是邱光华机组的事迹后，胡锦涛主席做出重要批示，高度评价了陆航团和机组同志，急中央之所急，办受灾群众之所需，不畏艰险，不怕牺牲，顽强奋斗，为抗震救灾做出了突出贡献。胡主席的重要批示，是对牺牲战友的最高褒奖，也是对我们全团官兵的极大激励。

主持人：武文斌同志牺牲后，都江堰群众自发前去悼念，万人空巷哭英雄，这是人民给予战士的最高荣誉。

指导员：万群华、荣秀华、王福忠、王勇四位乡亲，用半天时间亲手做了一项直径四米的巨型花圈，他们说："我们的花圈做得再大，也比不上解放军战士的功劳大。"李秀华走了四个多小时来到营区。她流着泪，说："我女儿在房子下面压了74个小时，是部队救了她的命。解放军是我们家永远的恩人！"

主持人：党和人民不会忘记我们的英雄，他们感天动地的军人魂魄，将永远书写在蓝天上，镌刻在大地上！让我们请出邱光华、李月、王怀远、陈林、张鹏和武文斌的亲属。

【简要介绍亲属身份】

主持人：在今天这个特别的日子里，我们将用一个特别的仪式向英雄致敬。

【主持人引出仪仗队12人，现场鸣枪仪式：向英雄致敬！】

27. 演唱《深情》

演唱中，视频同步展示：三军抗震救灾感人画面，胡主席、温总理在抗震救灾第一线的经典画面。

演唱结束时，大屏幕播出——

胡主席关于"任何困难也难不倒英雄的中华民族"的视频同期声

温总理高扬民族精神的视频同期声

之后，全副武装、戴头盔的袁宏出现：全体起立

全体合说：为夺取抗震救灾的全面胜利，我们庄严宣誓：

    ——听党指挥！

    ——服务人民！！

    ——英勇善战！！！

军魂永驻

——某军校读书演讲比赛

主持词

尊敬的各位领导，亲爱的战友们，大家下午好！

这里是×××学院"军魂永驻"读书演讲比赛的总决赛。

通过刚才的短片，我们回顾了两个月来读书演讲活动的全过程，目睹了一轮轮紧张激烈的比拼，也真切感受了品读经典、赞颂信仰热潮的持续涌动。今天，让我们怀着激动的心情举办总决赛。

首先，请允许我为大家介绍出席今天活动的各位领导：

×××，欢迎各位领导的莅临！

担任今天演讲比赛评委的是×××，感谢各位的到来！下面向大家介绍本次比赛的竞赛规则及评分标准：

比赛采用百分制，演讲内容占50分，要求紧扣主题，思想深刻，贴近部队和军校实际，富有真情实感。语言表达占30分， 要求语言规范、口齿清晰、表达流畅、情绪饱满。形象风度占20 分，要求军人仪表端庄、肢体语言运用灵活。比赛由六名评委现场打分，去掉一个最高分和一个最低分，平均分为选手的最后得分。规定演讲时间为5分钟，超时或欠时1分钟扣0.5分。

参加本次决赛的10名选手，都经过了各队、系层层选拔，是通过学院15进10的初赛最终入围的选手。狭路相逢勇者胜，到底谁能最终问鼎，让我们拭目以待。

首先即将上场的是1号选手——李尧。让我们先通过大屏幕来认识一下他。

有请——李尧上场，他演讲的题目是《战士要这样站立》。

（选手演讲）

感谢李尧的精彩演讲，仿佛让我们看到了一幅熠熠生辉的英雄群像，他们也将激励着一代代学院学子在追求真理的道路上不断前行。

有请评委为他打分（报分），去掉一个最高分和一个最低分，1号选手最后得分××。

下面将上场的是2号选手——彭懿现子。相信大家注意到她的名字有些特别，刚才在台下和她聊天才得知，他父亲之所以给她取这个名字，是想借古文之意，让她成为品德美好而且充满希望的孩子。那她到底是一个怎样的女孩呢，我们通过一个短片认识一下她。

有请——彭懿现子，她演讲的题目是《红星照我永向前》。

（选手演讲）

感谢彭懿现子，我想她刚才提到的那颗闪耀的红星，不仅照耀着她，也照耀着我们每一个人，因为这红星叫作传承，叫作军魂。

有请评委为她打分(报分)，去掉一个最高分和一个最低分，2号选手最后得分是××。

战友们，习主席曾指出，"中国梦是国家的梦、民族的梦，也是每个中国人的梦。"接下来让我们一起走进一名研究生的追梦"三级跳"。请看短片。

有请3号选手——孙冰，他演讲的题目是《追梦"三级跳"》。

（选手演讲）

感谢孙冰的精彩演讲，他让我们看到了一名研究生学员从基层连队到校园的成长经历，并感受到了他军旅生涯的成功跨越。

有请评委为他打分（报分），去掉一个最高分和一个最低分，3号选手最后得分是××。

下面将要上场的4号选手依然是一名研究生学员，让我们看看她为我们带来了什么样的故事，请看大屏幕。

有请——吴薇，她演讲的题目是《丰碑》。

（选手演讲）

感谢吴薇和我们一起分享了她心中一路仰望的丰碑，这也就是她对军人使命的深刻理解。

有请评委为她打分（报分），去掉一个最高分和一个最低分，4号选手最后得分是××。

如果说，刚才吴薇把军人使命理解为是一座丰碑的话，那么我想，接下来这名选手对军人使命的理解只有一个字，到。我们先来一起认识她。

有请5号选手——郭柳娉，她演讲的题目是《到》。

（选手演讲）

感谢郭柳娉的精彩演讲，让我们看到了一个懵懂女孩成长为革命军人的华丽转身。

有请评委为她打分（报分），去掉一个最高分和一个最低分，5号选手最后得分是××。

接下来上场的是一个四川女孩，前不久，在学习成才标兵经验交流会上，她还为我们讲述了她学习成才的奋斗历程。今天，她又会带给我们什么样的故事呢？一起来看大屏幕。

有请6号选手——童利娜，她演讲的题目是《追寻前辈的足迹》。

（选手演讲）

感谢童利娜和我们一起分享了她汶川地震的亲身经历，非常精彩和感人，也让我们看到了一个怀揣感恩、回馈军营的童利娜。

有请评委为她打分（报分），去掉一个最高分和一个最低分，6号选手最后得分是××。

战友们，三湾改编，支部建在连上这段我军历史，相信大家都很了解，接下来上场的这名学员，就是来自于这个传奇的连队。一起来看大屏幕。

有请7号选手——刘凯，他演讲的题目是《革命军人忠于党》。

（选手演讲）

感谢刘凯的精彩演讲，说得太好了，向前进，中国魂，让我们看到了当代中国军人敢于亮剑的精神和气魄。

有请评委为他打分（报分），去掉一个最高分和一个最低分，7号选手最后得分是××。

下面上场的这位选手是军以上机关干事班的学员，他的名字相当特别，叫朱K，就是英文字母K，第一次看到他的名字，我还以为是工作人员打错了。其实不光名字特殊，他还有一段三次南政求学的独特经历，我们通过一段短片了解他。

有请8号选手——朱K，他演讲的题目是《526的见证》。

（选手演讲）

感谢8号选手。有请评委为他打分（报分），去掉一个最高分和一个最低分，8号选手最后得分是××。

相信看过电视剧《潜伏》的人，都对故事的主人公余则成记忆犹新，接下来上场的这名选手演讲题目就是《我不是余则成》，他有哪些非同寻常的人生经历呢？我们一起走近袁庆军。有请9号选手——袁庆军，他演讲的题目是《我不是余则成》。

（选手演讲）

感谢袁庆军让我们了解了隐蔽战线这个没有硝烟的战场，真的是惊心动魄，险象环生。

有请评委为9号选手打分（报分），去掉一个最高分和一个最低分，9号选手最后得分是××。

接下来上场的是最后一名选手刘斌，希望他的压轴演讲，能够更加精彩，也给我们的比赛画上一个圆满的句号，让我们通过短片了解一下他。

有请10号选手——刘斌，他演讲的题目是《为了母亲的微笑》。

（选手演讲）

谢谢刘斌的精彩演讲，有请评委为他打分，去掉一个最高分和一个最低分，10号选手最后得分是××。

比赛进行到这里，我们的10位选手已经全部演讲结束了，现在工作人员正在紧张地统计分数，利用这个时间，让我们有请×××评委做综合点评。

感谢×××精彩点评！

战友们，在开展"军魂永驻"读书演讲活动的同时，学院政治部还积极开展了读书征文的评选活动。截至收稿日期，我们共收到了300余篇读书征文，通过专家教授的评审，我们共评选出了15篇优秀征文。今天利用这个机会，将向大家宣布优秀征文的获奖者。他们是××××××，让我们用掌声恭喜以上获奖者。

战友们，现在演讲比赛的成绩已经揭晓。通过大屏幕大家也可以看到选手的排名情况。

下面我就将宣布本次演讲比赛的获奖名单。

获得演讲比赛优秀奖的是（10～7），三等奖的是（6～4），二等奖的是（3～2），一等奖的是（1）。

接下来，我们就将进行隆重的颁奖仪式。

1.有请获得优秀征文奖的代表上台领奖，有请×××为他们颁奖。

2.下面有请获得演讲比赛优秀奖的选手上台领奖，有请×××为他们颁奖。

3.下面有请获得演讲比赛三等奖的选手上台领奖，有请×××

为他们颁奖。

4.下面有请获得演讲比赛二等奖的选手上台领奖，有请×××为他们颁奖。

5.最后有请获得演讲比赛一等奖的选手上台领奖，有请×××为他颁奖。

下面，有请×××领导讲话！

感谢×××热情洋溢的讲话！"听党指挥、能打胜仗、作风优良"的强军目标，激荡人心，催人奋进。作为人民军队的未来，学院学子既是强军梦的"追梦者"，更是"圆梦人"。我们要时刻牢记，铸牢军魂是人民军队从胜利走向胜利的制胜法宝，更是实现宏伟"强军梦"的根本保证。让我们把军魂永驻心间，为成为忠诚于党的举旗人、献身使命的带兵人而努力奋斗！演讲比赛到此结束！谢谢大家！

军民鱼水情 共筑中国梦

——某市军地文化圈文艺演出活动

主持词

女：尊敬的各位领导、各位来宾

男：亲爱的同志们、朋友们，大家——

合：晚上好！

女：我是主持人×××

男：我是主持人×××

女：在党的十九大即将胜利召开之际，今天我们欢聚一堂，在这里
举行军民大联欢活动。我们都知道，我们市曾经是不朽的抗日
前沿，这里的文化底蕴非常深厚，人民大众非常纯朴，特别是
双拥工作多年来也一直走在全国前列。

男：是啊，尤其我们开展的军地文化圈活动，更是被人们广为传
颂，相信今晚的演出将为官兵送上一份丰盛的文化大餐。

女：这次军地文化圈庆典的举办，离不开各位领导和嘉宾的关心和
支持，下面请允许我们向大家介绍出席今天活动的领导，他们

是：××××××

男：让我们再一次用热烈的掌声对各位领导和在座所有朋友的光临，表示诚挚的欢迎和衷心的感谢！

女：那么首先让我们有请军队×××领导致辞！

女：下面有请地方×××领导讲话，大家欢迎！

男：朋友们，祖国大地处处涌动军民共建的春潮，创新城市时时呈现军地文化的魅力

女：军民鱼水情、共筑中国梦，2017年×××市军地文化圈活动文艺演出

合：现在开始！

男：首先请欣赏×××街道带来的舞蹈《山花红红山歌美》。

1.舞蹈《山花红红山歌美》

男：90年来，我军之所以能创造出一大批传扬神州大地的红色经典，激励军民英勇奋战，就在于我们的文艺事业始终与人民、与官兵血肉相连，牢牢扎根于人民之中。近年来，部队也致力于打造强军系列文化产品，推出了一大批精品力作，置身于转型大变革中的城市，更是为我们的创作注入了新的活力。接下来就让我们请出部队×××，他将用吉他弹唱的形式，为我们带来歌曲《我爱你中国》，掌声有请！

2.歌曲《我爱你中国》

女：2008年5月12日，汶川成为全中国乃至全世界的焦点。灾难发生后，刚刚结束代职从部队返回军校的教员×××教授主动请缨，奔赴灾区开展心理救援工作。近年来，不仅仅是在汶川，在亚丁湾、在索马里、在南苏丹、在最火热的一线部队，都活跃着军校官兵的身影，为强军兴军事业贡献着我们的力量。接下来让我们一起欣赏以×××教授为故事原型创作的音乐情景剧《日记故事——女教员的美丽心灵》。

3.情景剧《日记故事——女教员的美丽心灵》

男：戏曲相信大家都不会陌生，京剧作为国粹更是为大家所熟悉和喜爱。京剧《杜鹃山》讲述了党从井冈山派代表到湘赣边界领导农民自卫军的故事。下面就请欣赏由×××老师将为大家演唱的京剧《杜鹃山》选段《家住安源》。

4.京剧《杜鹃山》选段《家住安源》

女：继承传统文化、光大传统艺术，让我们一起体验古朴、典雅的中华诗韵，一起细细品味隽永、华贵的民族风情，请欣赏×××舞蹈队带来的舞蹈《流云》。

5.舞蹈《流云》

男：昨天上午，中国共产党第十八届中央委员会第五次全体会议在北京胜利召开。站在历史和未来的交汇处，拥有伟大复兴梦想的中华民族，将在党的领导下开启新的伟大征程。梦想昭示未来，旗帜引领航程，请欣赏独唱《跟你走》。

6.歌曲《跟你走》

女：朋友们，脍炙人口的经典乐曲《春江花月夜》，以它深沉、婉约、优美、流畅的旋律深深打动人们的心灵。在这军队文化圈活动的难忘时刻，以琵琶弹奏再配以武术表演的《春江花月夜》，相信会让大家眼前一亮。让我们掌声欢迎×××和×××共同演绎《春江花月夜》。

7.乐曲演奏《春江花月夜》

男：在我们军民同心共建的×××区，活跃着一支部队艺术团，他们不仅为部队官兵送去了美好的艺术享受，也在军地文化和双拥工作中留下了一串串闪光的足迹，它就是家喻户晓的×××艺术团。接下来就请欣赏由他们带来的小品《非诚勿扰》。

8.小品《非诚勿扰》

女：再回眸，伟大民族，百年沧桑。党的十八届五中全会给我们指
　　引了前进的方向，让我们为建设美丽中国、美丽城市贡献更大
　　的智慧和力量。

男：共憧憬，复兴梦圆，辉煌在望。让我们以强军目标为统领，在
　　开创军队全面建设新局面、谱写军队科学发展的光荣征程上谱
　　写崭新的篇章。

女：请欣赏×××和×××为大家献上的男女声二重唱《共筑中国梦》。

9.歌舞《共筑中国梦》

女：朋友们，今天的城市神采奕奕，精彩绽放

男：人民的军队矢志强军，勇往直前

女：让我们紧密团结在以习近平同志为核心的党中央周围，坚定不
　　移、携手共进，为实现中华民族伟大复兴的中国梦、强军梦贡
　　献力量

男：军民鱼水情、共筑中国梦，2017年军地文化圈活动文艺演出到
　　此结束。

女：祝大家身体健康！万事如意！再见！

男：再见！

军人从这里起步

——消防某部迎新兵晚会

主持词

男：尊敬的各位领导，

女：亲爱的战友们，

合：大家新年好！

男：当新年的钟声在耳畔响起，浦江两岸一派龙腾虎跃的崭新气象；踏着新年律动的节拍，又一批红门男儿将在×××消防部队的警营中开始人生新的征程。

女：来自上海、浙江、江苏、安徽、河北等地的1150名优秀地方青年，怀揣着从军报国的远大理想，积极响应党中央、国务院、中央军委的号召，光荣地履行起了宪法赋予的神圣使命，应征入伍投身×××消防的火热警营中。

男：×××消防部队是一支有着光荣传统和悠久历史的队伍，新战友的到来必将为我们这支部队的建设和发展注入新鲜血液，增添新的活力，为守卫城市的安宁祥和提供新的力量。

女：蓦然回首，也许亲人的叮咛还在耳边回响；展望明天，你们将在更广阔的舞台书写鸿鹄之志。

男：×××消防欢迎你，亲爱的新战友！

女：上海人民欢迎你，亲爱的新战友！

男：今天，带着总队党委和首长的深情嘱托，带着总队全体官兵的浓浓情意，总队文工团走进浦东新兵连，给全体新战友带来新年的慰问和祝福。首先，请允许我介绍出席今天慰问演出的领导。他们是××××××。

女：出席今天慰问演出的领导还有××××××。
让我们用热烈的掌声，向各位领导的到来表示热烈的欢迎和衷心的感谢！

男：接下来，让我们用最热烈的掌声有请×××政委为新战友讲话！大家欢迎！

男：谢谢×××政委热情洋溢的讲话！总队首长的殷切期望和深切关怀，既是对我们的鼓舞，更是对我们的鞭策，相信新战友一定能够努力学习，刻苦训练，全力以赴实现从地方青年到消防军人的成功转变。
下面演出正式开始。

女：首先，请欣赏歌舞表演《红红的警营红红的我》，演唱：×××；伴舞：文工团舞蹈队。

女：班长被称为"军中之母"，当我们的战士告别家乡，离开母亲温暖的怀抱，投身到绿色的军营，班长就成了我们的第一位老师、最亲密的兄长。那么，处于磨合期的新战士和班长之间有哪些故事呢？请看×××和×××带来的相声《我和班长》。

男：不论你来自五湖四海，也不论你说着南腔北调，当你穿上军装、走进红门的那一刻开始，我们就拥有了一个共同的名字：消防兵。接下来请欣赏由×××带来的歌曲《东西南北兵》。

女：青春是什么？青春是如花的岁月，是火样的激情。军营是什么？军营是别样的天地，是青春的战场。请欣赏×××带来的《青春的战场》。

男："观念后现代、追求有个性、思想特前卫、另类不矫情"，是我们对90后新战友最真实的评价。今天，为了向总队首长和全体官兵展示90后新兵的风采，我们的新战友们群策群力，精心编排出了自己的节目献给大家。下面请欣赏由新兵连带来的武术表演《龙腾虎跃》。

女：谢谢各位新战友青春洋溢的表演！谁说我们军营没有流行的色彩，说说我们军营没有青春的旋律。虽然严明的纪律让我们远离喧嚣，但是时代的音符依然跳动在橄榄绿的海洋。接下来请欣赏女声独唱《套马杆》。

男：接下来，我要向各位新战友隆重介绍一支乐队，乐队成员全部来自我们基层一线，他们是总队基层文艺会演中的佼佼者，他们是消防警营文化建设的排头兵，他们更有一个响亮的名字叫——"火魂"。让我们用掌声请出我们的"火魂乐队"。
下面我们就一起来欣赏由火魂乐队和总队文工团演员×××共同唱响《红旗飘飘》。有请！

女：谢谢火魂乐队！激昂的音符演绎着波澜壮阔的历史，跳动的旋律让我们憧憬着部队生活美好的未来。请欣赏男声表演唱《当兵的历史》。

男：谢谢各位！接下来的这个节目，是来自新兵连的新战友×××和×××为我们联手演绎的吉他二重奏《怒放的生命》。大家欢迎！

女：和平年代，哪里有险情，哪里就有消防子弟兵奋战的身影，我们用"人民消防为人民"的庄严承诺在平凡中书写"忠诚可靠、服务人民、竭诚奉献"的不平凡传奇。请欣赏女声独唱《传奇》。

男：谢谢×××的深情演唱！有人说，在部队，最宝贵的是经历过风雨的磨砺，而最大的挑战就是不断战胜自我，在风雨中砥砺前行。接下来的这个小品《挑战》，将告诉你在一二三四的整齐划一里，有怎样的激情与挑战。请欣赏！

女：在烈火中，千锤百炼，我们是勇敢的消防队员，赴汤蹈火无所惧，抢险救援保平安。张开力量的翅膀，在训练场上飞扬豪迈的理想；点燃炽热的情怀，在赴汤蹈火中勇敢地冲锋在前。请欣赏男生独唱《飞得更高》《冲锋在前》。

男：伴随着欢声笑语，挥洒着飞扬的激情，不知不觉，我们的演出已接近尾声。最后，请×××政委致答谢词！有请！

女：谢谢×××政委！亲爱的新战友，红门巍巍，会印刻你们用热血凝聚的军徽庄严；猎猎红旗，将展示你们用拼搏装点的璀璨。让我们在总队、支队党委的正确领导下，努力学习、刻苦训练，让风雨洗去稚嫩，让摔打锻造成钢，用无限的忠诚，践行"忠诚可靠、服务人民、竭诚奉献"的铮铮誓言；用坚实的臂膀，撑托起平安上海的碧水蓝天！

男：欢迎新战友文艺演出到此结束，请领导们上台和演职人员合影留念！

女：谢谢各位领导！亲爱的新战友，再见！

军人道德组歌演唱会

——某部军人道德组歌演唱活动

主持词

男：各位领导、同志们：

合：大家好！

男：为了贯彻落实江主席关于增强军队思想政治教育的针对性、系统性、创造性的重要指示精神，×××部广大官兵满怀激情地开展了学唱《军人道德组歌》的活动。

女：他们以铿锵有力、气势磅礴的歌声，唱出了听党指挥和敢打必胜的坚定信念，唱出了坚守节操和甘愿奉献的浩然正气，

男：唱出了严守纪律和以苦为乐的钢铁意志，唱出了官兵团结和文明礼貌的精神风采。

女：看，合唱的队伍向着我们走来了；

男：听，嘹亮的歌声已在我们耳边回响。

第一幕

男：党对军队的绝对领导是我军永远不变的军魄，这军魄永远指引

着我们前进的方向。一切听从党指挥，战士永远忠于党。首先请听合唱《听党指挥歌》。

女：优良传统不能忘，政治本色不能变，艰苦奋斗是传家宝， 勤俭建军续新篇。请听合唱《艰苦奋斗歌》。

男：来自广州体育学院的×××，是大家比较熟悉的青年歌手。今天她要为大家演唱一首《士兵小唱》，大家欢迎！

第二幕

男：一切为打赢，是我军建设的历史性课题。想打赢、谋打赢、练打赢，是全体官兵的紧迫任务。下面请听合唱《爱军习武歌》。

女：气节如生命，浩气贯长虹，威武不能屈，铁骨傲苍穹。下面请听合唱《革命气节歌》。

男：×××是来自×××大学的青年歌手，今天，他将为大家演唱《一二三四歌》，大家欢迎。

第三幕

女：连队就是大家庭，官兵都是亲姐妹，志同道合情谊深，军旅生涯弥珍贵。下面请听通信团女战士合唱队为大家演唱的歌曲《官兵友爱歌》。

男：奉公守法做模范，见义勇为是英雄，人民战士形象美，精神文明当先锋。下面请听合唱《文明礼貌歌》。

女：×××今天要给大家演唱一首新歌，这首新歌兵味很浓，通俗易懂。这首歌的名称就叫《一排二班》。现在欢迎她给我们演唱。

第四幕

男：令必行，禁必止，纪律条条要牢记，一切行动听指挥，步调一致得胜利。下面请听合唱《严守纪律歌》。

女：军旅生涯多半与高原孤岛相处，与艰苦寂寞为伴。那边防线上一个个普普通通的身躯，那大山深处一个个鲜为人知的哨所，是他们保卫着国家的主权和人民的幸福，是他们构筑起改革开放和现代化建设的安全屏障。什么也不说，扛枪去巡逻。真情为人民，爱心献祖国。下面请听《爱国奉献歌》。

结束语

男：诗言志，
女：歌咏言。
男：一句句动人的歌词激励革命斗志，
女：一声声美妙的旋律陶冶高尚情操。
男：军营自有军营的歌声，
女：军人自有军人的情怀。
男：让我们继续高唱《军人道德组歌》，
女：让前进的、健康向上的歌声伴随着我们前进的步伐，
男：向着太阳，
女：向着胜利，
合：奋 勇 前 进！

军校元旦晚会

男：尊敬的各位首长！

女：亲爱的战友们！

合：晚上好！

男：伴随着新年嘹亮的钟声，我们送走了硕果累累的2017年。过去的一年，全院官兵在学院党委领导下，与时俱进，开拓创新，取得了全面建设不断进步的辉煌成就。

女：伴随着新年嘹亮的钟声，我们已经迎来充满希望的2018年。在新的一年里，我们将进一步学习贯彻"十九大"精神，以百倍的信心，创造

合：新的辉煌。

第一篇章　盛世欢歌

女：鲜花开满大地，颂歌响彻天宇。
　　让我们沐浴着十九大的理性光辉，
　　与新年握手致意。

男：黄河奔腾欢歌，长城逶迤飞舞。
　　在聆听党的十九大报告的美好时刻，

让我们吟唱着春天的歌谣，一起感受这美好幸福的

合：《灿烂阳光》。

（歌舞《灿烂阳光》）

男：愚公移山这个故事我们早已是耳熟能详了，可你听过愚兄移沟的故事吗？请听相声《愚兄移沟》。

女：孩子是祖国的未来，今天，一群军营小帅兵走上舞台，用活泼可爱的舞姿来表达他们童稚纯真的绿色向往。请看他们为我们带来的卡通舞《军营小帅兵》。

男：军校是一座人生的大熔炉，是学员温馨的家，一年有一年新的变化，一年有一年新的喜悦。就让我们听听学员们的心声吧！请看小品《学员之声》。

女：大雪小雪又一年，欢欢喜喜过大年。只要咱年年岁岁守住这营盘，就有千家万户大团圆。请欣赏歌舞《学员队里过大年》。

第二篇章　恢宏篇章

男：滔滔长江，巍巍昆仑，

　　一个新的篇章已经掀开，

　　一个崭新的小康社会亦将出现。

女：战车轰鸣，军徽闪亮，

　　猎猎军旗迎风飘扬；

　　人民军队勇往直前，

　　长空利箭威震四方。

　　（器乐演奏《利箭就位》）

男：修理所的新兵买了一架新的照相机，一直想拍一张够酷够帅的

军人照。您瞧，今天他又摆弄起他的那架新照相机来了。（小品《照相》）

女：青春需要放飞，青春需要张扬。让我们动起来，舞起来，为这个崭新的时代喝彩。（舞蹈《青春舞曲》）

男：人才是科技兴国、科技兴训、科技兴教的关键所在，我们学院的高学历人才创作的优越条件，了却了一位年迈花甲老人的心事。请看小品《心事》。

女：剪一缕春日的阳光，裁出七彩的衣裳；敬一个标准的军礼，舞出青春飞扬；送一份无悔的坚守，祝愿天天好时光。（舞蹈《天天好时光》）

第三篇章　时代颂歌

女：履行使命展风采，
男：坚守岗位写忠诚。
女：绿色方阵中，集合着中华民族的优秀子孙；
男：鲜红党旗下，会聚着中国共产党的忠诚儿女。
女：年轻的我们放飞梦想，把生命化成军歌中最激昂的音符！
男：年轻的我们豪情满怀，把忠诚染成军旗中最绚丽的色彩！
　　（配乐诗舞：《因为年轻》）

女：当兵的走路甩胳膊；当兵的站队论高矮；当兵的出操喊一二一；当兵的集合要拉歌；可四个地方大学生却不服这个理，偏要跟班长抬抬杠。让我们看看他们是怎么军训的！（小品《军训》）

男：火热的军校，处处燃烧着青春的激情，放飞着青春的梦想。你看，有这样一群女兵，正演绎着士兵的旋律。请欣赏舞蹈《士兵节奏》。

女：每逢佳节倍思亲，在这新年来临之际，让我们为远方的亲人送一份祝福，以表达我们深深的思念。请欣赏笛子独奏《远方》。

女：我们的学员来自五湖四海，为了共同的目标他们走到了一起。然而，在火热的军校生活中，难免也会出现这样的小插曲。请看小品《如此统一》。

第四篇章　灿烂明天

女：时代的号角已经吹响，
　　中国的巨轮继续远航。
男：这艘由嘉兴南湖始发的航船
　　满载着8000多万党员的理想和13亿人民的希望，正驶向
合：胜利的远方。

男：走进军营，梦想像白杨一样高耸挺拔，像苍鹰一般搏击长空，在奔涌的浪涛中寻觅生命的价值，把青春写在祖国的千里边关、万里海疆！（舞蹈《畅想》）
女：在我们学院，教员立足三尺讲台，潜心教书育人。医生立足本职岗位，精心服务保障。可是在家里，一对军人夫妻却要面对一场由锅碗瓢盆演变而成的家务战争。请听相声《家务战争》。

男：谁不恋家的温馨，谁不眷恋家中那一窗盼归的灯火，可是我们学院却有这样一位为了国家忘了小家、为了学员忘了妻子的教导员。请看小品《此情绵绵》。

女：新的征程为中国展开了一个灿烂的花季、一幅写满人间春色的

画卷。喊一声中国，我们激情满怀；喊一声中国，我们热血沸腾！（歌舞《喊一声中国》）

结束语

女：且持梦笔书奇景，

男：日破云涛万里红。

女：让我们凝聚在十九大旗帜下，紧密团结在学院党委周围，

男：高唱凯歌，与时俱进，在新的一年里，

合：再创新的辉煌！

历史重托

——慰问演习官兵演出

主持词

女：尊敬的各位领导，

男：亲爱的战友们，

合：你们好！

女：肩负着捍卫民族尊严、维护祖国统一的历史重托，铭记着党和人民对英雄部队所向无敌、一战成功的热切期望，

男：你们洒滴滴汗水润中原热土，捧赤子之心于确山脚下，出色完成了预定的演习内容，取得了优异的成绩。

女：让我们对敬爱的首长、对亲爱的战友们道一声，你们辛苦了，

合：你们辛苦了！

男：请允许我们代表×××军党委首长机关和全军官兵向你们表示亲切的慰问并致以

合：崇高的敬意！

女：第×××军战士业余演出队慰问×××基地演习官兵文艺演出

现在开始！

1.开场歌舞

谁英雄、谁好汉，演习场上比比看，接下来的这个节目正是通过训练场上一个普普通通的故事，反映了驻确山基地官兵"想打赢、谋打赢，挥洒血汗为打赢"的英雄气概。请看配乐故事《龙腾虎跃》。

2.配乐故事《龙腾虎跃》

为什么这一腔青春热血总会在猎猎军旗中沸腾，只因为我们有幸承担中华民族实现最后统一的光荣使命；为什么这一颗年轻的心总会有抒不尽的豪情，只因为我们是荡涤一切分裂阴谋、反动势力的绿色雄风！请看舞蹈《绿色雄风》。

3.舞蹈《绿色雄风》

今天我们立足现有装备，苦练制胜本领，为的是明天首战用我，急当主力先锋。为了明天打得赢，咱们谁都免不了要动一动脑筋，下一番苦功，请看小品《夜练》。

4.小品《夜练》

5.女声独唱《走向国防现代化》

新的训练大纲颁布实施后，部队的练兵热情空前高涨。为完成好这次演习任务，有一位基层的主官首先想到了自己。请听山东快书《减肥》。

6.山东快书《减肥》

让清澈的溪流洗去一身训练的疲倦，让哗哗啦啦的水声把一个心愿歌唱得很美很甜，多想告诉远方的亲人和朋友，从此心中有了一个美丽的河南、美丽的确山。请看舞蹈《小溪边》。

7.舞蹈《小溪边》

外出训练来到确山，驻地群众大力支援，严守纪律是军人本色，可谁又能忘记对第二故乡的情感？请看小品《小翠》。

8.小品《小翠》

9.歌舞《家乡小调》

　　中国人民解放军是党的武装。听党话，跟党走，永远是我军的政治本色。党的第十六次全国代表大会即将召开的喜讯传到确山，全体官兵无不欢欣鼓舞，极大激发了训练热情。践行"三个代表"要求，坚持党管干部，发挥党员先锋模范作用，　在部队中蔚然成风。接下来，请看反映基层连队党的生活的群口快板《党小组长》。

10.群口快板《党小组长》

　　喊一声河南，我的衣食父母；喊一声河南，我的大好河山，　过去曾有多少拥军支前的故事伴着花儿开放，今天又有多少当代红嫂的传说随着风儿流传，最亲的人，最好的人，子弟兵感谢你啊，河南的父老乡亲！让我们把这首《父老乡亲》献给对这次训练给予了大力支持帮助的确山县驻地党委政府领导和人民群众！

11.女声独唱《父老乡亲》

女：军旗下的我们是热爱和平的人，

男：军旗下的我们是维护祖国统一的人；

女：军旗下的我们永远听从党指挥，

男：军旗下的我们要建立千秋万代的功勋。

女：让我们更加紧密地团结在以江泽民同志为核心的党中央周围，

男：继续认真学习，努力践行"三个代表"重要思想，

女：圆满完成演习任务，

男：回答好"打得赢，不变质"的历史课题，

女：我们时刻准备着，

合：完成党和人民赋予的神圣使命！

　　（接结尾歌舞）

旗帜飘扬在海防线上

——海军某部保持共产党员先进性教育活动主题晚会

男：尊敬的各位首长、各位来宾，

女：亲爱的战友们、同志们，

合：大家晚上好！

男：又是一个春天，仰望两会精神的光芒，我们的喜悦像春潮一样澎湃。

女：又是一个花季，沐浴保持先进性教育的春雨，我们的热情像花朵一样盛开。

男：保持先进性教育的旗帜飘扬在东南海防线上，赤胆忠诚的我们，迎着阳光走来。

女：新军事变革的步伐响彻在海防线上，威武雄壮的队伍，踏出豪迈的风采。

男：我们是祖国最忠诚的儿女，永葆本色，永不变质，祖国有咱多骄傲。

女：我们是祖国最优秀的士兵，首战用我，敢打必胜——

合：祖国有咱多自豪！

【接】歌舞《祖国有咱多自豪》

女：什么是先进的体现？就是党员干部站在第一
　　线。哪里是第一线？本职工作就是第一线。这不，星期天机关又是集体加班，
　　这下可把两位等丈夫回家吃饭的军嫂急坏了。不过她们也没闲
　　着，老公没回家，咱就先聊聊天。请欣赏相声《聊天》。

【不报幕】《当兵干什么》
【不报幕】《宣言》

男：我是一个士兵，对党的信仰是我的生命，枪听我的话，我听党
　　的话，把对党的无限热爱融入钢枪，枪就在我心中。

【接】《枪在我心中》

女：为了把党员先进性教育落到实处，让基层的声音直接传给团领
　　导，团党委开设了民主接见日。瞧，提意见的来了。

【接】《民主接见日》
【不报幕】《秋天的诉说》

女：在火热的连队，阵阵春风把我们包围，教会我们对党忠诚，教
　　会我们把努力工作放在首位。请欣赏表演唱《连队党支部》。

【不报幕】《海防线上的我们》

女：沐浴着党的阳光，我们成长在祖国的东南海岸线上，驻守的地
　　方，是美丽的惠安女的家乡。身影婀娜像海边的霞光，脚步轻
　　盈像青春在飞翔，她们是海岸线上，一片明媚的春光。

【节目前奏中报】《惠女的春天》

男：党小组长，是党组织最基层的管理者、引导者，在保持党员干
　　部先进性的教育中，他们可没闲着，以极强的责任心，维护、
　　树立着党的形象。

【接】《党小组长》

男：入党的时候，我们都曾经承诺，那短短的几句话，是要用生命唱响的一首歌。当两鬓斑白，重温当年的承诺，党啊，你可知道，那一番承诺，激励了我一生的奋斗、拼搏。

【接】《承诺》

男：旗帜飘扬在海防线上，颂歌献给最亲爱的祖国、亲爱的党。

女：我们守卫在海防线上，汗水融进热土，青春献给国防。

男：让我们牢记共产党员的职责，树立党员干部良好的形象。

女：让我们时刻保持党员干部的先进性，坚定革命的信仰。

男：让我们一起携手并肩，开创明天，铸造——

合：新的辉煌！

神圣的使命

——庆祝中国人民解放军建立78周年
驻京部队战斗精神歌咏大会

主持词

甲：尊敬的各位首长，

乙：各位抗战老战士、老英雄，

丙：亲爱的战友们，

丁：同志们，

合：你们好！

甲：今天，中国人民解放军总政治部在这里隆重举办驻京部队"神
圣的使命"战斗精神歌咏大会，军委首长、四总部领导、抗战
老战士老英雄代表，与陆海空三军、武警部队广大官兵欢聚一
堂，热烈庆祝中国人民解放军建立78周年。

乙：回首78年光荣征程，那是一个个热血谱就的音符，在万水千山
的琴弦上激荡；那是一曲曲忠诚铸就的战歌，在金戈铁马的尘
烟中回响。

丙：我们不能忘记，为了人民解放军的发展与壮大，为了中华民族的独立与解放，做出丰功伟绩的革命先烈和前辈们。

丁：今天，我们特别邀请抗战老战士、老英雄代表，出席战斗精神歌咏大会，以此表达全军将士的崇高敬意！

甲：那是一段艰苦卓绝的岁月，那是一个英雄辈出的年代。看，密密的森林里、高高的山岗上，游击健儿逞英豪。

乙：那是一段民族精神焕发青春的岁月，那是一个战斗精神培育发展的时代。听，风在吼！马在叫！黄河在咆哮！

丙：伟大的中国人民抗日战争，书写了中华民族史上胜利的篇章。

丁：英雄的人民军队抗战精神，薪火相传、永放光芒！

【第一组歌曲】

《游击队歌》

《保卫黄河》

甲：踏着英雄的足迹，我们开始了新的光荣之旅；高举战斗的旗帜，我们正在续写新的辉煌。

乙：新世纪新阶段，党赋予人民军队新的历史使命。推进中国特色军事变革，建设信息化军队，打赢信息化战争，成为我们义不容辞的责任。

丙：淘尽五湖三江水，采来三山五岳花，写不尽战斗精神的壮美诗篇。四海汇聚战斗曲，八方齐唱英雄歌，唱不尽战斗精神的激越旋律。

丁：兵歌唱起来，战士情满怀。兵歌唱起来，豪气冲天外。牢记新使命，阔步向未来。

【第二组歌曲】

《神圣使命》

《战士就该上战场》

《响当当的连队呱呱叫的兵》

《女兵谣》

《送你一枚小弹壳》
《当祖国召唤的时候》

甲：我们把誓言写在陆海空天，写上忠诚，写上使命，写上敢打必
　　胜的信念。

乙：我们把足迹印在陆海空天，战鹰穿云，舰队破浪，利剑昂首待
　　命，铁流滚滚向前。

丙：我们把目光锁定陆海空天，运筹帷幄，决胜千里，一体化联合
　　作战，抢占信息化的制高点。

丁：我们把青春放飞陆海空天，爱有多深，情有多长，军营的太阳
　　也有斑斓的七彩，年轻的方阵是一道亮丽的风景线。

【第三组歌曲】
《战友情深》
《中国海军》
《当一个好兵》
《忠诚卫士之歌》
《看我火箭兵》
《等我凯旋》

甲：胡主席和中央军委发出大抓军事训练的号召，全军上下掀起了
　　龙腾虎跃的练兵热潮。

乙：瞄准实战练精兵，风云多变幻，眼中有敌情。仗怎么打兵怎么
　　练，真抓实备谋打赢。

丙：只争朝夕练精兵，追着太阳走，踏着月光行。刀映彩霞枪伴
　　星，梦里也在喊杀声。

丁：科技强军练精兵，熟练掌握新装备，苦练增长新本领；人人练
　　出英雄胆，个个练成合格兵。

【第四组歌曲】
《练为战》

甲：这是一团团战士心中火焰的集束，这是一份份沉甸甸的军旅情怀。

乙：这是人民子弟兵对祖国和人民爱的倾诉，这是当代军人"打得赢，不变质"的庄严承诺。

丙：我们时刻准备着，放心吧祖国，放心吧亲人，我们的队伍正在点名。

丁：我们时刻准备着，当那一天来临，为了胜利我们勇敢前进！

【第五组歌曲】

《等待起飞》

《青春万岁》

《当那一天来临》

《时刻准备着》

甲：放眼征程天高地阔，展望未来任重道远。

乙：让我们紧密团结在以胡锦涛同志为总书记的党中央周围，高举邓小平理论和"三个代表"重要思想伟大旗帜，深入贯彻江泽民国防和军队建设思想，树立和落实科学发展观，

丙：肩负起神圣的历史使命，为建设强大的人民军队做出新的更大贡献。

丁：请全体起立，唱《中国人民解放军军歌》。

甲：庆祝中国人民解放军建立78周年驻京部队战斗精神歌咏大会到此结束。

乙：祝首长和同志们身体健康，节日快乐！

纪念中国人民抗日战争暨世界反法西斯战争胜利活动

范文：某部纪念中国人民抗日战争暨世界反法西斯战争胜利60周年演唱会主持词

女：尊敬的各位首长、各位来宾，

男：亲爱的战友们、同志们，

合：大家好！

女：军号嘹亮穿越千山万水；

男：战歌如虹激发战斗精神。

女：在全军上下认真贯彻落实保持共产党员先进性教育之际，×××部纪念中国人民抗日战争暨世界反法西斯战争胜利60周年演唱会也在今晚拉开了序幕。

男：×××部首长对军营文化建设十分重视，演唱会筹备期间多次询问排练进程；各个单位也在这次活动中积极参与，认真排练，使演唱会的水平不断提高。

女：我们的士气鼓舞人心，

男：我们的歌声响彻天宇。

女：×××部纪念中国人民抗日战争暨世界反法西斯战争胜利60周年演唱会，

合：现在开始！

男：首先请听×××代表队演唱的合唱《人民军队忠于党》。

女：党对军队的绝对领导，是我军的生命之所系、力量之所依、性质之核心、传统之根本。我军的历史，就是党对军队绝对领导的历史；我军的胜利，就是在党的绝对领导下取得的胜利；我军的辉煌，就是在党的领导下创造的辉煌。

男：当前，我军正处在一个新的历史发展时期，推进中国特色军事变革的历史使命激励着我们，实现我军现代化跨越式发展的宏伟目标召唤着我们。在党的绝对领导下，我们昂首阔步，勇往直前。

女：下面就请欣赏由×××代表队带来的合唱《听党指挥歌》。

男：在60年前那场艰苦卓绝的抗日战争中，全国人民紧密团结在中国共产党倡导建立的抗日民族统一战线的旗帜下，同凶恶的日本侵略者展开了气壮山河的英勇斗争。

女：中国军民浴血奋战，前仆后继，付出巨大的民族牺牲，终于夺取了抗日战争的伟大胜利。我们牢记历史，不忘过去。肩负神圣的使命，我们敢打必胜，弘扬战斗精神，我们勇往直前。请听合唱《大刀进行曲》。

男：在今天的演唱会上，×××单位从中国现代音乐最重要的经典之一《黄河大合唱》中选取了一首歌献给大家。战争年代唱起它，全国人民抗战的信心和勇气备受鼓舞；现在唱起它，全世界的中国人都会在重温佳作中备感自豪。请听歌曲《黄水谣》。

女：档案，承载历史，记录辉煌。档案，是人类知识的宝库，是精神与物质财富的巨大源泉。作为从事档案事业的"档案人"，拥有"不为留名垂青史，愿将丹心融卷中"的情怀，无名英雄是他们的桂冠，无私奉献是他们的理想。

男：为充分展现军馆人的信念和追求，揭示军队档案的深刻文化内涵，×××专门创作了《中国人民解放军档案馆馆歌》，让我们一起欣赏。

女：一曲《解放军档案馆馆歌》，把档案馆一路从秦岭走来的奋斗历程勾画了出来。

男：说起奋斗历程，同样从山沟沟里走出来的×××中心，也是一支具有光荣历史和优良传统的部队。五十多年来，在上级党委的领导下，他们以坚定的政治信念、精湛的业务技术、严明的组织纪律、顽强的战斗作风，充分表现了对党的无限忠诚。

女："三个代表"重要思想是我们的立党之本、执政之基、力量之源。在新的历史时期，×××中心官兵将以"三个代表"重要思想为指导，保先进、谋打赢，团结奋进，开创工作和建设的新局面。请听×××中心带来的《三个代表指航向》。

男：一支竹篙，难渡汪洋海；众人划桨，开动大帆船。单位要发展，事业要进步，靠的是大家的齐心协力和团结拼搏。在

×××党委的正确领导下，×××官兵为了共同的目标，正以崭新的面貌，和衷共济，团结战斗，共同开创新天地。

请听《众人划桨开大船》。

【不报幕】合唱《英雄赞歌》

女：台湾是我们祖国的美丽宝岛。海峡两岸的中华儿女热切盼望祖国的和平统一。

男：想去台湾唱首歌，是一种相思，是一句祝福，也是我们心中共同的美好心愿。请听歌曲《想去台湾唱首歌》。

男：抓紧做好反"台独"军事斗争准备，是保持共产党员先进性教育活动的落脚点，更是强化战斗精神教育活动的出发点和落脚点。

女：一切为打赢。×××官兵充分认清新职能、新使命，以时不我待的紧迫感，分秒必争，真抓实干，切实把昂扬的战斗精神转化为打赢的实际能力。请听合唱《一切为打赢》。

女：近年来，×××单位的文化工作十分活跃，经常开展健康向上、丰富多彩的文化活动，强健官兵的体质，激发官兵的战斗精神。今天，他们带来了大家非常熟悉的歌曲《飞越大渡河》，以此缅怀先烈们前仆后继、不怕牺牲、争取胜利的大无畏英雄气概。同时，也表达全体官兵落实党员先进性要求，与时俱进，求实创新，实现各方面工作跨越式发展的信心和决心。下面请欣赏合唱《飞越大渡河》。

【不报幕】女声独唱《春天的故事》

男：《保卫黄河》作为《黄河大合唱》中的经典篇章，表现了游击健儿不畏强敌、敢打必胜的英勇气概，堪称一首人民战争壮阔场面的战斗进行曲。

女：特别是其中"龙格龙格龙格龙"的衬词此起彼伏、波澜壮阔的宏伟场面和乐观主义的民族精神跃然眼前。下面就让我们欣赏

×××单位精心排练的这首经典名作。

女：创作于抗日战争时期的歌曲《团结就是力量》，曾成为团结中华民族抗击日本侵略的号角和心声，为全世界法西斯罪恶势力敲响了丧钟，至今仍广为传唱。

男：团结就是力量，这力量是铁，这力量是钢。

女：浴血奋战换来的和平弥足珍贵，浴血奋战中的团结一致、万众一心，更需要长久地、永远地延续下去，在全面建设小康社会、实现中华民族伟大复兴的道路上，让我们满怀激情高唱同一首歌——

合：《团结就是力量》（全体合唱）

士兵情怀

——某军校军旅抒情歌曲演唱会活动

主持词

女：尊敬的各位首长，

男：亲爱的战友们，

合：晚上好！

女：初夏申城，火热激情涌动；

男：士兵情怀，唱响神圣使命。

女：为认真贯彻落实总政治部指示精神，深入开展好"坚定中国特色社会主义信念，有效履行我军历史使命"主题教育活动，今晚我们在这里隆重举行"士兵情怀"军旅抒情歌曲演唱会。

男：此次全军军旅抒情歌曲评奖活动是总政宣传部为配合主题教育所开展的一项重大活动，目前已接近评选后期阶段，评选出的部分优秀作品将面向全军开展宣唱活动。

女：我们借此时机把评选中产生的优秀歌曲率先在我院进行推广，这也是我们站在文化工作前沿，进一步推动学院文化建设的重要举措。

男：学院首长对此次活动非常重视，今晚全体常委也来到了演出现场，同大家一起感受军旅心声的震撼，共抒壮志报国的豪情。让我们以热烈的掌声对首长的到来表示衷心的感谢。

女：首长和战友们，此次演唱会的歌曲将从不同侧面展示新时期新阶段，我军威武之师、文明之师的良好形象和豪迈情怀。最令我们为这身绿军装感到骄傲的，莫过于奋战在四川抗震一线的我们可爱的战友了。

男：为了讴歌我们伟大的抗震精神，赞颂我们炽热的士兵情怀，缅怀在地震中遇难的同胞，今晚，就让我们用一曲《与你同在》拉开今天演唱会的序幕，让我们和灾区的同胞在一起，让我们的情和亲爱的战友在一起，让我们的爱和伟大的祖国在一起。

（全场起立合唱《与你同在》）

女：感谢大家！请坐！"士兵情怀"军旅抒情歌曲演唱会正式开始。

男：首先上场的是9队的学员们，他们的演唱曲目是《士兵短信》。

女：有一个美丽的心愿，自从穿上军装，一直深藏在心间；有一个美丽的心愿，因为有了它，我的心中天天都阳光灿烂。接下来，7队的学员们将为大家演唱《美丽心愿》。

女：天上的白云，你不要这样匆匆；请你转告远方的妈妈，您的儿女正在出征的途中。下面上场的是学员17队，今晚他们的演唱曲目是《白云》。

男：下面让我们稍稍放松一下紧张的比赛情绪，请欣赏男生独唱歌曲《用你的心握住你的手》。

女：接下来上场的演唱单位是学员1队，今晚，他们的演唱曲目是《快乐旋风》。

男：青春女兵，军营之花；青春女兵，活泼潇洒。下面上场的是学员
　　12队。今晚，他们将为我们带来歌曲《青春女兵》。请欣赏！

女：接下来上场演唱的是警勤连的战士们，这是一支年轻的队伍。
　　他们中的大部分成员都生于80年代，今晚他们将用歌声为大家
　　展示80后的风采。请听歌曲《迷彩80后》。

女：我梦中的那棵相思红柳，无怨无悔是你青春的追求；我梦中的
　　那棵相思红柳，风雨兼程是你生命的守候。接下来将为大家演
　　唱的是学员×××，她为大家带来的歌曲是《诉说的心》。

男：全班兄弟，齐心协力；全班兄弟，闪电出击。请听学员18 队的
　　学员们为我们带来歌曲《全班兄弟》。

女：苦练精兵，虽苦犹乐。接下来上场的演唱单位是学员2队，　他
　　们将为大家带来的是一首表现战士们演习时无比自豪和喜悦心
　　情的歌曲《演习的坦克归来了》。请欣赏！

男：飞奔吧！青春特快，迎着风雨，一路进发！飞奔吧！青春特
　　快，让奔腾的梦想在军旗下飞扬！接下来将为大家演唱的是学
　　员11队，他们的演唱曲目是《青春特快》。

女：下面上场的是今晚的最后一个演唱单位——学员10队。他们是来
　　自全军各基层单位的政治指导员，是基层部队文化工作的具体
　　组织者。今晚他们将为大家演唱歌曲《看云彩》。请欣赏！

女：风里冷月，山外寒星，一朵寂寞的雪中花；一片丹心映天红，
　　傲立边塞展风华，守护万千春色满中华。下面有请学员×××
　　为大家演唱歌曲《雪中花》。

女：军校是共和国军官的摇篮，从这里启航，我们将把报国的豪情
　　写在共和国的陆地天空和海洋。

男：军歌是士兵情怀最炽热的表达，歌声将把我们光辉的前程照亮。

女：让我们在学院党委的正确领导下，团结拼搏，开拓进取，　不断
　　推进学院建设又好又快地发展，为建设全军一流的政治院校而
　　努力奋斗。

男："士兵情怀"军旅抒情歌曲演唱会到此结束，祝大家晚安！

"四会"比赛

——某军校学员"四会"优秀政治教员实践竞赛决赛

主持词

尊敬的各位领导，亲爱的战友们：

大家下午好！这里是"军魂杯"——第四届学员"四会"优秀政治教员实践竞赛总决赛现场，我是主持人×××。

一段精彩的短片，带我们回顾了四年来，学院"四会"竞赛活动的点点滴滴。自2010年首届"四会"实践竞赛以来，这项活动已经连续举办了四届。一路走来，我们目睹了一轮轮紧张激烈的比拼，也见证了一批批学员在这场火热的实践竞赛中锻炼成长。

今天，我们非常荣幸地邀请到了全军中国特色社会主义理论体系教学检查评估组各位专家莅临竞赛活动现场，让我们用热烈掌声欢迎各位专家！

出席今天竞赛活动的学院领导有学院党委全体常委及机关各部、上海校区、基础部、各系（大队）领导，让我们以热烈的掌声欢迎各位领导的到来。

本场比赛的评委团由专家评委和大众评委共同组成。专家评委都是学院名师和部队领导。他们是×××。

担任今天比赛的20名大众评委，是×××骨干轮训班的同学，欢迎他们！

下面，介绍一下竞赛规则。

竞赛共分授课演示和现场问答两部分。每名选手按照自选题目进行授课演示，时间为15分钟，满分为100分。现场问答环节，选手随机抽取网络引导题目，准备半分钟后回答，时间为2分钟以内，满分为100分。自选题授课占总分的80%、现场问答占总分的20%。专家评委现场亮分。大众评委对选手表现有非常满意、比较满意和不满意三种评价，分别按5分、3分和0分计算。专家评委打分占90%，大众评委打分占10%。如果出现选手比分相同，则加赛一道现场问答题。竞赛设一等奖一名、二等奖两名、三等奖两名。

走上今天这个总决赛的五名选手，经历了海选赛、晋级赛和全院半决赛三轮比拼最终入围的，可谓一路过关斩将。下面就让我们逐一领略他们的风采。

【授课环节】首先，我们通过短片认识1号选手，请看大屏幕——

有请1号选手朱宏哲，他授课的题目是《让"和平病"远离中国军人》。

（选手授课）

好，感谢1号选手朱宏哲，说得太好了。"准备打才能不必打，越不能打越可能挨打"。我想我们每一名南政官兵也都要扪心自问，"和平病"，我们身上有没有？

【授课亮分环节】好，请专家评委为选手打分。请大众评委亮牌，工作人员做好统计。

请评委亮分，（报分数）去掉一个最高分和一个最低分，专家评委打分××。

我们看大众评委评分：××。

两项加权后，一号选手授课环节得分××。

【答题环节】下面我们进行第二个环节，请选手抽题目。（选手随机叫停）

好。（读题）

那么，按照比赛规则选手要简要归纳一下网友的观点，然后回答如何通过跟帖来引导网上舆论。

我们请选手准备半分钟。（看时间）

好，时间到。请选手答题。

（答题完毕）

【答题亮分环节】好，请专家评委为选手打分。请大众评委亮牌，工作人员做好统计。

请评委亮分，（报分数）去掉一个最高分和一个最低分，专家评委打分××。

我们看大众评委评分：××。

两项加权后，一号选手现场问答环节得分××。

两个环节加权后的总分是××。

下面有请唐志龙教授为1号选手点评。

【授课环节】下面我们通过短片认识2号选手，请看大屏幕——

有请2号选手刘思维，他授课的题目是《你的思想"体检"了吗》

（选手授课）

好，感谢2号选手刘思维，就像他的名字一样，我觉得他不但善于思考，而且还善于开药方！为官兵的精神缺钙、心灵三高、思维贫血，开出了三味药方，保证是药到病除啊！从刚才大家热烈的掌声中，我们感受到，这是一堂接地气的课，一堂有人气的课。恭喜她！

【授课亮分环节】【答题环节】【答题亮分环节】同上。

下面，有请蒋建新教授为2号选手点评。

【授课环节】下面我们通过短片认识3号选手，请看大屏幕——

有请3号选手王一琦，他授课的题目是《唱响网络"好声音"传递舆论"正能量"》。

（选手授课）

好，感谢3号选手王一琦，我相信她的讲课能够引起我们一些共鸣，因为打好网络意识形态主动仗，这的确已经成为当前宣传思想工作面临的艰巨任务。所以"向理论进军、向网络进军"已成为学院在网络时代背景下的响亮口号，我们也期待更多的南政学子像王一琦同学一样，时刻以警惕的目光关注网络意识形态斗争。

【授课亮分环节】【答题环节】【答题亮分环节】同上。

下面，有请×××教授为选手点评。

【授课环节】下面我们通过短片认识4号选手，请看大屏幕——有请4号选手孙冰，他授课的题目是《当那一天来临》。

（选手授课）

好，感谢4号选手孙冰。当那一天来临，我们准备好了吗？ 我想这是每一个当代革命军人必须要回答的问题。因为作为军人一定要明白，我们离打仗并不远，但我们离打赢还很远。

【授课亮分环节】【答题环节】【答题亮分环节】同上。

下面有请×××处长为4号选手点评。

【授课环节】下面我们看5号选手个人简介，请看大屏幕——有请—熊丹，她的授课题目是《心中不倒的红旗》。

（选手授课）

好，感谢5号选手熊丹。熊丹为我们分享了三面红旗背后的故事，这里面有理性的光芒，更有情感的力量。这也让我想起我们学院经常讲的一句话，作为一所培养"举旗人"的政治院校，我们的学员不仅要自己听党指挥，还要善于从思想上牢牢掌握部队，所以，"鲜红的旗帜永不落"，就是我们每一名南政官兵不改的信仰和崇高的使命。

【授课亮分环节】【答题环节】【答题亮分环节】同上。

下面有请×××政委为5号选手点评。

　　在紧张激烈的氛围中，五名选手的比赛已经全部进行完了。下面有请本届比赛的专家评委组组长×××教授做综合点评。好，感谢教授！

　　我们看比分排名，请看大屏幕。（从后至前宣布名次）

　　恭喜这五位选手获得本届比赛的一、二、三等奖，另外在全院半决赛中，我们还评选出了五名优秀奖。

　　让我们以热烈的掌声对获奖选手表示祝贺！

　　下面进行本届比赛的颁奖环节。

　　首先颁发比赛优秀组织奖。经竞赛组委会研究，×××大队获得本届优秀组织奖：

　　开赛以来，大队党委对这项工作高度重视，广泛发动、精心组织，在院级比赛中，海选赛报名人数最多，进入半决赛、总决赛人数最多，切实发挥了"四会"竞赛活动在人才培养中的重要作用。

　　有请×××领导为获奖选手颁奖。

　　最后，我们有请×××政委讲话。

　　感谢×××政委热情洋溢的讲话，我想我们广大学员听了政委的讲话，会更加以高度的自觉和自信投身"四会"优秀政治教员实践活动。第四届学员"四会"优秀政治教员实践竞赛到此结束。让我们期待明年的比赛更加精彩！我们明年再见！

　　谢谢大家！

我们的队伍向太阳

——某军校阅兵仪式

主持词

女：军乐的音符在晴空飘荡，那是我们豪情的绽放，又是一次阅兵式，在习主席提出"听党指挥、能打胜仗、作风优良"，我军新的强军梦的指引下，拉开庄严的序幕。

男：首长同志们，为贯彻落实党的十八大精神，高举旗帜，忠诚使命，团结拼搏，追求卓越，为建设一流名校做贡献，检验学院"从严要求，科学管理，和谐育人"的正规化建设成果，展示全体官兵良好的精神风貌，今天，×××学院隆重的阅兵式和分列式在这里举行。

【首长登上阅兵台，乐队奏乐】
【总指挥：部队入场！】
【各方队依次跑步入场并列于阅兵线上】

男：挺起胸膛，展现英姿，是移动的长城，是雷电的冲刺。前进吧，战友！自豪吧，祖国的卫士！在你们的气宇轩昂中，我们看到高山的刚毅；在你们的精神抖擞中，我们见到大海的气势。紧握共同的理想和信念、共同的忠诚和意志，我们去挥写共和国辉煌的史诗。

女：迈开雄健的步伐吧，步步铿锵，永不停滞。我们接受祖国的检阅，我们接受人民的考试。尽管我们能写千万篇锦绣文章，最为经典的还是"忠诚"二字。演兵场上，豪气纵横；蓝天之下，激情奔驰。这就是雄师劲旅，这就是钢铁的城池。海涛般的气概，从严治校的昭示；高山般的身躯，高耸着军队对未来的宣誓。

男：穿越时空隧道，追溯岁月蹉跎。先辈们以血肉之躯，救民族危亡于水火，用青春与生命，在血泊中打造崭新的人民共和国；今天，我们肩负历史的重托，继往开来，为新的历史再续鸿篇著作。

【总指挥报告，并下达阅兵式开始的命令】
【阅兵首长在总指挥的陪同下走向阅兵场，开始】

女：参加今天阅兵的学院首长有×××学院院长×××。

男：参加阅兵的学院常委有×××××××。在主席台就座的还有学院机关领导、校区各系、各大队领导和部分共建单位领导。

【首长逐个向方队致问答词：
问"同志们好"，答"首长好"。
问"同志们辛苦了"，答"为人民服务"】

男：人民，是我们割不断的血脉，驻地是第二故乡，总是系着我们的情怀。长期以来，学院官兵与×××人民"同呼吸，共命运，心连心"，谱写了精神文明建设的精彩。

女：融入×××，保卫×××，建设×××，这是我们无悔的庄严承诺,这是我们的自信与豪迈。我们将为×××的繁荣和发展贡献自己的智慧。

【首长回主席台,走在第一标兵前,开始】

女:今天共有12个方队接受检阅,担任阅兵总指挥的是学院×××。

【检阅完毕】
【总指挥:分列式开始!当旗手走入红跑道时,宣布开始】

女:随着阅兵总指挥的一声令下,激动人心的分列式开始了, 我们的整齐队伍,我们的钢铁方阵,我们的庄严,我们的神圣,在这里聚焦,接受首长的检阅!

男:军旗,就是我们的军魂;军徽,闪烁着我们的光荣。我们的方阵,传承南昌的八一星火;我们的铁流,是长征队伍的延伸。井冈硝烟,延河饮马,西柏坡的军号声,奠定了我们的厚重。

女:我们行进着,行进着,行进在实现强军目标的大道上;我们行进着,行进着,行进在军事变革、科学发展的征途。我们的使命光荣,我们的誓言铿锵:应对危机,保卫和平,遏制战争,打赢未来!

【分列式方队行进到预定位置后】

男:八一军旗是我们的向导,党是我们的向导,未来胜出的目标是我们的向导。受阅方队正向我们阔步走来,共和国的忠诚儿女,新时代的青年军人,排山倒海的气势,叱咤风云,雷霆万钧!

女:八一军旗是我们的向导,党是我们的向导,未来胜出的目标是我们的向导。沿着新世纪的漫漫征程,以我们坚实的脚步,走向明天,高奏凯歌。

【转入第一支方队的解说词】

护旗方队

男：青春展风采，报国正逢时。由学员28队组成的护旗方队正迈着
铿锵有力的步伐朝我们迎面走来。该队党支部坚持培育"让遵
章守纪成为一种自觉，让言行规范成为一种习惯，让永争第一
成为一种追求"的精神，引领感召广大学员奋发有为、开拓进
取。他们在各类评比竞赛中屡创佳绩，多次被评为优秀党支
部、基层建设先进单位，2010年荣立集体三等功一次。看，他
们正以声如春雷般的口号、威严挺拔的雄姿、整齐划一的动作
接受首长的检阅！

持枪方队

女：现在走来的是由警勤连和汽车连官兵组成的持枪方队，63 名
战士如同铮铮音符组成铿锵的旋律。他们肩负着校区警卫、通
信、公务和车辆保障任务，近年来，他们多次荣获"先进党支
部""基层建设先进单位"，并荣立集体三等功。他们持枪，
持的是党给予的信任和对军旗的承诺。在校区保障窗口上，他
们展示出优良的作风和光辉的形象。他们立誓忠诚使命，敢打
必胜，为校区的建设发展继续贡献力量。

机关方队

女：踏着青春与生命的节奏，踏着与历史共鸣的交响，这就是机关
方队的步伐。坚持科学发展观，努力加强自身建设， 这就是
学院机关；忠实履行着"谋划、组织、协调、指导、管理、服
务"的职能，这就是学院机关；无私奉献的崇高精神，严谨细
致的工作作风，精益求精的工作标准， 这就是学院机关，向学
院机关致敬！

教员方队

男：是山的移动，是海的奔腾。教员方队，澎湃着激越的豪情。教
员方阵，讲述专家教授的默默奉献。教员方阵，跃动着在全军

享有盛誉的中青年学科带头人。他们献身国防，矢志育人，桃李满园；他们为人师表，辛勤耕耘，永攀高峰。让我们在巩固教学评价成果，推进任职教育转型的道路上，继续唱响"教学至上、教员第一"的旋律。

学员四队

女：踏着和谐高昂的旋律，迈着雄壮矫健的步伐，迎面走来的是学员四队。42名国防生学员分别来自中科院、清华大学、北京师范大学、浙江大学等20所高等院校。在系党委的领导下，学员四队提出了"吃大苦、求质量、练作风、争第一"的口号。看，他们矫健的步伐显示了他们从一名地方青年向一名合格军官的转变。听，他们响亮的口号正是扎根军营、奉献青春的无悔誓言。

学员16队

男：现在迈着雄健的步伐向主席台走来的是由博士、硕士组成的学员16队阅兵方队，他们按照"武装思想、落实制度、创先争优"的目标要求，深入学习贯彻十八大精神，大力推进"研究生进社区""研究生论坛"工作，形成了"学马列、懂马列、信马列，自觉宣传和实践党的创新理论"的浓厚氛围。16队党支部决心以推进作风建设和强化军事素质为突破口，以强军目标引领研究生学员队全面建设、特色发展。

学员17队

女：现在走过来的是学员17队，学员来自陆、海、空、二炮、武警，大部分都有基层一线部队任职经历，是一支政治强、学风正、作风好、有活力的团队。他们先后3次被学院评为基层建设先进单位、三次被评为先进党支部，在学院组织的学术研讨活动中三次被表彰为先进组织单位，在学院组织的体育运动会、新闻报道评比、各类歌咏等比赛中九次获得一、二等奖。目前，17队党支部带领全体学员，信心十足，按照新时期强军目标要求，武装思想、刻苦学习、落实制度、创先争优，努力谱写学员队全面建设的新篇章。

学员18队

男：现在向主席台走来的，是研究生18队方队。在大队党委的领导下，按照"博士、硕士首先都是战士"的要求，以队干部的率先垂范和全体学员强烈的使命意识，形成了风正气顺、正规有序、崇尚学习的良好队风，豪情满怀地走在全面建设、科学发展的大道上。他们从服务世博的光荣中走来，他们从信息管理的转型中走来，他们从毕业学员献身军事斗争准备、服务亚丁湾护航官兵的骄傲中走来，他们从建设一流名校的憧憬中走来。听，今日的18队，意气风发、气势豪迈；看，明天的18队，朝着强军目标，更加奋发有为，更加灿烂辉煌！

学员27队

女：踏着和谐高昂的旋律，迈着雄壮整齐的步伐，学员27队正在向我们走来。这是一支管理严格、作风过硬、特色鲜明并有着光荣队史的先进学员队，他们十几年如一日认养孤寡老人，弘扬雷锋精神，今年被表彰为全军"学雷锋先进集体"和总政系统"基层建设先进单位"，"做最好的自己、建最好的27队"是他们最响亮的口号。

学员29队

男：步伐坚定，激情飞扬。迎面走来的是学员29队方阵。入学以来，学员队在校区、大队党委的正确领导下，按照"听党指挥、能打胜仗、作风优良"的强军要求狠抓学员队全面建设，努力培养听党指挥的举旗人和带兵打仗的指挥员。他们团结一心，苦练勤练，取得了累累硕果。那激越嘹亮的口号、整齐的步伐、矫健的身姿，无不展现出他们满怀的豪情，表达了他们

坚定的信念。他们是初升的朝阳，他们是展翅的雄鹰。相信29
队在未来的征途中，会带着绿色的希望去创造新的辉煌。

学员30队

女：队列齐整，步伐铿锵。迎面走来的是学员30队的受阅方阵。学
员30队是一个充满朝气的集体，入学以来，学员队秉承面向一
线培养人才的理念，持续抓好全面建设，始终坚持为一线部队
培养新型政工人才的目标，叫响了"学理论、强素质、当好一
线带兵人；重引导、严管理、创建一流学员队"的口号，他们
团结一心、勤学苦练，取得了累累硕果，那铿锵有力的步伐，
那激越嘹亮的口号，展现出了他们顽强的意志，展现出了他们
满怀的豪情！今日军校成才，明朝部队建功。相信他们能在各
自的岗位上继续发扬军校的优良作风，高举旗帜，听党指挥，
成为部队建设的栋梁！

学员31队

男：现在迈着整齐划一、铿锵有力的步伐，向主席台走来的是学员
31队。这是一支连续多年被评为基层建设先进单位、先后三次
荣立集体三等功的优秀队伍。听，他们那铿锵有力、激越嘹亮
的口号，显示着顽强的意志；看，他们那整齐的步伐、稳健的
身姿，展现出满怀的豪情。今天，他们将以豪迈的气势，表达
心战学子铁心向党、砺心铸剑的坚定信念，　以过硬的军政素质
充分展示校区青年学员的靓丽风采。

结 尾

男：脚踏着祖国的大地，背负着民族的希望，这是我们的军歌，更
是我们心弦弹奏的交响。

男：在这歌声中，我们踏出了中国军队的雄壮、军中儿女的刚强，
我们的步伐就是不断向前的乐章。

女：在这歌声中，我们踏出了中华民族的尊严、不屈不挠的倔犟，
　　我们的队伍就是太阳的儿女、太阳的高尚。
男：直面新的强军梦想，听党指挥、能打胜仗、作风优良，我们排
　　山倒海，一往无前，劈波斩浪。
女：在学院新一轮建设和发展中，我们抓住机遇，迎接挑战，锐意
　　改革，求实创新，全力打造名副其实的全军一流重点院校。
男：听从号角召唤，跟随军旗前进。让我们紧密团结在以习近平同志
　　为总书记的党中央周围，深入贯彻落实党的十八大精神，高举中
　　国特色社会主义伟大旗帜，围绕建设一支听党指挥、能打胜仗、
　　作风优良的人民军队这一强军目标，全面加强军队革命化、现
　　代化、正规化建设，圆满完成党和人民赋予的各项任务！
合：让我们高扬雄风，开拓进取，再创辉煌，共同谱写新的灿烂篇章！

我们为今天骄傲

——某军校毕业出征仪式

主持词

男：尊敬的各位首长、各位来宾，

女：亲爱的老师们、同学们，大家——

合：下午好！

男：又是一年毕业季，莘莘学子踏征程。在我们迎来建党95周年这个伟大而光荣的日子，在全军上下深入贯彻习主席改革强军重大战略思想之际，学院2016届毕业学员迎来了奔赴战位的时刻。

女：恩师难忘，战友情深，离开青葱校园，既是学生时代的结束，也是军旅人生的崭新启航。兵之初的温暖记忆，成长路上的笑容泪水，都将在不久的将来，见证我们的蜕变与腾飞！

男：2016届本科毕业学员入学之时，恰逢党的十八大隆重召开，春风扑面，涤荡人心。四年来，他们见证了十八大精神开启新篇，亲历了改革强军的阔步前行，在学院中特迎评、全军联考、综合演练等各项任务中，他们也以拼搏奋进之态交出了精彩的答卷。

女：学院2016年毕业出征仪式，

合：现在开始！

第一篇章　青春　使命

（播放第一段短片）

女：青春，是第一次剃三毫米的紧张羞涩，第一次跑三公里的挥汗如雨，是第一次和战友们野外宿营的风餐露宿，是佩戴上一道杠时的骄傲和荣光。下面这个节目，是由毕业学员自编自演的，请欣赏7队学员的原创歌曲《青春一道杠》。

1. 电子乐队表演《青春一道杠》

第二篇章　感恩　奋进

（播放第二段短片）

男：时光如滚滚江河，淌不尽田间草木对园丁的谢意；时光如切亦如磋，砌不尽山间顽石对工匠的感激。在今后的岁月里，莘莘学子对老师的情意，化成了绿叶在风中的歌。

女：每年的今天，我们都会唱起同一首歌，熟悉的旋律表达了学子们对母校和老师的无尽感恩，以及临行这一刻那深深的不舍。下面请欣赏女声独唱《老师我想你》。

2. 女声独唱《老师我想你》

（播放教员、家长寄语视频）

男：离别的车站，我们依依不舍地挥手；远行的征途，我们带走母校的祝福。下面这个节目，抒发的是母校老师和师弟师妹送给毕业学子的祝福。请欣赏小合唱《祝福》。

3.小合唱《祝福》

男：建院39年来，学院建设的每一个发展成就，都饱含着驻地各级
　　政府和人民的巨大关怀。我们的一茬茬学员也视驻地为故乡，
　　把人民当亲人。广大学员充分发挥自身优势，进社区宣讲党的
　　创新理论活动受到党和国家领导人表扬，广泛开展与驻地养老
　　院和福利院结亲帮扶深受群众欢迎和爱戴，参与驻地建设和
　　重大活动洒汗水展风采。下面，就让我们通过一段短片，了解
　　2016届毕业生与一群老人的故事。

（播放养老院短片）

女：刚才这段视频，是2016届毕业学员们去驻地养老院爱心活动的
　　一个缩影。明天，学员们就要离开了，在这样一个特殊的时
　　刻，有两位特别的嘉宾也来到了毕业典礼的现场，让我们有请
　　×××养老院的×××院长和×××老人，让我们用掌声欢迎
　　他们上台！

（养老院院长、毕业学员代表一起推老人轮椅上台）

女：院长，您好！老人家好！院长，在今天这样一个特别的日子，
　　您先给我们说两句。

（院长讲话）

女：我看老人家手里还带着一样东西，这是礼物吗，还是……？

（院长介绍）

女：好的，那我们请老人家也介绍一下自己，并亲自把咱们养老院
　　全体老人的心意送给我们的学员好吗？

（老人讲话）

女：好的，感谢老人家！在这个分别的时刻，作为毕业学员代表，
　　你们想说点什么呢？

（毕业学员代表讲话，并把任务传承给师弟师妹）

女：都说军民鱼水情，这种情谊从革命年代一路走来，不仅帮助我
　　们的部队赢得了一次次战争的胜利，更帮助我们在和平建设和
　　改革攻坚时期能够踏浪前行。在今天这样一个出征的时刻，学

员们将带上驻地人民这一份深切的情谊，而他们出征的身影，也将永远铭刻在人民心中。

第三篇章　出发　战场

（播放第三段短片）

4.毕业学子采访

男：使命催征战鼓擂，在今天这个特别的日子，我们还请来了两位特殊的嘉宾。他们，曾是学子中普普通通的一员，可当他们听从号令，走上各自的任职岗位后，却以扎实的作风、过硬的本领和出色的表现，展现了我们军校学员的独特风采。

女：在师弟师妹们即将出征的时刻，让我们请上两位优秀的毕业学子代表，听听他们有什么话说。有请×××和×××，有请两位！

（两人登台发言）

女：好，再一次感谢×××和×××的到来。短短三四年时间，他们从双肩稚嫩的学员成长为基层部队的带兵人，风吹日晒让他们笑容更明亮，吃苦流汗让他们身体更硬朗，岁月磨砺让他们扛起了枪杆，扛起了使命，也扛起了荣光。

男：将要扛起枪杆、扛起使命的还有2016届毕业学员，相信在母校与恩师们祝福的目光里，在师兄师姐们榜样的激励下，他们将有更大的信心与决心，迎接属于他们的挑战，创造属于他们的辉煌！

（播放学员寄语）

5．女声独唱《战士与母亲》

2016届本科学员毕业出征

男：每年七月，学子路上横幅招展，又有一批学子要带着母校的殷切嘱托，奔赴新的工作岗位。今年本科毕业学员共116 名。他们是××××××。

（学员着迷彩服扎腰带穿作战靴，叫到名字答"到"，从舞台右侧上场，贴上五角星，依次站在舞台上，大屏幕出学员照片）

女：今天，驻地领导带着人民的深情厚谊，也来到现场欢送我们的毕业学子。下面请×××领导代表驻地政府和人民，为赴边远艰苦地区工作的学员赠送纪念品。

（放颁奖音乐，地方领导上台赠送纪念品）

男：感谢驻地人民的深情厚谊，请×××领导留步。都说军民鱼水情，军民一家亲，在又一届学员毕业离校之际，您代表区人民来欢送我们的毕业学子，我们全院官兵感到特别的荣幸和感动。在今天这样一个特别的场合，也请您为我们讲几句话。

女：下面请毕业学员代表×××，带领全体毕业生向军旗庄严宣誓。

誓词：我是中国人民解放军军人，我宣誓（举起右拳）：服从中国共产党的领导，全心全意为人民服务，服从命令，严守纪律，英勇顽强，不怕牺牲，苦练杀敌本领，时刻准备战斗，绝不叛离军队，誓死保卫祖国！

宣誓毕！（学员放下右拳）

全体都有，向母校、向祖国，敬礼！ 礼毕！

男：请祖国检阅，请人民检阅，出征的号角已经吹响，战斗的豪情已经迸发。我们列队完毕！报告母校，南政学子即刻出征！

女：真心祝愿全体2016届本科毕业学员，在新的工作岗位上建功立业，以优异成绩为学院增光，母校期待着你们凯旋！ 请全体起立！齐唱《当祖国召唤的时候》。

男：学院2016年毕业典礼暨学习成才标兵颁奖仪式到此结束， 请院常委与驻地领导和毕业研究生及导师、赴边立功人员在礼堂前合影。

我是一个兵

——2010年全军八一晚会

主持词

甲：尊敬的军委首长，各位领导，亲爱的战友们，在八一建军节到来之际，请允许我们献上最美好的节日祝福和最崇高的敬意！

乙：我们来自全军的基层单位，带着全军业余文艺会演创作的节目，从祖国东西南北中座座军营，从执行多样化军事任务的现场，集合在首都北京。

丙：出发前我问班长，这次上这么大的舞台，我，能行吗？

丁：班长说：你行！咱就是"兵演兵"，我是一个兵。

四人合：我是一个兵！

全体合：我是一个兵！

甲：别看我们是女兵连，可样样工作抢在先，步调一致好作风，点滴养成是关键。

乙：是啊！就连收放新式马扎，咱都"哐""哐""哐"！干脆利落！

甲：瞧，她们来了。

1.表演唱《军营擂台赛》

丙：当兵是什么？就是时刻把党的事业、国家的利益和人民的幸福高高举过头顶，不辱军人使命，不负党的重托！

丁：当兵是什么？就是时刻准备着，一声号令，我们赴汤蹈火，义无反顾，敢打必胜，所向无敌！

丙：为了打赢未来战争，

丁：为了提高核心军事能力，

丙：我们刻苦训练，挑战极限，用热血和汗水

合：赢得明天的胜利！

2.敲打乐《步调一致》
3.舞蹈《勇往直前》
4.男声小合唱《好姑娘等着我》
5.小品《心里话》

丙：当兵来到神仙湾，小小哨所和北京紧紧相连，军委首长时刻惦记着我们的身心健康，嘱托我们要艰苦奋斗，无私奉献。

丁：每当想起这些，我们激情满怀，意志更坚。当兵就要当个好兵，这是我们

合：忠诚的誓言。

6.表演唱《神仙湾》

甲：DV发下来，战士心里乐开怀；

乙：DV拍拍拍，军营成长记下来。

丙：咱用DV来比赛，看谁拍得——

合：最精彩！

7.表演唱《我的兵站我的家》
8.表演唱《小哨位》

9.表演唱《小小光盘》

10.军营动漫《一堂教育课》

甲：当大洋的季风飘起我蓝色的披肩，水兵的梦啊，正驶向远方的深蓝。

乙：当雪白的云朵从我的机舱掠过，心底的歌啊，是那么舒展地翱翔在长天。

丁：中国士兵的心胸包容着太空的高远，我在九天之上，唱出军歌的豪壮与浪漫！

丙：不论是万家灯火的柔美，还是漫天礼花的绚烂，我用默默的守候，把祝福写进一个又一个明天。

甲：我是一个兵，是家园里那朵晶莹的水花；

乙：我是一个兵，是天空中那片清澈的蔚蓝；

丁：我是一个兵，是静默却不会沉睡的雷火；

丙：我是一个兵，生命只为你的笑容而灿烂！

合：祖国啊，我们永远是你忠诚的士兵，
　　欣喜着你的繁荣发展，保卫着你的幸福平安！

12.表演唱《我们在亚丁湾护航》

13.表演唱《蓝色的歌》

14.表演唱《铁兄弟》

15.表演唱《狙击手》

快板串场：

（快板）新世纪，新阶段，新风新貌千千万。

和谐社会谱新歌，鱼水深情故事多。

一桩桩，一件件，下面请您接着看。

对，下面请您接着看。

16.京东大鼓《爱心QQ群》

17.舞蹈《新家园》

丁：当风雨袭来，当天塌地陷，当人民生命财产受到威胁，我们会勇敢地冲上去！

丙：冲上去，我们义无反顾，我们舍生忘死，我们无往不胜，我们是

合：人民子弟兵！

18.情景表演《当人民需要的时候》
19.小品《我生命中的八个月》
20.歌曲表演《大学生当兵来》
21.歌曲表演《多彩的军营》

结束语：

丙：明天，我们就要回到自己的岗位，回到火热的军营生活之中。

乙：军委首长的亲切关怀，会化作我们履行使命的强劲动力。

丁：北京演出的美好记忆，将绽放"兵演兵"更加绚丽的花朵。

甲：让我们紧密团结在以胡锦涛同志为总书记的党中央周围，高举中国特色社会主义伟大旗帜，以邓小平理论和"三个代表"重要思想为指导，深入贯彻落实科学发展观；

丙：忠诚于党，热爱人民，报效国家，献身使命，崇尚荣誉。

乙：为有效履行新世纪新阶段我军历史使命，为推动部队建设又好又快发展而努力奋斗。

丙：庆祝中国人民解放军建立83周年文艺晚会到此结束！

甲：祝首长和战友们，

合：节日快乐，身体健康，工作顺利，万事如意！

丁：敬礼！

范文：

某部纪念中国人民解放军建立90周年
"军歌嘹亮颂祖国"歌咏大会主持词

甲：尊敬的各位首长、各位来宾，

乙：亲爱的战友们、

丙：同志们，

合：大家好！

甲：当90年的关山千重化作深切怀想，

　　南昌城惊醒中国的那声枪响，

　　至今还在历史的耳畔回荡；

　　血与火织就的那面八一军旗，

　　至今还依然在战士的心里高高飘扬。

乙：当90年的强国梦想读成世纪回望，

　　民族危亡——我们战斗在军旗浴血的疆场，

　　祖国召唤——我们奋进在党旗指引的方向。

　　沧桑正道走过将士们多少的光荣与理想，

　　复兴之路写下了总参官兵多少的大爱与辉煌！

丙：又是一年建军节，壮怀激烈忆征程。

　　兵心一曲唱英雄，军歌嘹亮颂祖国。

　　今天，我们怀着无比激动的心情，欢聚一堂庆祝八一建军节，

　　表达对党和军队事业的无限忠诚！

甲：纪念中国人民解放军建立90周年"军歌嘹亮颂祖国"歌咏大会
　　现在开始！

　　首先请欣赏×××合唱团为大家演唱的《人民军队忠于党》
　　《四渡赤水出奇兵》。

甲：巍巍井冈山，八一军旗红，开天辟地头一回，人民有了真正的子
　　弟兵。在熊熊的革命烈火中，人民军队锻造着忠于党忠于人民的
　　钢铁意志和坚定信念，创造了一个又一个正义战争的神话！

乙：为了民族的解放，他们用豪迈的脚步丈量着雪山草地死亡战
　　场，以惊天地泣鬼神的革命英雄气概克敌制胜书写历史，创
　　造和培育的井冈山精神、长征精神、延安精神、南泥湾精神标
　　注了中国军人一个又一个高度！向世界诠释了什么是中国的军
　　魂，什么是中国人的脊梁！

甲：接下来，请欣赏×××演唱的《南泥湾》和《英雄赞歌》。

甲：昨天的英雄已经远行，炮火硝烟化成了和平。

乙：我们唱着《太阳最红毛主席最亲》，度过了激情燃烧的岁月；我们唱着《春天的故事》《走进新时代》，沐浴着改革开放的阳光，《和谐中国》绚丽而精彩！

甲：请欣赏×××带来的合唱《太阳最红毛主席最亲》《春天的故事》《走进新时代》《和谐中国》。

甲：从小爷爷对我说，吃水不忘挖井人。
曾经苦难才明白，没有共产党哪有新中国。

乙：从小老师教我唱，《唱支山歌给党听》。
几经风雨更懂得，跟着共产党才有新中国。

甲：长大以后穿上了绿军装从军报国，
我们把火红的青春奉献给了祖国壮丽的山河。

乙：情系家国天下，历史会永远记得。就让×××演唱的《在灿烂阳光下》《祖国不会忘记我》代表我们献上对各位老首长、老前辈的深深敬意！

甲：56个民族组成了一个家，960万平方公里大地写着大中华。新中国成立后，党和政府非常关心全国少数民族的发展，投入了巨大的财力、物力。人民军队也伸出了温暖的双手，提供了无私的援助。

丙：仅仅一条川藏路就留下了两千多名官兵的生命，几乎每公里就埋葬着一个年轻而崇高的灵魂。神奇的天路就像一道美丽的彩虹，铺就了藏族儿女通往幸福的大道，也架起了各族儿女衷心向党的连心桥！

甲：一曲《天路》传深情，《爱我中华》万年长。请欣赏×××的演唱《天路》《爱我中华》。

甲：每当美丽的家园化作废墟，大地的欢乐凝固成沉寂，危难中定
　　有大爱擎天，把生命的火炬高高举起！

乙：天有不测风云，我有人民军队！无论是98年抗洪，还是08年抗
　　震，为了人民的利益，人民军队直面灾难，彰显出英雄本色！

甲：大灾大难如大考，一次次奔向战场，总参官兵用全心全意为人
　　民服务的生动实践，向祖国递交了一份份优秀的答卷，谱写出
　　一曲曲新时代军人的壮美赞歌，为总参党委、陈总长倡导的
　　"强化总参意识、具备总参素质、树立总参形象"做出了最好
　　的诠释！

乙：请欣赏×××带来的《为了谁》《生死不离》。

甲：在硝烟里诞生，播下了攻坚的火种，在战斗中成长，创造着无
　　上的光荣。

乙：面对每一次风起云涌，我们用责任关注世界的和平；祖国召唤
　　的时候，让所有沉默化作万钧雷霆。

甲：一代代战斗在特殊岗位的无名英雄，在无形的战场上以青春做
　　笔，化忠诚铸剑，书写着人生传奇。请欣赏×××演唱的《前
　　哨星光》《祖国在召唤》。

甲：自从年轻的心集合在一起，
　　我们就把理想写进了火热的军旅。
　　响当当的连队，呱呱叫的兵，
　　我们把人生的价值追求定格在心底。

乙：自从在你的旗帜下举起右拳，
　　我们就以青春的名义庄严宣誓：
　　忠诚于党，永不叛党，
　　接受祖国和人民的神圣检阅是军人至高的荣誉。

甲：接下来请欣赏×××为大家演唱《响当当的连队呱呱叫的兵》
　　《阅兵之歌》。

甲：经受了多少风霜雪雨，花儿总开在这片土地；
　　经历了多少血与火的洗礼，我们一直紧跟着前进的大旗！
乙：为了祖国母亲的安宁，
　　我们心系强大的国防，把使命扛在肩上，
　　用青春列队，筑起一道新的钢铁长城。
丙：为了祖国母亲的繁荣昌盛，
　　我们胸怀家国天下，瞄准未来制胜的战场，
　　用军魂集合，铸就对党的绝对忠诚，
　　谱写新一代革命军人的华彩乐章！
甲：最后请欣赏×××演唱《祖国，慈祥的母亲》《神圣使命》。

结束语：
甲：一首歌曲，就是一次生动的教育！
乙：一首歌曲，就是一次心灵的洗礼！
丙：使命在肩，军魂永驻，忠诚不变！
甲：让我们紧密团结在以习近平同志为核心的党中央周围，高举中
　　国特色社会主义伟大旗帜，努力践行当代革命军人的核心价值
　　观，为有效履行新世纪新阶段我军历史使命，推动部队工作和
　　建设又好又快发展做出新的更大贡献！
甲：歌咏大会到此结束，祝各位首长和同志们节日快乐，身体健
　　康，家庭幸福，万事如意！

向天借雨

——抗旱救灾慰问演出

主持词

男：战斗在抗旱一线的各位首长，

女：亲爱的战友们，大家——

合：辛苦啦！

男：农田龟裂，庄稼枯萎。

女：久旱无雨，池塘干涸。

男：中原大地，需要雨露滋润。

女：父老乡亲，亟须携手相助。

男：当人民群众生产生活遇到极大困难的时刻，英勇的铁军官兵，火速驰援，抗旱救灾，想群众所想，急群众所急，与人民携手并肩，共渡难关。

女：你们奋斗在抗旱一线，鏖战在田间地头，与时间赛跑，与苍天抗衡，打井送水，挖沟修渠，给人民群众带来丰收的希望。

男：今天，我们带着集团军党委首长的嘱托和问候，来到抗旱前线慰问演出，希望我们的演出能减轻您连日的疲劳，增添战斗的力量。

女：慰问演出现在开始。首先请欣赏由胡宜春带来的歌曲《再唱山歌给党听》。

二、单口相声《公交趣事》（不报幕）

男：抗旱救灾任务下达后，铁军官兵势如破竹，火速驰援，如万马奔腾般，驰骋在中原大地上。下面请欣赏器乐表演《新赛马》，表演者：李岳峰、陈一方。

三、器乐表演《新赛马》
四、拉丁舞表演（不报幕）

女：烈日晒黑了脸庞，汗水湿透了衣裳，练就了过硬的本领，戴上了闪闪的军功章。铁军士兵以特有的魅力，打动了可爱的姑娘。下面请欣赏歌舞《我的那个他》，表演者：刘薇等。

五、歌舞《我的那个他》

女：下面将要上场的这位歌唱演员，曾经以自己独特的演唱风格和表演魅力而被邀请赴香港演出。掌声有请×××为大家带来《歌曲串烧》。

六、《歌曲串烧》
七、独舞《水乡清音》（不报幕）

男：×××是我们文工团非常优秀的豫剧演员。她曾经在梨园春获得年度总擂主，是我国戏曲小梅花奖得主。今天她为大家带来了豫剧名段《用巧计哄元帅》，大家掌声有请。

八、豫剧《用巧计哄元帅》

女：大家看过电影《不是闹着玩》吗？里面幽默可爱的大头，就是我们铁军的著名笑星曹随风扮演的。大家想不想见他？曹随风师从相声名家冯巩，曾三次参加全国相声大赛并获得大奖，多次在央视《笑星大联盟》节目演出，刚刚拍摄完电影《给你一千万》。今天，他也来到咱们×××团来慰问大家，掌声有请。

九、即兴表演

男：当年一曲《为了谁》唱出了人民子弟兵舍生忘死抗洪救灾，与人民同呼吸共命运的感人场面。今天，一曲《再唱为了谁》送给大家，让我们重温那军民鱼水情。

十、女声独唱《再唱为了谁》

结束语：

男：慰问演出到此结束，祝愿首长和战友们，早日取得抗旱的胜利！

女：祝愿新乡人民在新的一年风调雨顺，安居乐业。再见！

3．慰问

范文：

×××军区赴小汤山医疗队凯旋慰问演出主持词

女：尊敬的各位领导，

男：亲爱的抗击非典光荣凯旋的战友们，

合：你们好！

女：在全国人民万众一心，众志成城，取得抗击非典重大胜利的时刻，

男：在军区首长机关和全区官兵的热切盼望中，

女：你们回来了，

男：你们回来了，

合：你们回来了！

女：经过那么多日日夜夜的艰苦拼搏，

男：经过那么多日日夜夜的殊死奋战，

女：我们胜利了，

男：我们胜利了，

合：我们胜利了！

女：在你们坚守小汤山抗非前线的日子里，军区首长、全区官兵和你们的亲人每时每刻都在为你们祝福，为你们加油，更为你们感到自豪！

男：我们血脉相通，心心相印，我们是你们的后方、你们的战友，你们是我们最亲的亲人，是我们心中的英雄！

女：此刻，光荣之花在你们胸前盛开，盛开着全区将士的骄傲；

男：此刻，报捷的锣鼓在鲁豫军营回响，回响着伟大时代的赞歌！

女：在热烈欢迎战友们凯旋的时候，军区歌舞团、话剧团赶排了几个文艺节目，

男：愿这些在仓促中准备得并不完美的小节目，能表达军区首长机关和全区官兵对你们由衷的敬意！（接《凯旋》）

女：赢得这场抗非斗争的胜利，靠的是党中央的英明领导，靠的是全国军民的共同奋斗，在这场斗争中形成的抗非典精神，又树起一座中华民族精神的伟大丰碑。

男：中央军委关于组建小汤山医院的命令下达后，我区上千名医务人员踊跃请战，在短时间内，一支由思想过硬、业务精湛的医护人员组成的医疗队，在军区首长的亲自壮行之下，向北京开进。我区医疗队是全军京外最先到达小汤山的，体现了"首战用我，用我必胜"的战斗意志。这一场战争虽然没有硝烟，却有慷慨高歌奔赴前线；虽然没有刀光剑影，却有生生死死的考验。（接《义无反顾》）

女：在我区医护人员决战小汤山的日子里，全国各条战线亿万人民

争相为抗击非典做出贡献；在这场波澜壮阔的伟大斗争中，有许许多多小故事。今天有一位大家熟悉的朋友也来到这里，我们请他谈谈在非典时期的经历。（接相声《非典时期》）

女：这位是军区政治部创作室青年画家崔爱国同志（崔敬礼）。他在抗击非典的日子里，被白衣天使那奉献精神深深地感动，夜以继日地为我区赴小汤山医疗队，创作了100幅精美的国画献给他们。（工作人员持画上）崔老师，请你向大家说几句话吧！

崔：广大医务工作者向患者献爱心，我作为一名艺术工作者，也应该拿起画笔为他们献一份豪情，请大家收下这份心意！

（接赠人上）

女：我区赴小汤山医疗队的每个成员都是一段动人的故事，都用自己的行动写下了光辉的诗篇。你们为军旗添了彩，为军区争了光。这使我们想起，在中华民族的历史上，但每当灾难来临的时候，总会有人挺身而出，披肝沥胆。（接《无畏》）

男：非典是一场突如其来的灾难，也是对每个人灵魂的考问和洗礼，人们会由这场斗争中生发出许许多多的思索，关于生命，关于生活，关于人与人生。（接小品《隔离室的故事》）

女：我区医护工作者在小汤山医院，以火热的爱心、过硬的医术和高度负责的精神，涌现了许多可歌可泣的事迹，你们是患者心中美丽的天使。接下来，请欣赏一个用山东快书讲述的发生在抗非战场的小故事。（接山东快书《特殊菜》）

男：在我区赴小汤山医疗队的身后，有无数个动人的故事。今天，我们邀请了几位代表来到了晚会现场，首先请军区总医院门诊部陈秋华护士长13岁的女儿岳园上场。岳园，你已经几十天没有见到妈妈了，今天妈妈胜利归来，你最想说的话是什么？

岳：妈妈，你走了以后，我天天晚上梦见你，有时候在梦中惊醒，一直到天亮也睡不着，上课的时候精力也不集中，和你约定的考上济南外国语学校，可是，就差4.5分落榜了。妈妈，我对不起你！

张：岳园，我们请你妈妈上台和你见面好吗？（母女拥抱）陈护士长，你辛苦了，请你向大家说几句好吗？

陈：谢谢军区首长和各级领导、同事们对我家庭的关照，谢谢我的丈夫和孩子对我的理解和支持！（二人下）

男：下面再请上放弃了蜜月旅行，坚决支持丈夫上前线的济南建行职工赵莹同志。（赵上）人们常说，女人是水做的，心肠最软，你为什么坚决让新婚丈夫奔赴与死神相处的小汤山？

赵：军人的妻子半个兵，我既然选择了他，就选择了牺牲和奉献。

男：你的丈夫就在台下，请他上来与你见面。

丈：我是军区总医院老干部二科副主任技师黄新国，我们的爱情在非常时期接受了非常的考验，谢谢妻子的理解和支持，谢谢各位领导和同事们！

男：下面请军区总医院神经内二科主管护师、第一批赴小汤医疗队队员之一王惠同志72岁的马忠红妈妈上场（老人上）。大妈您好，听说您的老伴是个老八路，患癌症已到晚期，您的身体也不好，在组建医疗队时，您支持女儿王惠上前线，您在家辛苦了。今天，您女儿回来了，您最想对她说的话是什么？

老：我女儿和他爸爸一样，干工作事事冲在前面，国家有难，咱军人家庭就应该打个头。

男：您女儿就在台下，请她上来与您见面（王惠上），请你在妈妈面前对大家说句话好吗？

王：谢谢我身患绝症的爸爸，谢谢我深明大义、不辞劳苦的妈妈，谢谢各位首长和同志们！

男：如果热泪能表达我们心中的感动，那么大海将涨起大潮；如果鲜花能表达我们对你们的敬意，那么大地将是一片花海。军人因奉献而光荣，青春因奉献而美丽，献出我们心中的爱，世界就是美好的人间。下面我们请从前线归来的部分英雄和文艺工作者同唱一曲《爱的奉献》。

女：万众一心，众志成城，团结互助，和衷共济，迎难而上，敢于
　　胜利。

男：让我们紧密团结在以胡锦涛同志为总书记的党中央周围，

女：迅速兴起学习贯彻"三个代表"重要思想新高潮，以赴小汤山
　　医疗队为榜样，

男：弘扬抗非精神，与时俱进，开拓创新，

合：为实现我区部队建设跨越式发展而努力奋斗。

女：演出到此结束，尊敬的各位领导，亲爱的战友们，

合：再见！

信仰的力量

——某军校纪念长征胜利80周年主题歌会

主持词

男：尊敬的各位首长、各位来宾，

女：亲爱的战友们，大家——

合：晚上好！

男：五月是火红的季节，五月的中华大地春意盎然。在全军上下深入贯彻落实习主席改革强军宏伟实践之际，我们又欣喜迎来了建党95周年及红军长征胜利80周年。今天，我们庄严集聚，纪念胜利与光荣的过往；今天，我们慨然高歌，祝愿美好与灿烂的未来。

女：五月是青春的季节，五月的校园歌声嘹亮。今晚，我们齐聚一堂，用歌声述说当代革命军人能打仗、打胜仗的决心意志，抒发建设全军一流名校的壮志豪情。

男：今晚，军委机关和驻地领导也莅临歌会现场，他们是×××、×××，以及驻地各街道、学校和共建单位的各位领导。

女：让我们对他们的到来表示最热烈的欢迎！

男：回溯历史的长河，有这样一支队伍——穿行过中华版图上一座座高山、一条条大河，以坚定的信念、坚强的意志和无与伦比的勇敢完成了人类历史上罕见的远征。

女：聆听岁月的回响，有这样一支队伍——阻击过不计其数的围追堵截、无情炮火，用灰色帽檐上那颗小小的红星点起了罗霄山脉燎原的烽火。

男：信仰的力量让这支军队不畏艰难、不畏牺牲，创造了世界军事史上令人惊叹的奇迹。

女：信仰的力量让这支军队在二万五千里征途中高擎革命火炬，传播革命理想，唤醒人民大众对自由解放的向往。

男："信仰的力量"——×××学院纪念长征胜利80周年主题歌会——

合：现在开始！

序幕《七律·长征》
第一篇章　红军不怕远征难

男：当红军被迫退出根据地，告别亲人百姓，开始未知的征途时，革命前途在哪里？前进目标在何方？在迷茫与焦虑中，　战士们渴盼着那簇暖心的火、那盏指路的灯。请欣赏学员13队和15队组成的方队演唱《红军战士想念毛泽东》。

女：朝霞的红，是天边那道黎明的曙光；生命的红，是战士鲜血浇灌的理想；军旗的红，是人民百姓的期待与盼望。请欣赏学院艺术团女声独唱《映山红》。

男：那一年，是谁抛下妻儿父母，背井离乡？是谁扛起长矛枪杆，走向战场？一程送一程，离别情更浓，一山又一山，　前程路漫漫。请欣赏学员14队演唱《十送红军》。

第二篇章　万水千山只等闲

男：秋风簌簌，马蹄声声，面对敌人的重重围堵，红军将士们毫不畏惧，势如破竹。五岭逶迤，湘江呜咽，见证了突破封锁线的艰难与悲壮，请欣赏学员9队演唱《突破封锁线》。

女：巍巍横断山，滔滔赤水河，官兵齐心破敌阵，四渡来回谋略奇。这场被誉为"长征史上最光彩神奇的篇章"的战役，是雄关漫道从头越的豪情，更是军民鱼水一家人的妙笔。请欣赏学员26队演唱《四渡赤水出奇兵》。

男：强渡大渡河，飞夺泸定桥，是二万五千里征途上不容忘却的画面。画面中，铁胆英雄们以血肉之躯直扑枪林弹雨，湍急的河水、冰冷的铁索、疯狂的炮火都成了英雄的背景图，那一刻永远定格的，是勇敢，是忠诚。请欣赏学员1队演唱《飞越大渡河》。

女：风雪刺骨的夹金山，荒凉寒冷的水草地，让那些至死都怀着梦想与期盼的生命永远长眠。然而，历经千难万险，走过万水千山，红星还是那样鲜红，而那些倒下了的身影，铸成了人民军队不朽的长城！请欣赏×××系教员方队演唱《过雪山草地》。

第三篇章　三军过后尽开颜

女：长征，不仅是一支军队的胜利，更是人民的胜利，是军民团结的胜利！习主席站在实现中国梦、强军梦的历史高度，鲜明提出军民融合发展战略，这是富国和强军相统一战略思想的新发展，也是新形势下弘扬长征精神的实践要求。下面上场的方队，他们将用铿锵的旋律和高昂的士气，携手演绎出"军民团结一家亲，试看天下谁能敌"的时代华章。请欣赏《大会师》。

男：赢得人民就赢得了胜利——从长征路上的军民携手，到抗战时期的万众一心，从举国上下搞建设，到民族团结一家亲，人民群众的深情赞歌，唱给流金岁月，唱给美好明天。请欣赏学院艺术团联唱《深深情谊献亲人》。

女：与长征对话，其实是在与精神对话、与无数英烈的灵魂对话。直到今天，人们仍然在追寻长征的意义，因为长征已成为一种文化，一种对信仰矢志不渝、对困难视若无物、对英雄由衷敬仰、对集体毫无私心的文化。面对崭新的征途，我们继续歌颂长征，从这座文化宝库中，我们将发掘出永不枯竭的精神动力。请欣赏女声独唱《长征颂歌》。

第四篇章 筑梦强军新征程

女：从炮火硝烟中走来，军人的胸膛始终是祖国和人民的坚强屏障。当那一天来临，我们义无反顾、勇往直前；当那一天来临，我们枕戈待旦，蓄势待发！请欣赏勤务保障营演唱《假如战争今天爆发》。

男：练兵千日，只为召之即来，来之能战，战之必胜。从珠峰之巅到南海之滨，从大江南北到长城内外，南政学子的身影活跃在强军备战的广阔战场。接下来上场的是2012级学员，再有一个月，他们就将从这里出发奔向军事斗争准备最前沿， 在即将告别母校之际，他们将用合唱的形式立下出征的铿锵誓言。请欣赏学员7队、8队演唱《时刻准备着》。

女：长剑无言刺苍穹，大国崛起撑栋梁。作为战略威慑的核心力量，神秘的长剑劲旅练兵荒漠戈壁，遁形高山密林，为实现强国梦、强军梦保驾护航。请欣赏学员2队、3队演唱《点火》。

男：强军风雷鼓荡，三军换羽腾飞。当战争的冲锋号角响起，每一位革命军人都将燃起奔腾的热血，高歌战斗的青春！接下来上场的是一个特殊的群体，他们的父辈曾经为国防和军队现代化事业立下卓越功勋甚至献出宝贵生命。接过父辈的钢枪，他们接力传承着矢志打赢的信念，更延续着几代人强军兴军的夙愿。请欣赏来自×××班学员演唱的《来吧硝烟，来吧战场》！

男：走进历史是为了走向未来，纪念胜利是为了永远的胜利。面对具有许多新的历史特点的伟大斗争，我们比任何时候都需要精神的感召凝聚共识，需要团结的力量攻坚克难。

女：从历史中走来的长征精神，深深感动并不断唤起我们实现强国梦、强军梦的历史担当，赋予我们跋涉艰难险阻的信心与勇气。

男：让我们更加紧密地团结在以习近平同志为核心的党中央周围，牢固树立政治意识、大局意识、核心意识、看齐意识，坚定不移投身政治建军、改革强军、依法治军的伟大实践，为实现强军目标贡献智慧和力量。

女：让我们牢牢把握深化院校调整改革历史机遇，在军委首长机关的坚强领导下，在驻地各级政府和人民的大力支持下，我们坚持以强军目标为统领，大力培养堪当强军重任的新型政工人才，共同谱写×××学院新的辉煌。

女：歌会到此结束，祝首长和同志们——

合：晚安！

弘扬社会主义荣辱观活动

范文：

某团弘扬社会主义荣辱观演唱会主持词

男：尊敬的各位首长、各位来宾，

女：亲爱的同志们、战友们，

合：大家好！

男：公元2006年春天，历史的巨笔将这样书写——胡锦涛总书记关于"八荣八耻"的讲话，犹如一面引领社会风尚的旗帜，迎着春风展开了它鲜艳动人的篇幅。

女："八荣"与"八耻"是一条极其清晰、极其鲜明的分界线。在领袖的眼里犹如辽远壮阔的地平线，在人民的心目中它是高尚与丑恶的分水岭。

男：弘扬社会主义荣辱观，人民军队应当走在全社会的前列。为了使学习教育真正入心入脑，让官兵"荣辱唱在口、使命记在心"，我们专门举办了此次弘扬社会主义荣辱观演唱会，这也充分展示了全团官兵积极响应胡总书记的号召，带头树立社会主义荣辱观的精神风貌。

男：出席本次演唱会的领导有×××，让我们用热烈的掌声对各位领导的到来表示衷心的感谢！

女：唱吧！用动情的歌喉描绘我们美好的生活。

男：唱吧！用嘹亮的歌声展示我们激越的豪迈。

女：弘扬社会主义荣辱观演唱会，

合：现在开始！

男：首先出场的是×××代表队，他们演唱的歌曲是《从我做起》。

女：新世纪新阶段，新的使命在召唤。"八荣八耻"谱新篇，　阐明了社会主义的荣辱观。请听由×××代表队演唱的《八荣八耻歌》。

男：我们为欢聚而来，共同挽起友谊的纽带！我们为职责而来，共谱军营祥和的色彩！超越心中恒久的期待，拥抱灿烂辉煌的未来。接下来请听由×××代表队演唱的歌曲《和谐社会树新风》。

女：翻开我军的发展史，官兵知荣又明耻；革命熔炉火样红，人民军队出英雄。请听由×××代表队演唱的歌曲《荣辱记心间》。

男：我们的士气鼓舞人心，我们的歌声响彻天宇；军营男儿英姿飒爽，铁骨铮铮尽显豪情！接下来请听×××代表队演唱的歌曲《八荣八耻歌》。

女：踏着英雄的足迹，我们开始了新的光荣之旅；高举战斗的旗帜，我们正在续写新的辉煌。让我们都能知荣明耻，从我做起，从点滴做起。请听由×××代表队演唱的歌曲《从我做起》。

男：青松挺拔，是我们顽强的性格；江河奔涌，是我们执着的追求。接下来请听由×××代表队演唱的歌曲《从我做起》。

女：祖国的利益高于天，战士的使命重如山；人人都把祖国爱，和谐社会春常在。请听由×××代表队演唱的歌曲《一条大路迎春风》。

男：早在唐代就有了"荣必为天下荣，耻必为天下耻"的诗句，其以天下荣耻为怀之意，可借喻当代军人模范践行社会主义荣辱观的责任感。今天，以"八荣八耻"为主要内容的社会主义荣辱观，又赋予了"天下荣耻"新的时代内涵。请听由×××代表队演唱的歌曲《八荣八耻人人须知》。

女：自开展荣辱观学习教育以来，我院一直大力营造"知荣辱、明是非、树新风"的浓厚氛围，激发了全院官兵立足本职岗位、履行自身职责的热情，收到了良好的教育效果。请听由×××代表队演唱的歌曲《和谐社会树新风》。

男：号角长鸣，鼓乐喧天，誓言铿锵，倾吐忠诚；让我们弘扬民族好传统，薪火相传天地间。接下来请听由×××代表队演唱的歌曲《荣辱记心间》。

女：战友们，让我们艰苦奋斗，永葆本色；知荣明耻当模范，高举旗帜永向前！最后，请听由×××代表队演唱的歌曲《八荣八耻歌》。

男：放眼征程天高地阔，展望未来任重道远。

女：让我们紧密团结在以胡锦涛同志为总书记的党中央周围，认真学习贯彻总书记关于在全社会树立社会主义荣辱观的重要论述，牢固树立和落实科学发展观，积极构建和谐军营。

男："弘扬社会主义荣辱观"歌咏比赛到此结束。

女：衷心的祝愿首长和同志们身体健康，工作顺利，万事如意！

因为爱在心中

——军校教师节颁奖典礼

男：尊敬的各位首长，

女：亲爱的教员老师们，

合：大家好！

男：在我们校园，有一个称呼蕴含着太多的意义。

那是一个令人潸然泪下的形容词，那是一个象征着奉献与崇高的名词。

那是一个催促着我们砥砺前行的动词，那是一个荡漾起我们心中涟漪的感叹词。

女：在我们校园，有一道风景唤起了太多的回忆。

那是从稚嫩幼苗到参天大树的见证，那是从青丝缕缕到霜染两鬓的坚守。

那是"人有家财万贯，我有桃李三千"的胸怀，那是"捧着一颗心来，不带半根草去"的洒脱。

男：传道，授业，解惑，是你们将生命化作烛光，为一代代学院人树立信仰的航标。

女：真学，真信，真用，是你们让真理走向大众，为党的创新理论发出时代的强音！

男：今天，就让我们把最崇高的敬礼献给你们。

女：今天，就让我们把最深沉的祝福献给你们。

男：让我们真诚地道一声——

合：老师，您辛苦了！

男：×××学院庆祝第33个教师节颁奖典礼现在开始。

　　首先，让我们用热烈的掌声欢迎学院×××政委致辞。

男：感谢××政委！××政委的致辞让我们深刻感到了学院党委对全体教员的崇高敬意与深切希望。有人说，当教员辛苦；有人说，当教员无名，但那些耕耘在三尺讲台上的身影却始终坚定而执着。

女：当岁月改变了山河，当时光催老了容颜，这些"献了青春献终身"的理论战士却让我们看到，有一种情怀，足以让时光驻足。

男：不必猜梧桐叶几度飘落，不必算水杉的年轮几般曲折。

　　大地已记清，岁月会证明。学院的史书上早已留下你们最光辉的笔墨！

女：今天，就让我们牢牢记住这一个个闪烁着光荣与梦想、使命与崇高的名字，这些达到最高服役年限、即将光荣退休的老教员，注定将成为学院最珍贵的财富，成为闪烁在学院上空最明亮的群星！

（教员退休仪式）

男：有请×××教授。×××教授年均授课量650余课时，出版专著3部，撰写研究报告1份，发表各类学术论文39篇，多篇论文在国家或军队级研讨会上获奖。享受军队优秀专业技术人才三类岗位津贴，荣立个人三等功1次。

女：有请×××教授。

　　请学院×××领导为老教授们颁发纪念铭牌。

男：请学员代表为两位老教授献花。

女：（采访）教授请留步。刚才在您领奖时，我清楚地看到您眼中的不舍，从教30年，您见证了学院发展的脚步，您也把自己融入了学院的历史。今天，就让我们再一次聆听您为我们讲课，听一听您对我们这些年轻教员有怎样的期望。

女：感谢教授！我们永远是您的学生，我们一定铭记教授的嘱托。同时，也祝愿教授身体健康，晚年生活幸福美满！

（颁发军队院校育才奖金奖、银奖）

男：岗位因平凡而神圣，使命因艰巨而光荣。在平凡的教学岗位上，肩扛举旗播火的神圣使命，广大教员用对事业的执着坚守谱写着别样绚丽的人生华章。

女：夙兴夜寐、舌耕笔耘，从春暖花开到腊月飞白，园丁们的辛勤付出换来的是万千桃李、株株栋梁。

男：下面有请军队育才奖金奖获得者×××教授。

女：下面有请军队育才奖银奖获得者×××教授。

女：请学院×××副院长为他们颁奖。

男：请学员代表向获奖教员敬献鲜花。

女：让我们再一次以热烈的掌声对教员们的辛勤付出表示衷心感谢！

（表彰科研工作先进单位和个人）

男：让真理走向大众，做党的创新理论的举旗人和播火者，南政人从未忘记时代赋予的神圣使命。

女：在过去的一年中，全体南政人以党的旗帜为旗帜，以党的方向为方向，以党的意志为意志，为迎接党的十八大胜利召开进行了充分的理论研究和宣传工作，产生了一大批精品力作，在军内外引起强烈反响。

男：在这个丰收的季节里，让我们向奋战在教学一线的教员们致以崇高的敬意。有请2011年度科研工作先进个人×××讲师。×××讲师先后承担不同层次教学对象共16门课近20个班次的授课任务，其中3门课为全院首开课。他近年来在核心期刊发表论文30多篇，主编、参编教材和专著7部。

女：有请×××教授。×××教授是国际政治专业硕士研究生导师，近年来，他承担省部级科研课题2项，参与编写著作3部，在《光明日报内参》《中国社会科学报》《和平与发展》等报刊上发表论文12篇。

男：下面有请2011年度科研工作先进单位，×××教研室。

女：有请×××教研室。过去一年，该教研室5名教员承担了10余门各类班次课程，总计1000多课时，在军内外宣讲20余场，承担院校级以上课题5项，发表各类文章30余篇，教研室2人次享受军队专业技术优秀人才三类岗位津贴，2人次被评为学院"中青年学科带头人"和"中青年教学骨干"，4人次被评为学院中青年优秀人才津贴培养对象。

男：请学院×××副院长为获奖者颁奖。

女：请学员代表为他们敬献鲜花。

男：让我们再一次以热烈的掌声对获奖单位和个人表示衷心的祝贺和崇高的敬意！

（表彰2011—2012学年优秀教员）

男：举科学发展之旗，播创新理论之火。在这丹桂飘香的日子里，收获的喜悦伴着真挚的祝福，洒在每个南政人的心底。

女：当梦想的蓝图化作今天的累累硕果，当奋斗的汗水化作永恒的精神财富，走在全面转型、特色发展的快车道上，我们又怎能忘记那些为国防教育事业奉献青春与热血的辛勤园丁？

男：下面有请2011—2012学年优秀教员：×××讲师，×××讲师，×××讲师。

女：有请×××部长为他们颁奖。

男：有请学员代表为老师献花。

女：让我们再一次以热烈掌声向获奖的教员表示祝贺！

（给从教满20周年和30周年的教员颁发证书证章）

男：每年的教师节，我们都会为从教满20年、30年的教员们举行隆重的纪念仪式，这是学院人对老师的感恩，更是学院人对信仰的崇敬。

女：20年时光荏苒、30载岁月如梭，他们用信仰做笔、用光阴做墨，绘出一幅举旗播火的壮丽画卷；他们站在岁月的肩头，把对职业的爱、对真理的爱、对信仰的爱，一笔一画写进每一份教案，一字一句刻在每一位学子的心底。

男：下面我们有请从教满20年的教员，×××副教授。×××副教授任教20年来，曾连续7次获得教学超工作量一等奖，连续10年承担军事训练任务，所主讲的×××课程被评为学院首次优质课程，参与课题获军队科技进步三等奖，近年来撰写论文20余篇，其中刊登在核心期刊3篇，参与编写教材4部，主编教材1部。

女：有请×××副教授。×××副教授参与了数字校园、校园一卡通、园区网综合布线、机房改造及现代后勤信息化等项目的建设。在教学评价复评、网络安全检查等重大工作任务中，和同事们先后对全院的数千个信息点及计算机进行检查维护，确保了校园网的安全、稳定、通畅运行。

男：有请学报×××副主编。

女：有请×××系×××副教授。

男：有请学院幼儿园×××老师。×××老师参与完成省级"十一五"课题1项，学术论文、教案设计、教育故事演讲多次获省、市、区一、二、三等奖，先后被评为区骨干教师、院优秀教员。

女：下面有请从教满30年的×××副教授。

男：有请×××教授。×××教授先后讲授党的军事理论研究、中国人民解放军战史等30多门（个）课程或专题，共发表论文170余篇。主持完成立项课题3项，主持在研国防军事教育"十二五"规划军队重点课题1项，2010年获军队院校育才奖银奖。

女：有请×××副教授。

男：有请这些教授带教的学生为自己的导师献上献花。

女：教师，是太阳底下最光辉的职业；教员，是学子们心中最崇高的形象。让我们把尊师重教的旋律融入这金色的季节，让我们把对老师、对国防教育事业的热爱化作继续前进的动力。

男：让我们更加紧密地团结在院党委周围，高举旗帜、坚定步伐，为学院建设全军一流重点院校贡献自己的力量！

女：请全体起立，让我们齐声高唱院歌。

男：庆祝第33个教师节颁奖典礼到此结束！再次恭祝各位老师节日快乐，祝各位领导和同学万事如意！

永远的军人

——某连队送老兵退伍晚会

男：尊敬的各位首长，

女：亲爱的战友们，大家——

合：晚上好！

男：老战友们，几年前，你们响应祖国号召毅然从军，担当起保家卫国的重任。你们无愧于党和人民的嘱托，出色地完成了服役任务。现在，你们就要退出现役，虽然恋恋不舍，但你们依然走得无怨无悔。

女：老战友们，参军光荣，退伍同样光荣！到了地方，你们要继续发扬我铁军精神，勇敢展示军人才华，相信你们一定会大有作为，你们的名字将永远铭记在军旗上，永远印刻在铁军的光辉历史上！

结束语

男：亲爱的战友们，在你们即将退出现役、向军旗告别的时刻，我们怀着依依不舍的心情为你们送行。

女：你们都是最平凡却又最伟大的士兵，祖国之所以强大而安定，正是因为有千千万万个你们这样的战士在默默奉献着。

男：铁打的营盘流水的兵。每年，我们都要迎来一批新战士，送走一批老战友。但是，请你们相信，接过你们手中的钢枪，我们一定会保卫好我们的共同家园！

女：老战友们，在这里请允许我代表全体留队官兵对你们做出的突出贡献表示衷心的感谢和最崇高的敬礼！祝愿你们在新的工作岗位上，凯歌高奏，捷报频传！

合：铁军永远是你们的家，欢迎你们常回家看看！

永远跟党走

——某军校喜迎党的十八大召开主题歌会活动

主持词

男：尊敬的各位领导、各位老师，

女：亲爱的同学们、战友们，大家——

合：晚上好！

女：今夜的校园，丹桂飘香，群星璀璨；

男：金秋的中国，欣逢盛会，四海欢腾。

女：在举国上下以饱满的政治热情，喜迎党的十八大胜利召开之际，我们举行"永远跟党走"主题歌会，用动人的歌舞和真挚的情感赞颂新成就、唱响主旋律。

男：首先，让我们以最热烈的掌声，欢迎各位领导同志莅临歌会现场。

女：让我们唱响心中的赞歌，一起歌颂科学发展的辉煌成就；

男：让我们高举鲜红的旗帜，一起镌刻下铁心向党的铮铮誓言。

女：×××学院"永远跟党走"喜迎党的十八大主题歌会——

合：现在开始！

1. 训练部表演《在灿烂的阳光下》

男：感谢训练部的精彩表演。是啊，没有共产党就没有新中国。忆往昔峥嵘岁月，那一次历经万里的长征是一部气势磅礴的史诗，四渡赤水则是其中光彩神奇的篇章。请欣赏研究生管理一大队15队表演的歌曲《四渡赤水出奇兵》。

2. 学员15队表演《四渡赤水出奇兵》

男：经典旋律总能揭开人们尘封的记忆，唤醒人们内心深处的情感。下面让我们在老歌联唱中，重温经典，回味历史。请欣赏政治部表演的歌曲联唱《鲜红旗帜永不落》。

3. 政治部联唱《鲜红旗帜永不落》

男：作为英雄之城、胜利之都，南京城见证了蒋家王朝的覆灭和一个伟大时代的开始。身处这座英雄的城市，接过前辈的旗帜，新的使命面前，我们责无旁贷、续写荣光。请欣赏学员二大队23队、24队表演的合唱《人民解放军占领南京》。

4. 学员23队、24队表演合唱《人民解放军占领南京》

男：今年以来，全院同志以昂扬向上的精神风貌和积极主动的工作姿态，自觉投身调整改革各项工作，圆满完成了体制编制调整任务。新编制催生新气象，新任务展现新风采。下面就请欣赏新组建的研究生管理一大队表演的合唱《我的祖国》。

5. 研究生管理一大队13队、14队合唱《我的祖国》
6. 歌曲组唱（这个节目不报幕）

男：爱党爱国永远是时代主旋律的最强音，也是以传播真理为己任的一代代南政人始终不变的精神追求。下面即将上场的科研部虽然人员较少，但他们饱满的热情足以表达对党和国家的炽热情感。请欣赏小合唱《我们走在大路上》。

7.科研部合唱《我们走在大路上》

男： 我军历史上的众多优秀艺术作品，往往源自最基层官兵的智慧。创作于20世纪60年代的《打靶归来》，就是根据连队战士的打油诗改编而成。下面请欣赏马克思主义理论系学员3队的老歌新唱《打靶归来》。

8.学员3队合唱《打靶归来》

男： 少年强则国强。一曲《打靶归来》让我们从意气风发的青年学子身上，看到了国防和军队现代化建设的未来。和这些学员一样，我们勤务营战士们同样拥有青春年华，同样怀揣报国理想，在平凡的工作岗位上奏响壮美的人生凯歌。请欣赏勤务营合唱《等我凯旋》。

9.勤务营《等我凯旋》

男： 创作于20世纪80年代的歌曲《祖国不会忘记》，集中反映了一代国防科技工作者默默无闻、甘于奉献的革命心声。同那些国防科技战线的同志一样，学院马克思主义理论教员群体在播火铸魂的道路上，捧着一颗心来，不带半根草去。今年5月，中央军委追授严高鸿同志"模范理论工作者"荣誉称号，这份属于全体南政人的殊荣告诉我们，对于神圣使命的无悔付出，祖国永远不会忘记。请欣赏学员2队歌曲《祖国不会忘记》。

10.学员2队合唱《祖国不会忘记》

11.《组唱》（这个节目不报幕）

女： 军营民谣《当你的秀发拂过我的钢枪》，相信大家都耳熟能详。但鲜为人知的是，这首歌的词作者王磊就是原上海分院政工系的学员。学习期间，在一个周末的午后，当一群漂亮女孩路过校园门口，长发瞬间被风吹起，哨兵手握钢枪，目不斜视。这一幕顿时激发了他的创作灵感，于是写下了一首广为传唱的经典歌曲。下面就请欣赏学员一大队20队合唱《当你的秀发拂过我的钢枪》。

12.《当你的秀发拂过我的钢枪》

女：从后勤保障社会化改革到全面建设现代后勤，近年来，学院后勤工作捷报频传，营区面貌焕然一新。广大后勤战线的同志也为此付出了艰辛的努力。在筹备今天的歌会过程中，院务部同志们依然加班加点，他们要用嘹亮的歌声展现良好的精神风貌。请欣赏合唱《当祖国召唤的时候》。

13.院务部合唱《当祖国召唤的时候》

女：近年来，学院大力弘扬以"育忠诚于党的举旗人、做献身使命的带兵人"为主题的"军魂"文化，始终坚持用先进军事文化育人铸魂。唱响忠诚于党的时代主旋律成为校园文化建设的永恒主题。下面请欣赏学员一大队19队合唱《忠诚于党歌》。

14.学员19队合唱《忠诚于党歌》

男：课堂连着战场，使命牵引教学。按照未来战争要求，培养高素质新型政工人才，是学院根本的职能使命。当那一天来临，我们相信，今天的南政学子将成为战场上的钢铁长城。请欣赏学员8队合唱《当那一天来临》。

15.学员8队合唱《当那一天来临》

女：近年来，学院以建设学习型党组织和创先争优活动为抓手，大力加强基层党组织建设，各级基层组织"战斗堡垒"作用显著增强，学员1队党支部就是其中的杰出代表， 在建党90周年表彰中，他们被评为全国先进基层党组织。下面就请欣赏学员1队的合唱《永远跟党走》。

16.学员1队、政工系合唱《永远跟党走》

男：回首历史，在推进马克思主义中国化、时代化、大众化的道路上我们一路高歌。

女：展望未来，忠诚传播、模范践行党的创新理论，我们依然任重道远。

男：让我们认真贯彻落实胡总书记7·23重要讲话精神，以更加饱满的政治热情，喜迎党的十八大胜利召开。

女：让我们在总政直属党委的正确领导下，大力弘扬严高鸿精神，模范践行南政核心价值，以实际行动谱写学院建设发展崭新篇章。

男：晚会到此结束，祝首长和同志们——

合：晚安！

知识竞赛

——某学院"诵读习近平新时代中国特色 社会主义思想"知识竞赛

主持词

甲：尊敬的各位首长、专家教授，

乙：亲爱的同学们、战友们，大家——

合：晚上好！

甲：这里是"诵读习近平新时代中国特色社会主义思想"知识竞赛决赛现场，我是主持人×××。

乙：我是主持人×××，很高兴和大家共同见证今晚的比赛。

甲：刚才一段视频，再现了一段时间以来我院组织知识竞赛各项活动的场景，让我们充分感受了全院上下学习宣传贯彻习近平新时代中国特色社会主义思想的浓厚氛围，也充分展示了政治学院首位首抓、担当唯一、走在前列的崇高使命。

乙：非常荣幸的是，今晚大学××校长率领的调研组领导一行莅临了我们比赛现场，让我们用热烈掌声对各位领导的光临表示欢迎！出席今晚活动的还有学院和机关领导。

甲：担任本次比赛专家评委组组长的是×××教授，专家评委还有×××。各位评委老师既是今天比赛的评委，也是本次知识竞赛的出题专家。让我们用掌声对他们的到来表示热烈的欢迎和衷心的感谢！

乙：参加今天角逐的分别是经过层层选拔的优秀战将，赛前通过抽签确定的代表队序号，现在让我们一睹选手们的风采。

甲：1号台×××代表队，学员×××，学员×××，学员×××。

乙：2号台×××代表队，学员×××，学员×××，学员×××。

甲：3号台×××代表队，学员×××，学员×××，学员×××。

乙：4号台×××代表队，学员×××，学员×××，学员×××。

甲：四支队伍已经一一亮相，预祝各位选手赛出水平，赛出风格，取得优异成绩！比赛正式开始前，向大家介绍竞赛规则：本次比赛采用现场竞赛、现场评比方式进行。每个参赛队基础分为100分，比赛共三轮，每轮三个回合，除完成每轮必答题、抢答题两种题型外，第一轮设限时答题，第二轮设共答题，第三轮设风险题。三轮竞赛结束后，若发生分数相同情况，进入附加抢答题回合，至少抢答3题，直至决出名次为止。比赛中设有观众互动环节，邀请现场观众共同参与答题。

乙：选手在答题完毕后，以说"回答完毕"作为结束，之后不得再做补充，回答不出要说"不能回答"。竞赛采取主持人与评委组共同评判的方式进行裁决，通常由主持人负责评判，当主持人难以评判时由评委组负责评判。比赛中各队如对分数评判持有异议，不得当场申辩，可由领队在主持人宣布比赛结果前向评委组申请合议。

甲：比赛规则宣读完毕，下面我们正式进入答题环节。今晚究竟谁能一举夺魁，让我们拭目以待。

第一轮答题

乙：好的，让我们进入第一轮答题环节。首先是必答题。本轮必答题共12题，每题10分，每队按序号顺序交替派出选手进行答题，回答正确加分，回答错误不扣分。每道题答题时间为60秒。本轮是个人答题环节，其他本队选手不得提示，若提示本题即被视为无效，答对不得分。

甲：首先请1号代表队1号选手选题，请看大屏幕。

乙：好，第一轮必答题到此结束。如果说刚才的个人必答题是单兵作战，那么接下来我们将进行一场抢时间、比速度的闪电战——抢答题。这要求大家不仅要知识基础扎实，还要耳聪手快，听得准，按得快。

甲：是的，本轮抢答题共8题，主要由填空题或选择题组成，答对1题加10分，答错1题扣10分。主持人宣读完题目，系统倒计时结束提示"开始抢答"后，选手方能按下抢答器，先于提示前抢答被视为违规，该队扣10分。答题时间为60秒，答题可由任意一名队员进行，其他队员可以补充，以选手说出"回答完毕"作为该队答题结束。

乙：现在开始答题，请听题。

甲：抢答题环节结束，下面要进行的是限时答题环节。请各队派出一名选手，限时60秒内回答问题，答对1题得10分，答错不扣分，选手须在主持人念完题目后作答。

乙：现在请1号台代表队派出你们的选手。

甲：到这里第一轮比赛就全部结束了，让我们看一下目前场上各队的得分情况。（报分）经过第一轮的比赛，各队代表可谓初试锋芒，表现不俗。暂时领先的队伍意气风发，想要守住他们的优势；稍微落后的代表队不甘落后，想要尽快追回比分。

第二轮答题

乙：是的，场上各个队伍都是摩拳擦掌，跃跃欲试了，让我们赶紧进入第二轮的比赛。这一轮我们还是先从必答题开始，请上一轮没有参加限时答题的选手作答。首先请1号台选手准备，请看大屏幕。

甲：答题继续，请1号台选手准备，请看大屏幕。（共两轮答题）

乙：看来经过第一轮的比拼，各位选手对比赛流程已经驾轻就熟，那我们赶紧进入抢答题环节。本轮抢答题仍然共8题，规则不变……

乙：经过了刚才必答题的单兵作战和抢答题的闪电战，接下来，我们要进行的是兵团大作战——共答题，考验的是团队的协作能力。这个环节主要是简答题，各队在答题板上作答并派出1名选手进行阐释，其他选手可以补充，以说"回答完毕"作为结束，答题时间为3分钟，满分为30分。

甲：现在请看题。

乙：现在场上的选手正在紧张答题中，我们也借这个机会和现场的观众进行互动，邀请大家共同参与答题。主持人读完题说"开始"后，在场的每一位同学均可举手示意，举手最快者获得答题资格，答对将获得纪念品一份，答错我们重新进行抢答。

甲：大家答题的热情真的是特别高涨，也显示了我们现场观众的理论学习成果，还有很多同学想要参与，稍后我们还有互动机会，请大家保存实力！现在我们把目光交回到场上，看看选手的答题情况。（请选手逐一阐释）

乙：这轮比拼结束，场上的选手们充分表现了各队的实力，展示了对习近平新时代中国特色社会主义思想的深刻理解和把握，让我们看一下目前场上的得分情况。

甲：经过两轮比拼，我们的比赛可以说是高潮迭起、精彩纷呈，即将开始的第三轮比赛将在赛制上进行全面升级，相信会有更多精彩看点。

第三轮答题

甲：是的，第三轮也是决胜局的比拼，今晚的第一名究竟花落谁家，这轮比赛结束后就要见分晓，现在我们马上开始！ 首先进行第一回合必答题环节，这个环节共4题，每队1题。有请首长与专家指定代表队答题并出题，最后给出相应分数，每队满分10分。有请首长！

乙：谢谢领导！也祝贺台上的选手们！现在进入本轮第二回合关键词提示抢答题。我们将从十九大报告中摘录语句，每隔8秒给出一个关键词，选手根据关键词抢答相关语句。本环节共5题，提示词出现后选手可进行抢答，首轮提示三个关键词，抢答正确得30分，出现四个词抢答正确得20分， 出现五个词抢答正确得10分，答错或回答不完整扣10分， 其他队可在出现下一词后继续抢答。

甲：请看大屏幕。

乙：关键词抢答题环节结束。我们即将进行的是风险题环节。每队各派出1名选手，从10分、20分、30分中选择一种分值题目作答，各代表队也可以选择放弃答题。每题答题时间60秒，从主持人宣布"请作答"后开始计时，评委组现场商议后给出分数。

甲：首先请1号代表队选题。

甲：场上选手的比赛到这里就全部结束了。现在请评委组审定最后成绩并评选各队优秀选手。趁这个时间，我们还有最后的（视奖品数量定）现场观众答题机会。刚才没有抢到的同学们抓紧机会了！

乙：有请评委组组长×××教授为本场竞赛做综合点评。

颁奖仪式

乙：感谢××教授的精彩点评！各位领导、同学们，经过评委组审核认定，已经评选出各队优秀选手和最终获奖名次。

甲：现在进入颁奖环节。首先颁发的是现场竞赛优秀选手名单：

×××。

乙：请×××为他们颁奖！

甲：获得优胜奖的单位是×××代表队，最终得分×××。

乙：请×××为他们颁奖！

甲：获得二等奖的单位分别是×××代表队，最终得分×××。

乙：请×××为他们颁奖！

甲：获得一等奖的单位是×××代表队，最终得分×××。

乙：请×××为他们颁奖！

甲：同时，还有84名学员在本次知识竞赛闭卷考试中被表彰为先进个人，11个单位被表彰为先进单位，4个单位获得优秀组织奖，学院将下发表彰通报。

甲：各位领导，同志们，时代是思想之母，实践是理论之源。开展本次竞赛活动，既是坚定理想信念、提高思想政治水平的具体举措，也是深入学习、宣传和贯彻习近平新时代中国特色社会主义思想，扎实推进官兵原原本本研读原文、全面准确把握精神实质的有效平台。

乙：让我们在新思想的指引下，振奋精神，真抓实干，为建设世界一流综合性联合指挥大学而努力奋斗。

甲：×××学院"诵读习近平新时代中国特色社会主义思想"知识竞赛活动到此结束。感谢您的参与，再见！

鸥鸣声声报春来

——"太湖潮"文艺晚会

主持词

亲爱的首长、同志们：

晚上好！亘古的东方留下一个美丽的童话，锦绣的江南落下一颗璀璨的明珠。

太湖的清风拂开了我们战士的心扉，太湖潮掀动了我们后勤官兵的满怀激情。

踩着新世纪的鼓点，踏着改革的大潮，我们这支劲旅走来了。我们走进了一个光辉灿烂的时代。

庆祝中国人民解放军建立67周年暨"太湖潮"文艺晚会，现在开始。

首先请欣赏男声独唱《在五星红旗下》。

听说部长要到咱们连蹲点来了，连队的干部战士紧紧张张忙乎了起来，可是啊，你猜怎么着？

请看相声《部长下连》。

一个普普通通的医生，当他的生命走进了75岁的时候，他的名字突然在祖国大地上爆响。这是因为一个75岁的人生里全是用爱心注满了诗行。

请欣赏苏州评弹《夕阳红——高柏良赞》，由何秋生作词，程建作曲，殷巧兰演唱。

战斗在大山里的年轻战士、大龄军官们，别愁个脸怕相不上对象，只要你真心在军营里栽好梧桐树，山再高水再长，你这棵梧桐树上保你落只金凤凰。

请看小品《温柔进攻》。

我们是一群快活的铁骑手，我们每天都从太湖岸边飞过，太湖的风光尽收眼底，祖国大地在我眼中一天换一个新样。

请听男声独唱《太湖岸边兵车行》。

请听女声戏剧演唱《仓库哨兵》。这首歌是分部长对部队、对战士怀着一腔热情写出来的，同时也体现了一位老战士对军营的一片赤诚。

请欣赏小品《走正步》。

春雨，请你带上我的一片真情，秋雨，请你带上我的一片思念，大山里的战士啊，心中装着祖国，也装着亲人。

请听女声独唱《春雨、秋雨》。

咱们部队线长面广，咱们部队天宽地阔，咱们部队英雄模范真多。请欣赏数来宝《群英赞》。

最后请欣赏摇滚舞《风流仓库兵》。

演出到此结束，请首长同志们提出宝贵意见。祝首长、同志们晚安！

辉煌礼赞

——某部国庆50周年文艺晚会

（一）

男：尊敬的各位领导、各位战友，

女：尊敬的各位评委老师、来宾朋友，

合：晚上好！

男：掀开共和国历史的扉页，捧起金锤和银镰拓展的乐章，我们仿佛又一次穿越了世纪，日月星辰也为此激越。

女：当历史的目光在这里凝视，当秋日的微风在这里吹拂，我们迎来了共和国50华诞这一光辉的日子。

男：在这丹桂飘香的时节，我们欢聚在美丽的太湖之畔，隆重举行"赞辉煌成就，迎接新世纪"某部国庆50周年文艺会演。

女：首先，请允许我介绍一下出席晚会的各位领导和来宾。今天，我们非常荣幸地请来了无锡市委、市政府的各位领导……

男：对各位领导和来宾的光临表示最热烈的欢迎。

女：对长期以来给予我们关心和支持的无锡市委、市政府领导表示衷心的感谢!

男：对多年来给予我们帮助和指导的各位老首长致以崇高的敬意!

女：好，文艺演出现在开始。首先，请欣赏舞蹈《闪耀在太阳里》。

旁白：

男：1840年英帝国主义在珠江口的一声炮响，

宣告了一部沉重中国近代史的开启。

女：从鸦片战争到甲午风云，

从五四运动到14年抗战，

从星星之火到把镰刀锤头旗帜插遍全国，

男：四万万中国同胞从来都不屈不挠，

他们用胸膛挡住了敌人的枪口，

他们用鲜血染红了中国大地。

女：中国的后来人永远忘不了，

追忆那段血雨腥风的历史，

永远铭刻那段烽火连天的战斗历程。

男：这是一部不能忘却的历史。

一本《共产党宣言》，

唤醒了一个苦难深重、

沉睡百年的民族!

女：这是一部不能忘却的历史。

我们的新中国，是从雪山草地，

从敌人的刀丛里，从先辈的血泊中，

合：扛起了一面五星红旗!

（二）

男：军营是青春的浓缩，军营是美的集合，这是一群来自西子湖畔的女兵，她们整齐的步伐、嘹亮的歌声，构成了一道美丽的风景线。

请欣赏歌舞《士兵小唱》。

（三）

女：改革开放20年，给共和国带来了新的春天，也改变了12亿中国
人的生活。下面表演的这出双簧《老大娘看妞》，不正是我们
周围生活的一种缩影吗？

（四）

男：改革开放的中国发生了翻天覆地的变化，我们军队的现代化、
正规化建设，也是日新月异，飞速发展。
请欣赏男女对口相声《请跟我来》。

（五）

女：人类在一个"爱"字的包容下，繁衍生息，一个没有"爱"的
空间，是一片荒芜的沼泽。
请欣赏来自黄浦江畔第八五医院表演的独幕话剧《拨动心
弦》。这是一个发生在该院的真实的故事。我军第一条心理咨
询热线在这里诞生，从此，心理治疗与思想政治工作有机地结
合到了一起。

（六）

男：若把西湖比西子，浓妆淡抹总相宜。江南，这是一片充满生机
的土地啊！看吧！西子湖畔，龙井村旁，那群采茶的姑娘正向
我们走来！
请欣赏舞蹈《采茶舞》。

（七）

女：当年著名的京剧名角杨春霞，演唱的《杜鹃山》选段可谓荡气
回肠，家喻户晓。今天，我们的战友再次把这段《家住安源》
演绎得淋漓尽致，我们用掌声欢迎她。

（八）

男：首长、同志们，您见过手术台被搬上大戏台，握着手术刀，跳着迪斯科吗？不看不知道，世界真奇妙！

请看迪斯科快板剧《青春一〇一》。

（九）

女：这是一群来自浙北山区的士兵，这是一群担负着一线保障任务的战士，他们用歌声唱出了仓库兵的自豪，唱出了后勤战士的心声。

请欣赏小合唱《我们是自豪的战士》。

（十）

男：1998年的那幅"战洪图"，至今令人难忘。然而，在这幅"战洪图"的背后，又有多少可歌可泣的故事！小品《月光推开小窗》讲述的是精神科医生用爱心唤醒抗洪英雄的感人故事。

请欣赏小品《月光推开小窗》。

（十一）

女：有人说，中国的解放事业是人民用独轮车推出来的，我们的军队是人民用小米喂大的。无论是炮火连天的战争岁月，还是莺歌燕舞的和平时期，军队与人民都有着那种血与肉的亲情、血融于水的关系。

请欣赏舞蹈《送军鞋》。

（十二）

男：有一群驻扎在千岛湖畔的士兵，他们来自天南地北，他们都渴望观光千岛湖，去领略奇妙的大自然，但是为了守卫的那方土地，为了自己神圣的职责，却一直未能圆梦。

请看小品《梦中的千岛湖》。

（十三）

女：岛湖的美如梦如幻，而比这大自然更美的是战士的心灵。
　　下面请欣赏女声独唱《为了谁》。

（十四）

男：当共和国迎来50华诞的时候，每一位中华儿女，无不为我们人
　　民的幸福安康所自豪，无不为我们祖国的繁荣昌盛而骄傲。今
　　天，我们老中青三代同台，敲起腰鼓、跳起舞，　为祖国的辉
　　煌，欢庆喝彩！
　　请看《喜庆腰鼓》。

（十五）

女：大江东去浪淘尽，千古风流人物。来自第四一二医院的徐立，
　　给我们带来了一首轻松愉快的通俗歌曲——《大浪淘沙》。

（十六）

男：当兵不习武，不算尽义务；武艺练不精，不算合格兵。来自浦
　　东这片热土上的一群战士，正摸爬滚打，勤学苦练，实践着战
　　士的诺言。
　　请欣赏表演唱《我是一个小新兵》。

（十七）

女：接下来请欣赏男声独唱《小白杨》。

（十八）

男：我们医院的医护工作者不仅治病救人是好手，而且还能歌善
　　舞。她们表演的舞蹈《生命之源》，将给我们带来一种生命的
　　启迪和召唤，让我们感受到大自然那独特的美。

（十九）

女：军人总是与无私同生共伴，军人总是与奉献相依相连。当祖国
　　和人民需要的时候，军人所想到的便是——祖国和人民的利益
　　高于一切。

　　请欣赏小品《回家》。

（二十）

男：我们的共和国迎着风雨，伴着激浪，走过了艰难险阻的50年。

女：50年，你像一条曲曲折折的河。50年，你像一首平平仄仄的诗。

合：50年，是一串黄澄澄、金灿灿的麦穗。

男：我们的共和国迎着太阳，伴着国歌，走过了蹒跚学步的童年，
　　经历了封锁打压的岁月。

女：如今，我们讲述着春天的故事，
　　迈着改革开放的坚实步伐。

合：阔步走进了一个光辉灿烂的新时代！

后 记

　　《桥》终于付梓了。在面世之前，为其取过许多书名："聚光灯下""舞台中心""舞台之魂""舞台铸魂""台魂"……最后将书定名为《桥》。现在看来只有这个字最为贴切本书的本意。

　　因为任何一台节目，都离不开脚本。脚本的"优"与"劣"会直接决定活动的"成"与"败"。一句话就是，"脚本是通往舞台成功或失败的桥梁"。同时，脚本也是通向演职人员心灵的桥梁，又是演职人员通往观众心灵的桥梁。检验这座"桥梁"质量的优劣，则由观众的掌声做定论。

　　本书绝大多数主持词由作者几十年创作积累而成。同时，几十年从事业余主持工作，保存了相当一部分主持稿。由于时间久远，已记不清具体作者。但这些稿件同样具有相当高的使用与阅读价值，实在不忍弃之，于是好中择优，一并编入此册。在此，对这些"无名英雄"的辛勤付出表示衷心感谢！

　　感谢中国草书委员会副主任、上海市文联副主席、上海市书法家协会主席丁申阳先生为本书题写书名。

　　感谢原南京军区前线文工团创作室主任、国家一级编剧吴国平先生，上海广播电视台一级编辑、原交通信息台台长秦来来先生，著名作家、教育家、编剧、陶行知研究学者叶良骏先生，上海广播电视台节目主持人、国家一级文学编辑、全国广播"金话筒"得主陆澄先生等，对本书精心精彩的点评。

感谢文汇出版社副编审、知名女作家鲍广丽老师为本书提供的支持和付出的努力。

还应该感谢上海驰艺文化传媒有限公司及何雨晴编辑在本书出版前对书稿的精心整理与编排。

感谢时代赋予我们的生活。感谢命运中每一次机缘巧合。时代在发展，时间在延伸，生活在继续。因此，各种文艺团体还会衍生，还会不断开展各种活动。不论政府机关、文艺团体、民间集会，只要有活动，就会有脚本。《桥》，必将发挥它不朽的作用。